高等职业教育文秘专业“十二五”规划教材

21世纪高职高专精品教材·现代秘书系列

办公室事务管理

主　编　卢海燕

副主编　李敏魁　李京梅

参编者　王宝岩　尚　伟

　　　　李柏莹　邹　春

中国人民大学出版社

·北京·

前言

随着社会经济结构的变化，现代办公室工作被赋予了许多新的要求和新的理念，办公室工作的内容、形式和手段也都发生了很大的改变，办公室事务管理工作呈现出现代意义的职业化特征。根据近年来办公室秘书工作的实践需要，在研究了大量同类教材和深入企事业单位办公室工作实践的基础上，我们编写了《办公室事务管理》一书。本书既可以作为高职高专文秘专业学生的学习用书，也可以作为办公室人员的培训用书，还可以作为职场人士的工作指导用书。

本书在编写理念、案例教学、强化训练等方面有一定的突破和创新。

第一，在编写模式上树立"能力本位"的全新观念，全方位锻炼和培养文秘专业学生的主体实践素质、思维素质以及语言文化素质。本书的编写内容围绕文秘人才培养目标，根据文秘专业学生应具备的专业技术能力，对文秘专业现有相关课程内容进行整合，并与秘书职业资格考试的内容保持一致，成为秘书职业资格考试的重要参考书。首先，做到高职文秘教育与职业资格考试无缝衔接。其次，对相近的基础性课程进行精简、合并，为办公室工作过程服务。最后，在职业技能训练项目中融入对学生思想素质和道德素质教育的要求，强调学生的职业操守。

第二，以工作过程为主线，设计编写形式。结合办公室工作辅助性的特点，在教材编写形式上采用了灵活多样的方式。"案例导入"结合案例提出问题；"理论知识"突出对工作过程的分析，通过剖析，概括办公室工作的一般规律和特殊方法；"实训项目"则以岗位为中心和情景问题驱动来组织训练内容，将工作任务和工作角色相结合，将模拟情景与虚拟信息相结合，将计算机技能和管理知识相结合，采用分角色配合模拟、独立操作、小团体配合演示等多种形式，促使学生在实践中进行探究性学习，以培养其在实践中灵活运用知识的能力。本教材注重启发性与过程性相结合、灵活性与创新性相结合，旨在提高学生学习的积极性和思考的主动性，最大限度地激发学生的学习兴趣。

第三，以就业为导向，组建"校企合作"的编写队伍。本教材的编写团队中既有具备企业工作经验的双师型教师，又有行业专家，更有从事文秘专业教学多年的骨干教师。因此在行业、企业和高校之间形成了有机的合作机制，共同开展调研、论证工作，共同归纳办公室工作人员所需的职业能力，综合设计课程体系和项目内容，准确定位训练目标，着意于能力的训练与迁移。本书做到了课内与课外衔接，不断拓展训练空间，把办公室理论知识和技巧内化为个人的能力和素质，有效实现了课程内容与能力的对接，有力地提升了秘书职业能力。

本教材由吉林省经济管理干部学院卢海燕任主编，河南信息统计职业学院李敏魁、河北软件职业技术学院李京梅任副主编，吉林省经济管理干部学院的王宝岩、尚伟、李柏莹、邹春等老师参与了本教材的编写。具体编写分工如下：卢海燕编写第一、二、七章；李敏魁编写第三、六章；李京梅编写第九、十章；王宝岩编写第四章；尚伟编写第八章；李柏莹编写第五章；邹春提供“实训项目”的素材。

由于编者水平所限，本教材难免存在疏漏和不妥之处，恳请广大读者提出宝贵意见和建议，以便修订时完善。

目　录

第一章

办公环境管理

学习目标

● 知识目标

1. 掌握布置办公室的方法；

2. 了解办公环境中常见的安全隐患；

3. 学会设计办公室的布局，科学管理办公环境。

● 能力目标

1. 能够区分各类办公布局的优缺点，并根据实际需要选择合适的办公布局；

2. 能够随时发现办公环境中的隐患，采取措施排除常见隐患，从而创造健康、安全的工作环境；

3. 能够通过对办公室自然环境加以合理的设计、控制和组织，使其达到最优状态；

4. 能够牢固树立保密观念，保证对办公室的各种信息保密。

第一节　办公室的布局

案例导入

在天地公司的办公室，秘书钟苗身穿职业装正在办公。办公室宽敞明亮，窗台上并排摆放着两盆绿色植物，钟苗的办公桌在靠近窗户的地方，办公桌旁边有一个小型的资料柜，整齐地摆放着资料夹和书籍，办公桌上面的台式电脑旁边放着电话，电话旁摆放着笔和便笺，一个漂亮的笔筒里放着经常用的小件文具和物品。在办公桌下面的内侧放着一个没有盖子的中号垃圾桶。

这时，电话铃响了，钟苗左手拿起听筒，右手顺势拿起笔和便笺纸，准备做记录。电话是经理打过来的，经理要昨天的一份资料中的几组数据，钟苗从资料柜中取出资料夹，找出该资料，读出相关数据。

与经理通完电话后，钟苗习惯性地将笔和便笺纸放在电话机旁，并将资料夹重新放进资料柜中。

任务	同样大小的办公室，有的宽敞明亮，有的却杂乱无章；有的秘书能够省时省力地完成工作，有的秘书却每天辛苦地在办公室里“转圈”。究其原因，这不仅在于个人能力之间的差别，还在于办公室的布局不同。那么，怎样才能把办公室布置得既方便又舒适呢？

理论知识

工作总是在一定场所中进行的，和谐舒适的设计与布置有利于员工更好地工作。保持和创造良好的工作环境，是秘书的职责。

一、办公室的布局

办公室的布局是指同一个专门房间内的各种设备和人员的安排。常见的办公室布局有封闭式办公室布局、开放式办公室布局、组合式办公室布局、活动中心型办公室布局。

1. 封闭式办公室布局

封闭式办公室布局是一种较为传统的办公室布局，是把组织内部的各职能部门独立安排在一个个小房间内，组成一个个小办公室。这种办公室布局的优点在于安静，互不干扰，提高工作效率；缺点在于使用面积大，开支多，不利于同事之间的沟通，不利于检查监督。

2. 开放式办公室布局

开放式办公室布局就是将一个大工作间“切分”成多个相对独立的工作单元，把组织内部的各职能部门的所有工作人员按照工作程序安排在各工作单元中开展工作。这种办公室布局的优点在于便于集中管理，节约空间，减少开支，有利于相互沟通、互相监督；缺点在于相互干扰较大。

3. 组合式办公室布局

组合式办公室布局是指在开放式办公室布局的基础上，用组合式家具或其他材料，将分工不同的人员或机构隔开。这种办公室布局的优点在于可以减少互相干扰，可以从大体上监督、控制；缺点在于开支多，监督、控制力度小。

4. 活动中心型办公室布局

活动中心型办公室布局是指会议室、讨论间、接待处、打字复印处、资料室等一应俱全，工作人员根据工作任务的不同在不同的活动中心之间移动，每人仍保留一个小小的传统式个人办公室。这种办公室布局较适合项目型的工作。

小提示：集中式与分散式的办公室布局

将秘书部门与领导办公室集中式布局，优点是方便联系、沟通，缺点是不利于保持安静，不利于接待来访者；将秘书部门与领导办公室分散式布局，优点是可以减少相互干扰，缺点是不便于沟通联系，不便于统一管理。

另外，机要室与档案室不设在一楼，有利于安全保卫。

二、办公室的布置

1. 办公环境的物理条件

（1）光线。一般来说，要尽量采用自然光照明。这就要求采光的窗户要高、大，宜多角度地接纳光线，玻璃要经常保持明净，注意光线不能太强，必要时可以用百叶窗或窗帘来调节采光。如果自然光不足，可采用灯具发出的人工光，如日光灯，它的光亮强度既接近自然光，又较为经济实用。

（2）声音。办公室应尽可能远离噪声源，或在办公室和噪声源之间种植绿化带。天花板及墙壁应采用吸音、隔音建筑材料，临街窗户应安装双层玻璃。如有条件，可在办公室内铺设地毯，尽量在容易发生噪音的办公用具下面放置软垫。

（3）空气环境。空气环境包括空气的温度、湿度、清洁和流通四个因素。一般来说，办公室的温度最好保持在20℃～25℃，相对湿度在40%～60%。同时，注意适时开窗，以增加室内空气的新鲜度。

（4）节能。节能型办公室最根本的标准，就是养成良好的节能习惯。办公室节能更多地体现在一些小事上，只要稍加注意就能做到。如尽量减少传真纸、打印纸的用量，多采用双面打印；多用电子邮件传阅文件资料；使用可替换内芯的文具；尽量使用自然光源；节约用水，注意随时关闭水龙头；下班时及时关闭电源等。

（5）环保。办公室在节约能源、纸张的同时，应提倡使用可循环、环保型办公用品，尽量减少胶水、透明胶、订书机等的使用；集中收集废纸及废旧物品，提供给物资回收部门进行处理；禁止在办公室吸烟。总之，保持清洁的工作环境，保持办公室内空气清新、没有噪音污染，是秘书人员应尽的义务和责任。

2. 办公室布置的要求

（1）办公设备的放置要使人感觉舒适、方便。一般来说，办公桌的大小要适中，能够放置常用的办公用品，并有适当的空间进行工作。办公椅应该舒适、稳定，不宜太软或太硬。文件柜、书架可绕墙而立，避开主光源和过道，这样既不会挡住光线，又可以节省空间。

（2）公用物品应有序摆放。文件柜里面的公用文件要按照相关制度严格管理，以便于各个部门的工作人员取用。公用办公用品柜中的物品要放置规范，通常大的、重的放下面，小的、轻的放上面，以便于取用。一些常用的公用物品，如电话号码本、火车时刻表、字典（词典）等应放置在可以方便取阅的地方。接待区为来访人员准备的宣传品、资料以及书报、杂志应摆放整齐，并要及时更新和整理，以保持良好的对外形象。

（3）座位的安置要有利于提高办公效率。在一般情况下，为了能在第一时间接待上司约见的客人，秘书应将自己的座位设在能清楚地看到出入口的地方，最好能让客人在进入上司的办公室之前必须从自己的办公桌前经过。如果采用的是开放式办公室布局，主管座位应位于员工座位的后方，以使主管易于观察员工的工作情况。

3. 办公室布置的程序

（1）对各部门的工作内容与性质加以考察分析，明确各部门及其员工间的关系，以此为依据来确定每位员工的工作位置。

（2）列表将各部门的工作人员及其工作内容分别记录下来，按工作人员的数量及办公所需空间设定办公室的大小。通常办公室的大小会因各人工作性质的不同而异。但一般而言，每个人的办公空间，大者可 $3m^2$～$10m^2$，普通者 $1.5m^2$～$8m^2$ 即可。

（3）根据工作需要，选配相应的家具、桌椅等，并列表分别详细记录。

（4）绘制办公室座位布置图，然后依图布置。

（5）对设备的安放提出合理建议。

小提示：布置上司的办公室要注意上司的习惯

在布置上司的办公室时，应尽可能的细心。例如，上司习惯用右手，电话就应放在右边；上司经常在自己的办公室开会，在摆放家具时，就要考虑是否腾出一个专门的地方放些开会用的桌椅；上司喜欢用茶招待客人，就要考虑茶具的摆放位置。

案例分析

案例一

林丽是刚刚应聘到华谊公司办公室的秘书，离开了大学校园中的教室和寝室，拥有了一片属于自己的天地——办公室。于是，上班的第一天，她就把自己最喜欢的照片放在了办公桌上；文件柜上放着随手可以取到的零食；化妆包放在了抽屉里。打印纸干脆挪放在窗台上。听说仙人球可以防止电脑辐射，林丽便买了各种各样的仙人球，大的摆在窗台上，小的排成一行，摆在电脑旁边。

林丽对自己的办公桌布置感到非常满意，同事们都说看到她的办公桌有种回到了家的感觉，可领导却觉得很凌乱，看着不舒服，要求其按照办公用品摆放规范整理好办公桌。

分析：办公室是办公的场所，应该给人留下一个良好的印象。因此，办公室的布置应尽量简洁、高雅，不论是办公室、办公桌还是抽屉等，都不应放置与办公无关的东西。办公文具的摆放要井然有序。秘书的办公桌面要保持干净、整洁，既是门面，也是良好心境和工作高效的源泉。

案例二

位于大都会商厦 28 楼的英国总领事馆办公区大约有 40 名工作人员，他们经常到世界各地出差，办公室内配备了 40 台左右的电脑，还有 10 多台打印机、复印机等设备。从 2008 年 5 月开始，为了搞好废品回收，他们在办公室内设置分类的垃圾箱；为了节约用纸，他们在每台复印机和打印机上放一个盒子，用于盛装只打印了一面的纸张；为了节能，他们专门制作一个表单提醒大家每天下班时关掉所有不使用的电器设备，如电脑显示器、打印机、复印机等。

分析：节能环保是当下人们关注的主题。高科技带来了办公室工作的方便快捷，但这种方便快捷加剧了办公室的能耗与污染。因此，办公室人员要尽力减少高能耗、高浪费，善于挖掘“低碳细节”，日积月累，就能得到“低碳大效果”。同时还要注意到，在设计办公用品的摆放时，要巧妙布置，考虑办公环境整体上的协调、美观。

案例三

韩国某渔具有限公司在长春市高新开发区租用了某写字楼的一层大厅。其中，大门左边作为工人的工作区，用透明的玻璃隔开，所有人的工作都能清楚可见。大门右边作为办公区，包括经理办公区、接待区、办公室、销售部。负责人将右侧的办公区设计为半开放式办公室布局。用站立并能够移动的间隔物将领导区域与员工区域分开，员工区域的布局设计为当今比较流行的全开放式办公室布局。负责人认为，这种设计能够降低成本，员工之间能够互相监督，便于领导随时掌握员工的工作情况。

分析：设计办公室布局时应考虑的因素：员工的人数、租用的面积、机构的建制、组织经营的性质及办公空间的分类等，同时还要考虑员工之间的沟通，上司工作区是否相对安静，办公室的间隔方式是否符合工作需要和保密需要等。

案例四

华日公司是一家私营企业，目前处于发展阶段，业务蒸蒸日上，由于员工数量和生产规模的不断扩大，需要重新布置办公室。该公司原来采用的是开放式的布局，现在，在新的办公楼里要采用封闭式的布局。公司提供了三间办公室给行政事务部的 7 名员工（包括部长 1 人，秘书 1 人，雇员 5 人），其中一间在靠近走廊的楼梯口，另一间在走廊的尽头，还有一间在中间位置。秘书王平负责办公室的布置工作，他考虑到方便部长上下楼，所以将部长的办公室安排在楼梯口的那一间，最里面的房间冬天冷，理所应当自己去，其他人则在中间的办公室办公。

工作了一段时间以后，部长将王平叫到自己的办公室，说：“每天都有外面的人来敲我办公室的门咨询，不但打扰了我的工作，还影响了我的休息，尤其是一些我不愿意见的客人，我真的不想再见到他们，请你想办法解决此问题。”王平一脸的无奈，只能重新考虑办公室的布局了。

分析：领导的办公区域需要保持绝对的安静，应该设置在远离楼梯口且不临街的房间；秘书部门是单位的信息库和协调部门，秘书办公室应该设置在一楼或者楼梯口处，以方便接待来访者。另外，秘书办公室如果与领导办公室相隔太远，会带来沟通上的不便。如果办公室是开放式布局，秘书应将自己的座位设置在能够清楚看到出入口的地方，客人在进入上司办公室前最好能先经过秘书的办公室。不过，秘书应避免自己的座位与上司面对面。

实训项目

1. 某集团准备在长春市开办一家分公司，租用了某写字楼第一层作为办公及经营区域。该分公司各区域的设计图如图 1—1 所示，请指出设计的不合理之处，并提出合理化建议。（注：该分公司区域划分：咨询台、销售区、客户等候区、客户休闲区、接待室、办公室、会议室、资料室。）

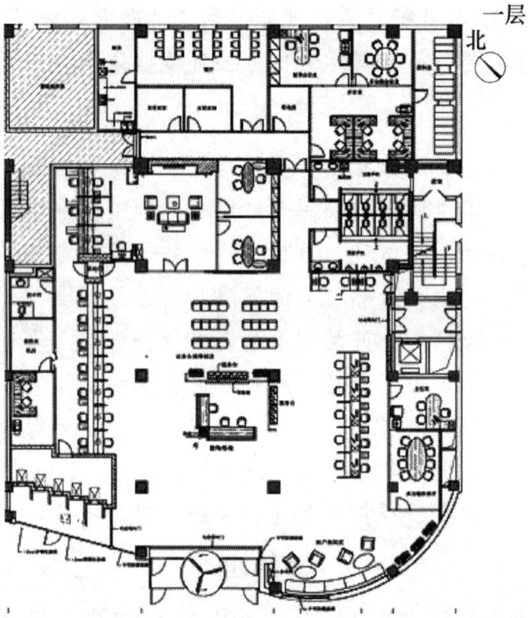

图 1—1

2. 某公司即将搬进新建的办公大楼，分配给生产部 16 平方米的办公面积，同时购置了文件柜、公用电脑、5 张办公桌等办公设备。公司领导要求生产部的秘书高洁提交办公室的布局方案。高洁根据办公室人员（上司 1 人，秘书 1 人，雇员 3 人）的具体责任分工，作出了 4 种布置方案，分别如图 1—2、图 1—3、图 1—4、图 1—5 所示。请对高洁的 4 种设计进行评价，选出最佳的办公室设计图并说明原因。

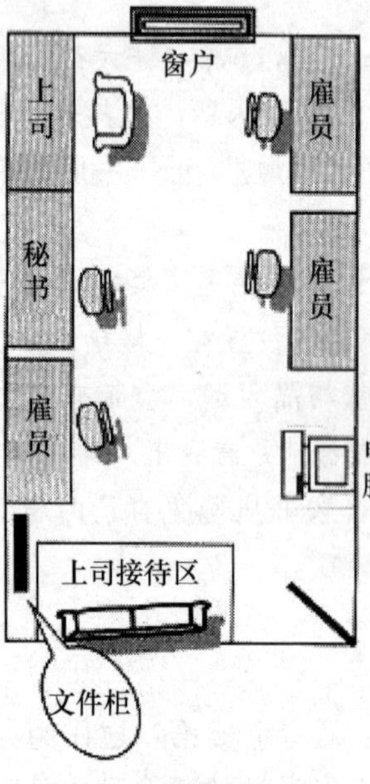

图 1—2

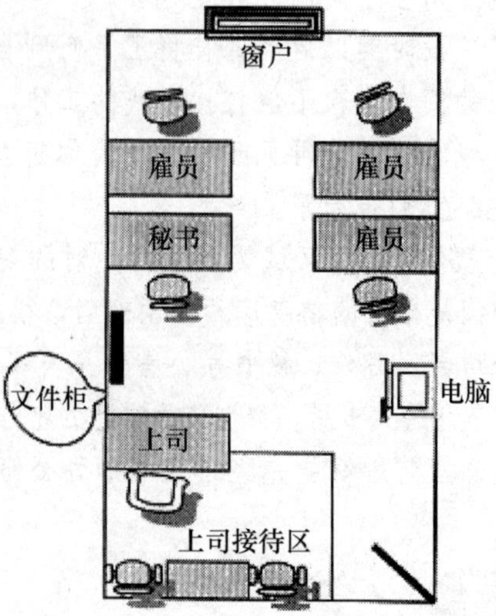

图 1—3

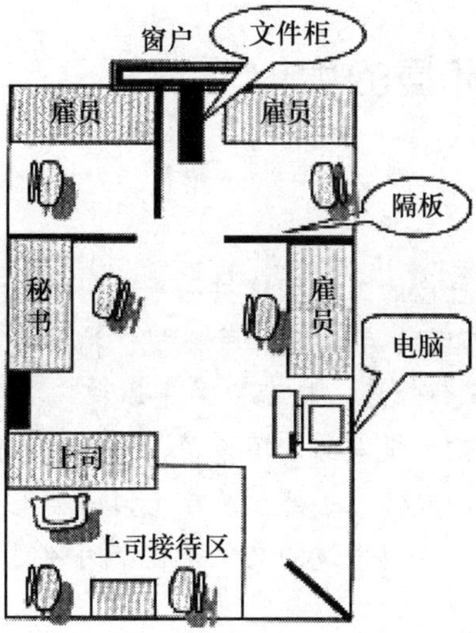

图 1—4

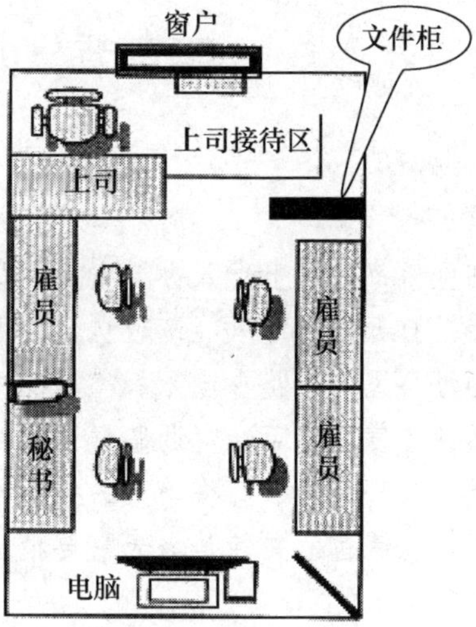

图 1—5

3. 图 1—6 是秘书王敏的办公座位图，请分析该布置的合理与不合理之处。

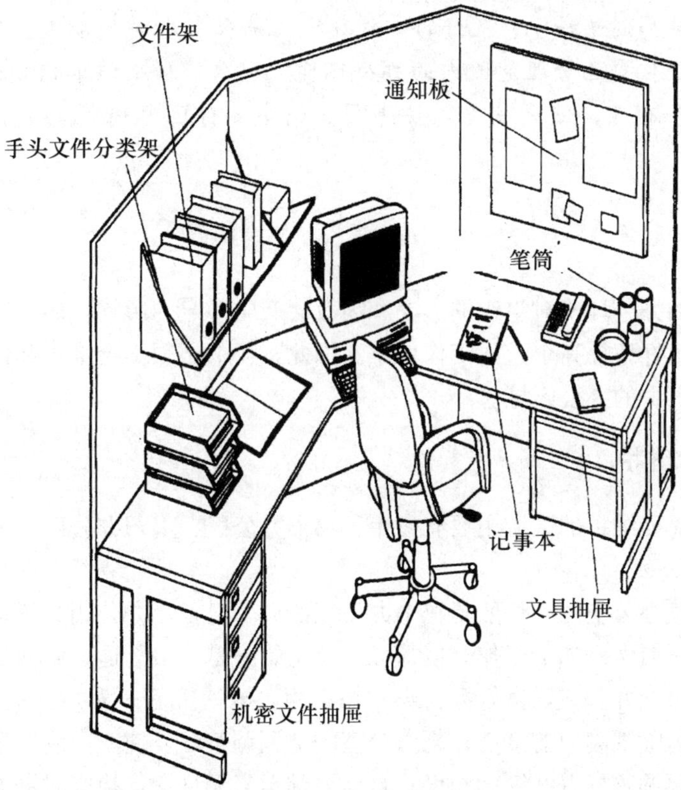

图 1—6　单人办公座位图

第二节 办公环境的优化

案例导入

秘书张娇每天早上进入办公室后，首先将自己的工作区域打扫干净，物品摆放整齐有序。然后打开窗户通风，清理自己常用的复印机、打印机、饮水机、档案柜、公用书架等，为办公室内的花卉浇水、整理枯叶。20分钟后，将窗户关上，把房间的空调调节到合适的温度，将百叶窗调整好角度，发现饮水机里的水不多了，马上打电话与送水公司联系。收拾停当后，将当天的报纸和重要的文件准备好，放在上司的桌上。按照上司的习惯，左手边的文件是当天需要批阅的文件，右手边的文件是在空闲时间需要阅读的文件。

下班前，张娇也将办公桌收拾得干净整齐，从不把文件、物品乱堆乱放在桌面上。离开办公室前查看办公室所有办公设备是否已关闭，电源是否切断，将窗户关好、门锁好，然后离开办公室。

任务

保持和创造科学、良好的工作环境，是秘书人员的职责。秘书必须学会维护和优化自己管理范围内的办公环境。那么，秘书该如何创造一个干净整洁、有条有理、健康安全，使上司、同事、自己都愉悦的、良好的办公环境呢？

理论知识

整洁有序的办公环境对组织的形象和绩效会产生一定的影响，而整齐、有效的私人办公区域则会很好地提高个人的工作效率。因此，秘书必须学会维护和优化自己的办公区域和自己所负责的办公区域。

一、日常维护

秘书日常需要维护的区域主要有三个：秘书办公区、上司办公区、公共办公区。

1. 秘书办公区

秘书的直接办公空间，一般指秘书办公室的办公设备、办公用具等。秘书应该在每天上班后或下班前做好如下工作，以保证办公室始终是一个舒适、高效的场所。

上班后：打扫办公室，擦好办公桌、档案柜、电话机等；为办公室内的花卉浇水、整理枯叶等；清除纸篓内的纸屑；把办公室的空调调节好，使室内温度适宜；办公室内有百叶窗的，要调整好百叶窗的角度；日历要翻至当天日期，检查时钟显示的时间是否正确；盖章用的橡皮印改为当天日期；把报纸、杂志等排列整齐，及时补充墨水、便条纸、圆珠笔、铅笔等；准备好日常饮用水；将日程表和必要的文件资料置于上司和自己的桌上；准备好当天的报纸及重要的文件，让上司能及时阅读。

下班前：将所有散置的纸张放进抽屉里，如果这些纸张必须留在办公桌上，可以将它们装进文具用品盒里；查看办公室内的所有办公设备是否已关闭，电源是否切断，抽屉、橱门是否已锁好。

2. 上司办公区

秘书整理上司的办公区前，要注意应当事先经上司授权。秘书每天早晨为上司整理办公室时要做好以下工作：

（1）定时开窗通风，保持空气的自然清新，并定时测量室内的温度和湿度，保持上司习惯的温度和湿度。

（2）整理上司的办公室和办公桌，将文件和物品摆放整齐，文件柜、书架、报纸架和各种陈设要保持清洁。

（3）经上司授权后，定期对上司的文件柜进行清理，将文件资料归类保管存放，将一些无用的文件及时清退或销毁。

（4）上司办公室内的花卉、盆景，要及时浇水、施肥、剪枝，保持其美观；上司办公室内的金鱼要及时喂食，清理鱼缸内的浊物，保持水质的清洁。

（5）给上司削好铅笔，补充好办公用品，如曲别针、夹子等。如果铅笔、钢笔等在笔筒里摆放的不规整，应该把它们码放好，使其并排朝向手这边，以提高上司的工作效率。

（6）上司进办公室后，应根据上司的习惯或爱好，给上司沏茶或泡咖啡。

（7）把当天早晨收到的报纸、杂志交给上司。如果上面有与本公司或本行业有关的信息，应用红笔在标题下画上波浪线，以提请上司注意。如果网上有同样的信息，应下载打印出来一并交给上司。

（8）上司接待客人后，要及时对烟灰缸、茶具等进行清洗和整理。

（9）确保纸篓里没有堆放的垃圾，确保钟表、日历显示的时间和日期正确。

（10）经常对安全、卫生等状况进行检查，发现问题及时通知有关人员进行修理或打扫。

3. 公共办公区

公共办公区一般设有秘书经常使用的传真机、复印机，以及秘书与同事共同使用的档案柜、书柜、报纸架、办公室的茶水桌及由秘书负责的接待区、会议室等。

（1）要保持上司会客室和会议室的清洁，在来访客人离开及会议结束后，要及时通知保洁员进行打扫和清理。

（2）正确使用并注意维护复印机、传真机等办公设备，保持周边的整洁，发现问题自己动手解决或及时找人维修。

（3）对文件柜、档案柜、书架、物品柜等公用资源要经常清理，对报刊、文件及公用的办公用品，用后要及时放回原处，保持整洁有序。

（4）注意发现在办公设备、室内光线、温度、通风、噪音、通道等方面存在的有碍健康和安全的隐患，并及时提出建议或通知有关人员进行整改。

二、办公室环境的美化

办公室的用具设计要精美、坚固耐用，适应现代化要求。若条件允许，可采用自动升降办公椅，以适应工作人员身体高度的不同。同时，应根据不同的工作性质，设计不同样式的办公桌椅。为了不让办公室显得过于沉闷，可以根据个人的爱好和习惯适当悬挂或放置一些有品位的字画及工艺品，以改变办公室内单调的氛围。

20 世纪六七十年代，欧美发达国家实力雄厚的大公司开始重视企业形象和企业文化，出现了办公室环境设计的概念，人们开始重视办公室的“软装潢”，即美化办公室环境。一些办公室的墙壁上挂着图画，走道的转角处摆放着植物，墙角布置着小雕塑品，有供人休息的长、短沙发，在离办公室不远处还设有咖啡间，可以让员工在疲劳时喝上一杯咖啡提提神。这种人性化的办公室，整洁、方便、宽敞、明亮，窗外的阳光温暖地洒在米色的办公桌上，空气中飘荡着浓郁的咖啡香，疲倦的时候在几米外就能找到柔软的沙发休息一下。在这样的环境中工作，员工自然能提高工作效率。

小提示：办公室中影响办公效率的几大因素

（1）空气质量差；（2）光线弱；（3）噪音过大；（4）空间狭小；（5）设备辐射；（6）色彩搭配不协调；（7）文件堆积。

案例分析

案例一

日欣公司为了美化办公室环境，与某花卉公司签订了租用合同，日欣公司办公区域内的花卉全部由该花卉公司提供，租用花卉的费用是每盆花每天 1 元钱，可以按月更换。合同即将到期，秘书于淼向公司经理建议，最好是公司自己购买适合办公室摆放的花卉，一是可以节省开支，二是不同的办公区域可以摆放不同的花卉。比如，门口、窗口等地方可以摆放发财树，有利于保持室内温度和湿度的平衡；会客室可以摆放橡皮树，能够吸收一氧化碳、二氧化碳等有害物质，对室内灰尘也有良好的吸附、净化作用；办公室内可以摆放君子兰，因为君子兰有较强的净化空气的功能，对一氧化碳、二氧化碳也有很强的吸附作用，还能吸附烟雾，改善室内的空气质量。经理采纳了于淼的建议。

分析：绿化办公室的内外环境，不仅能美化环境，而且是调节周围小气候的有效方式。有人把室内绿化誉为“无声音乐”，可使人心旷神怡。另外，很多花卉都有宜人的馨香，易使人的嗅觉得到良性刺激，促使大脑皮层兴奋，从而影响人的心理、情绪和行为举止，有助于提高工作效率。

案例二

某公司总经理办公室和技术部的工作人员一起加班到深夜。第二天早上秘书刚上班，还没走进办公室，就看到门口等候了两位未预约的客人。这两位客人是总经理刚刚结识的重要客人，其中一位是欲与总经理谈合作的在某世界五百强企业担任全球副总裁的客人。一进办公室，发现办公室杂乱不堪，办公桌上、沙发上、茶几上、地上到处都是文件材料，室内空气污浊……所有的东西都不在正确的位置上。

分析： 秘书每天下班前或者每项活动结束后，一定要迅速打扫办公区域。如果时间来不及，应当在第二天早晨提前来到办公区域进行打扫。任何时间，秘书都应保持办公环境的整洁，因为办公室的很多工作具有不确定性。

案例三

美国一家家具工厂利用先进的灯光技术制造了虚拟加州海滩氛围的工作环境，工作人员可以穿着海滩短裤、T恤上班，享受100%的新鲜空气和自然光。有趣的是，据美国《商业周刊》报道，这家公司的生产率因此提高了15%，其中，有8位跳槽的员工在离职两星期后自动回来报到，原因竟是他们无法忍受其他公司晦暗的工作环境。

分析： 办公室环境美化是工作效率的保证。办公设备的合理摆放和现代化装饰品、花卉植物的合理布置，会给人一种舒适的感觉，能陶冶人的性情，提高工作效率。本案例中的管理人员重视办公环境与工作效率之间的关系，因而能够主动设计、模拟员工期望的办公环境，这是值得每位办公环境管理者借鉴的。

案例四

在一次业务交流研讨会上，某公司经理的秘书介绍了这样一条经验：每天下班前花十几分钟的时间将自己的办公桌面整理一下；作了批示的文件及时转交出去，绝不隔夜；暂时不用的文件存入档案柜，绝不杂乱堆积；尚需处理的文件放在办公桌的显眼位置，对待办事项做到心中有数。她说，如果每天都能坚持这么做，一定会有收获。

分析： 整理好办公桌面，其实是一个打理工作的过程，也是一个打理心情的过程。如果不加整理，满桌的文件、纸张也许会让自己感觉还有很多事没有做完，长期如此会导致心情紧张，工作效率也将受到影响。腾出十几分钟的时间整理桌面，舒缓一下心情，然后在整洁有序的环境里深呼吸，心情愉快地结束一天的工作，信心满怀地迎接明天的到来，工作质量一定会有所提高。

实训项目

1. 你一早来上班，发现办公区域的饮水机没有水了，打电话给矿泉水销售部的销售员，可他的手机关机了，你将怎么解决这个问题？

2. 假设你是某公司的秘书，早上来上班时发现接待区通往门口的通道上堆放了很多销售部的产品，而且挡住了消防栓，你该怎么办？

3. 请为下列办公室中的部分公用资源选择合理的位置放置：公用电话簿；一次性水杯；复印纸；空白信封；公用文件夹；急救箱；订书器；茶叶；饮水机。

4. 你的上司年龄偏大，是个雷厉风行的现代领导者，喜欢书法艺术。如果让你为其装饰办公室，你认为在颜色、照明、隔音、空气调节、绿化、装饰物等方面需要注意什么？

5. 海天公司刚成立不久，由于公司员工都是一些较粗心的年轻小伙子，办公室里经常一片狼藉：有用的、没用的图纸到处都是，计算机电源线和网线经常绊倒人，喝过的饮料瓶随处可见，电脑经常处于待机状态……海天公司办公室的秘书一直在考虑如何改变这样的状况，如何提高大家的工作效率。请你给海天公司的秘书一些合理化建议。

第三节 办公环境的安全管理

案例导入

海潮公司的秘书张洁每周都对办公室及办公室内的所有设备进行一次安全检查，对发现的隐患立即采取补救措施或报告上司，并做好记录工作。这天又到了张洁进行安全检查的时间了，她来到工作区，发现有两扇窗户关不严密，如果遇到大风天气，玻璃很容易打碎；新来的小刘个子很高，但他的电脑键盘桌面过低，难以用正确的姿势操作；办公区的电源插座稍显紧张，应该再加两排插座。张洁将这些问题一一记录下来，与相关部门进行协调，当天下午，上述问题即得到解决。

任务

工作环境是由许多方面的因素和条件构成的，诸如工作区的空间、采光、温度、通风、噪音、装修、装饰；工作区的办公桌椅、办公设备、饮水设备、办公用品和耗材等。秘书首先要能识别工作环境中有碍健康和安全的隐患，然后正确处理安全隐患问题。

理论知识

一、识别办公室安全隐患

1. 办公室常见的有碍健康和安全的隐患

(1) 地、墙、天花板、门、窗中的隐患，如离开办公室不锁门等。

(2) 室内光线、温度、通风、噪音、通道等方面的隐患，如光线不足或者光线刺眼。

(3) 办公家具方面的隐患，如电脑键盘桌面过低或过高，难以用正确的姿势操作。

(4) 办公设备及操作中的隐患，如电线磨损裸露。

(5) 工作中疏忽大意造成伤害的隐患，如站在带轮子的椅子上举放物品。

(6) 工作中疏忽大意造成泄密的隐患，如复印时将保密原件落在复印机的玻璃板上。

(7) 火灾或消防中的隐患，如乱扔烟头、灭火器前堆放物品等。

2. 办公室常见的潜在危险

（1）过度拥挤。

（2）办公家具和设备摆放不当。

（3）电话线或者电线拖拽太长。

（4）档案柜、档案橱挡住了通道。

（5）办公家具或设备有突出的棱角。

（6）楼梯踏步平板破旧或损坏。

（7）楼梯上没有扶手或扶手已损坏。

（8）地板打滑。

（9）包裹、行李或者办公家具挡住了通道。

（10）由于橱柜顶端的抽屉内堆放的东西太多，导致橱柜倾倒。

（11）没有关上的抽屉挡住了通道。

（12）站在旋转椅上取放东西。

（13）使用密闭容器烧水。

（14）在不会操作和没有人指导的情况下使用办公设备。

（15）器械破损或有危险。

（16）接线松开或损坏。

（17）办公设备未接地线。

（18）电路绝缘不彻底。

（19）电路负荷太大。

（20）电路没有设置保险开关（空气开关）或者保险开关不起作用。

（21）设备从桌上掉下来。

（22）对已发现的危险记录不完全。

（23）安全出口被阻塞。

（24）火灾疏散注意事项不完整或者没有。

（25）灭火设备已损坏。

（26）防火门被锁住、打不开或者平时处于开启状态。

（27）用易燃材料做烟灰缸。

（28）有毒清洗液被随便放在办公室内而且没有封口。

（29）大量废纸堆放在办公室内的一角。

（30）火灾报警设备失灵。

二、正确处理安全问题

1. 树立安全意识

保证办公场所和设备的安全是极为重要的，《中华人民共和国宪法》和《中华人民共和国劳动法》中都有明确的规定，政府及各个组织也制定了一系列的相关规定。为了营造健康、安全的工作环境，每一名秘书都要树立安全意识，做到以下几点：

（1）掌握基本的法律知识，树立安全意识，维护公司的利益，用法律保护自己的合法劳动权益。

（2）上岗前认真学习并自觉遵守有关安全生产、劳动保护的规定和用人单位制定的安全规定和环保规定，以及组织所租用的写字楼、场地等业主制定的相关规定等。

（3）细心检查并主动识别存在于工作场所及机器设备等的隐患，并及时排除或向上司报告，尽快解决，以维护好健康安全的工作环境。

（4）对常用的设备故障要立即报告，并填写"设备故障登记表"。

小提示：区分"隐患记录及处理表"和"设备故障登记表"的使用

"隐患记录及处理表"记录的是隐患，包括办公环境和办公设备两部分；"设备故障登记表"记录的是办公设备运行中出现的故障。例如，计算机不能工作了，就应填写"设备故障登记表"；如果计算机仍能正常工作，但屏幕被强光照射，非常刺眼，就应该填写"隐患记录及处理表"。

2. 进行安全检查

（1）确定安全检查周期，定期对办公环境和办公设备进行安全方面的检查。

（2）发现隐患后，在职责范围内排除隐患或减少隐患。

（3）发现个人无法排除的隐患，有责任和义务报告、跟进，直到解决。

（4）将异常情况的发现、报告、处理等过程认真记录在"隐患记录及处理表"（见表1—1）上。

表1—1　隐患记录及处理表

序号	时间	地点	发现的隐患	造成隐患的原因	隐患的危害和后果	处理人	采取的措施
1	11月4日	研发部	靠窗一排的电脑屏幕耀眼	无窗帘遮阳	对员工眼睛有害	行政主管张强	安装窗帘
2	11月19日	研发部	一名外来人员没有访客胸卡	接待人员离岗	有安全和有失密隐患	行政主管张强	强调接待处的职责要求
3	11月25日	研发部	周末5号文件资料柜未锁	负责研发的人员外出开会	有失密隐患	研发部经理王立统	周一部务会上强调

3. 安全管理的重点

（1）防盗。在办公大楼内，应有专门的保安人员24小时值班。

（2）防火。火灾首重预防，电器、电线应作定期检查，以防走火、跑电引起火灾。

（3）防止意外伤亡。为防止意外伤亡事故的发生，应对职员进行防止意外事故发生的教育，使之在平时就养成安全的工作习惯。

三、健康、安全办公环境的基本要求

（1）办公建筑必须坚固、安全，地面、墙面、天花板要完好、整洁，门窗开启要灵活，室内要有基本装修。

（2）办公室内的光线应充足，局部照明要达到要求，且灯光不闪烁，阳光直射的窗户应该安装挡板或者窗帘，注意光线不应引起计算机屏幕的反射。

（3）办公室内的温度要适宜，应根据天气设置供暖、供冷设备，室温最好不低于16℃。

（4）办公室要注意通风，保持室内空气流通和空气的质量，禁止在办公室吸烟，可以在办公区外设立吸烟区。

（5）办公室空间及座位空间要适当，座位间要留有通道，力求员工工作舒适。

（6）办公室内的噪音要尽量小，可利用屏风、地毯、隔音罩减少噪音。

（7）办公家具要满足工作所需并符合健康、安全要求，包括工作台面、座椅、各种存储设备和必要的锁等。

（8）办公设备、办公用品和易耗品要满足工作所需并符合健康、安全要求，包括工作台面上的电话、计算机、文具以及公用设备和物品。

（9）办公设备的安装、操作要符合要求，操作指南和注意事项要清晰可见。

（10）办公区及办公室要设置相应的消防设施、设备以及必要的报警装置。

（11）办公室提供的饮水要符合健康、安全要求。

（12）办公区和办公室要放置急救包，并定期更换。

（13）建立相应的规章和制度，包括人员进出规定、保密规定等。

（14）办公室内要有合适的装饰、标示和绿色植物。

案例分析

案例一

2000年1月6日凌晨4时32分，广州市海珠南路146号AA面包屋发生重大火灾，二楼、三楼的房屋及天台全部被烧毁，过火面积达120平方米，火灾中有5人死亡（两男三女）。经调查认定，这起火灾是因AA面包屋二楼办公室内的空调电源线短路引起的。

分析：安全工作无小事，办公室内的电器比较密集，若管理制度不健全或不按照规定流程管理，极容易发生火灾，负责办公室环境管理的秘书人员必须高度关注，慎之又慎。

案例二

一日，海潮公司赵秘书在公共热水房打热水时，发现供大家使用的饮用水壶的电源线由于长时间超负荷运行，导致电源线发热，为办公环境安全埋下了隐患。于是，赵秘书将此情况记录下来，并及时向领导作了汇报，征得领导的同意后，找专业人员对老化的电源线进行了更换。为了彻底解决此类隐患，赵秘书建议领导以部门为单位，发放便捷式热水壶，各部门分散使用电源，以对电源负荷起到缓解的作用，消除了办公室电源的安全隐患。

分析：无论是对办公设备的操作还是对工作场所的管理，都要贯彻“安全第一，预防为主”的方针，秘书应该做工作中的有心人，留心工作场所的细微之处，识别各种不安全因素，找出隐患，及时排除隐患，共同维护和管理办公环境。

案例三

一日，王秘书在办公室办公时，不经意间闻到了物体燃烧的异味。她循着异味快步跑出去，发现洗手间的角落里有一个垃圾桶在燃烧。王秘书迅速将火扑灭，未造成任何损失。事后，经调查发现，是有人随意扔烟头所致。王秘书高度重视此类隐患，及时向领导汇报了相关情况，征得领导的同意后，下发通知：禁止在办公场所以及存在安全隐患的地方吸烟。为了使管理人性化，特为吸烟者设立了吸烟室。

分析：乱扔烟头是最常见的火灾隐患。很多单位都要求员工在工作期间禁止吸烟，但仍然会有人关起门来吸烟或者躲在卫生间、楼梯口吸烟。如果条件允许，可以设立吸烟室，如果没有设立吸烟室的条件，秘书需要经常提醒吸烟者，注意防范吸烟带来的安全隐患。

案例四

“十一”国庆节假期将至，办公室刘秘书在进行节前的安全隐患例行检查工作时，发现某部门办公区内的电脑处于待机状态，电脑长时间待机，极易引起火灾。刘秘书发现此情况后，及时将电源切断。节后上班，刘秘书对节前的安全检查进行了专题汇报，为了严肃纪律，杜绝此类事件再次发生，领导要求刘秘书起草有关问题的通报，印发各部门，并告诫全体工作人员以此为鉴。

分析：定期进行安全检查是秘书的一项职责。尤其是临近节假日，一定要做好详细的检查工作，以免节日期间发生事故。一旦发现隐患，应立即排除，否则，将造成不堪设想的后果。

案例五

办公室与保卫部门在对监控室设备进行定期检查时，发现有两个探头失灵，办公室及时协调科技部门进行调试、维护，直至达到正常的使用状态。此外，还将故障从哪一天开始及如何解决的等情况一一记录了下来，以方便日后需要时查阅。

分析：当秘书发现设备故障等情况已影响了正常工作时，必须想办法立即解决问题，并及时填写“设备故障登记表”。

实训项目

1. 检查一下你学习的教室、居住的宿舍、就餐的食堂，看是否存在安全隐患，将有关情况详细记录下来。

2. 在一张 A4 纸上画出办公区的平面图，包括办公室、安全出口、楼梯、吸烟区、消防设施等的位置。

3. 以所在系为单位，编制一套办公室安全管理制度。

4. 下列问题哪些属于设备故障，哪些属于办公隐患？

过度拥挤；地板打滑；家具或设备的棱角突出；柜橱顶端的抽屉堆放着太多东西；转椅无法调节高度；电线拖拽太长；设备未接地线；电路负荷太大；消防栓无法打开；碎纸机没有安全使用说明；传真机卡纸。

5. 假设公司的一些职员向你抱怨某些问题，请就以下问题进行分析，哪些情况违反了现有的安全规定？

（1）王红说她们的办公室一直不够暖和，室内温度刚刚达到 18℃。

（2）李杰反映他的电脑屏幕经常出现黑屏，而且中午使用电脑时，太阳光有些刺眼。

（3）孙俪说，她去复印室复印文件的时候，复印室的小王经常不在，她只能自己动手复印，复印的效果不太好。

（4）周敏说办公室的打印机经常卡纸，当她将卡住的纸弄出来的时候，两只手沾满了碳粉。

（5）新来的领导要求每个办公室在上班期间都把门打开办公，但大家不喜欢敞开门办公，认为这样就没有了个人隐私可言，而且与朋友通电话的时候，还得压低声音。

（6）楼梯处没有安全照明。

第四节　办公室信息安全

案例导入

在一次商务会议后，新来的秘书面对一大堆会议文件资料不知该怎样存放。她把主要文件与一般文件混在一起，连同本次会议的议程与日程等所有资料，装在了一个文件夹里，文件夹的封面上标注：×××会议文件资料。秘书韩笑看到这种情况后，耐心地告诉她立卷归档的基本程序及注意事项，并手把手地教她具体的操作步骤。

首先将涉及商业秘密的重要文件存放在设有加密装置的文件柜里，将普通文件及会议材料按照会议的议程排序装订成册，用自动打号机在每页的右上角打上顺序号，在封面上标注好日期、会议名称、卷别号，进行归档。

任务	办公室负责单位的信息工作，包括各类信息的收集、整理、保管、提供利用等，大量来自工作和社会生活的各类信息中，必然会有很多涉密信息。那么，如何确保办公室信息的安全呢？

理论知识

在办公室工作中，很多工作本身就有机密性质，如文书处理、邮件与函电处理、档案保管、安排会议、领导活动等。做好信息安全工作是维护工作环境很重要的一个方面。

一、秘书工作与信息安全

随着社会的发展，秘书的职能虽然有了很大的扩展，但保密工作仍是一条主线，几乎贯穿于秘书所有的工作之中。同其他工作人员相比，秘书工作的涉密性更加明显。具体来说，表现在以下几个方面：

1. 知密时间早

在接触秘密的时间上，一般先于其他人员，包括领导者。这是因为机关的秘密事项在发生和形成过程中，秘书人员都参与了。例如，一份秘密文电的撰拟与办理，一次重要会议的组织与落实，一项重大决策的制定与实施，一起重要人事的任免与处理等，诸如此类，都有秘书人员参与其中，因而他们知道这些秘密的时间比较早。

2. 知密内容多

在接触秘密的内容上，一般多于其他人员，甚至多于分管领导者。这是因为秘书人员作为领导者的参谋与助手，其工作范围几乎涉及企业各个方面，不仅知悉企业的发展战略、新产品的开发和销售等方面的秘密，而且知悉上级、同级和下级单位的秘密事项。可见，他们所了解的秘密的内容和范围是非常广泛的。

3. 知密程度深

在接触秘密的程度上，一般深于其他人员。这主要是指秘书知悉企业发展的核心秘密，特别是企业高管的秘书，其知悉秘密的程度更高。

由于秘书人员的特殊地位和工作条件，使他们能够接触大量的秘密。对于这些秘密，秘书人员应承担保密、不泄密责任，这也是秘书人员应尽的责任。秘书人员应该把信息安全工作作为自己的首要职责。

二、信息安全的内容

秘书的信息安全工作涉及范围很广，时时、事事、处处都要特别注意。对于无形的秘密，秘书要牢固树立保密观念，养成随时随地保密的习惯。对于有形的秘密，秘书要注意以下三个方面的内容：

1. 文件保密

秘书经常与各种文件、资料、图表等打交道，按照保密规定，所有涉及商业秘密的文件、资料，都要放在有安全措施的保密室或阅文室等地方，不准随意存放。秘书人员在文件保密方面一定要注意把好“十关”，即：文件拟稿关；文件印制关；文件传递关；文件阅读关；文件登记关；文件送批关；文件翻印关；文件保管关；文件清退关；文件销毁关。

2. 会议保密

一般来说，重要会议都要进行必要的保密安排。会议召开之前、会议期间及会议结束后，对会议是否公开、何时公开、向谁公开都应由主管领导决定。在未正式公开之前，秘书人员不得泄露。对高层领导在会议上的重要讲话和会议的重要内容，不准随意扩散。具体来说，会议保密的范围是：内部会议的日期、地点、议题、议程和日程安排等；内部会议的出席者、列席者和工作人员等；内部会议的具体活动、讲话、发言等；内部会议的文件、记录和参阅资料等；内部会议的录音、录像、摄影等。

3. 科技保密

科学技术以及研发创新是企业发展的源泉，是企业在激烈的市场竞争中立于不败之地的关键。秘书的工作性质决定其需要与各种人接触，包括客户、同行、媒体、政府部门等，做好这方面的保密工作是非常重要的。如果企业新产品的开发、市场活动和价格政策等信息被竞争对手获知，企业将蒙受巨大损失；企业长期积累的客户信息一旦被竞争对手所掌握，企业的老客户将很容易被挖走，使企业失去大宗业务和合同。为了搞好科技保密，要妥善处理好五种关系：科技交流合作与保密的关系；友好与保密的关系；援助与保密的关系；引进人才与保密的关系；宣传教育与保密的关系。

就一般企业而言，除国家秘密、科技秘密以外，日常工作中需要采取保密措施的信息主要有：人事信息（正在酝酿中的人事调动与提升安排、工薪福利标准、纪律处分情况、面试结果和招聘程序、评估和考核结果、员工个人信息）；财务信息（企业的财务状况、银行贷款及债务状况、报价和招投标信息）；产品和服务信息（技术信息、市场信息）。

三、信息安全工作方法

根据办公室信息存储的载体（纸质载体和磁性载体），可以将信息安全工作分为三类：口头信息安全、纸质信息安全、电子信息安全。相对于不同的信息载体，我们要采取不同的方法来实施信息安全保障。

1. 口头信息安全

《韩非子·说难》中有“夫事以密成，语以泄败”的说法。作为秘书人员，首先要管好自己的嘴，做到不该说的绝对不说。

（1）不要在组织内部或外部谈论有关单位的保密信息，包括对其他工作人员、客户、朋友或者亲属。

（2）在没有确认对方的身份前，不要向陌生人透漏本单位应该保密的信息。

（3）在未被授权获得信息之前，不要通过电话、手机等发送应对对方保密的信息。

（4）只向来访者提供组织允许提供的信息，若超出范围，应向上司请示。

（5）遵照领导的指示传达相关信息。

2. 纸质信息安全

纸质载体是目前使用最多的信息存储载体，做好纸质信息安全工作，秘书应注意以下几项措施：

(1) 登记。在发出和收到涉密文件、资料时，特别是收到公文时，要当面检查核对无误后再签收，并及时登记；在此后的传递、借阅过程中，也要进行登记，以便于文件、资料在每个流转环节中都有记录并得到控制。

(2) 传递。在传递保密文件、资料时，要将其放在文件夹或文件盒中传递，以防失密或者散落丢失。高密信息应由工作人员亲自送交收件人。

(3) 保管。所有的保密文件、资料应该在归类后放在专用的标有密级程度的文件夹中，保存在带锁的、防火的柜子里。

(4) 复印。不能随意对涉密文件进行复制、复印，如果确需复制、复印，需要得到相应的批准，并履行必要的手续，如登记备案等。同时，涉密文件的复印件也要作为密件进行管理。尤其需要注意的是，复印之后应该将涉密文件的原件取走，不要留在玻璃板上。

(5) 传真。如果需要通过传真机传送保密文件、资料，要采取加密装置或手段，或者要求接收人及时将资料取走。

(6) 保管。涉密文件、资料要单独存放保管，极为重要且不常用的纸质信息可以制成微缩胶片，保存在安全的地方。

(7) 清退。对涉密文件、资料要定期检查，一般要做到日理月清，绝密文件则要日清日理；发文机关规定要收回的文件，要按时、如数清点并退回；借出或暂时发出的涉密文件要按期收回。

3. 电子信息安全

当前网络技术、通信技术迅猛发展，企业的电子信息量大、面广，从产品的设计、技术工艺、成本到产品的销售量、利润率等市场信息已逐步实现电子化。因此，加强电子文件、数据库的安全管理至关重要。为了避免计算机数据的丢失或者损坏，必须采取特别的预防措施。

(1) 秘书的计算机要设置个人密码，并要经常更换密码。

(2) 磁盘上的文件需要及时备份，重要信息应制作书面备份，并将备份磁盘保存在安全的地方。

(3) 程序磁盘要使用写保护标签以避免母盘被损坏。

(4) 控制进入计算机中心的人员，对进出人员要求等级；要求进出人员使用出入卡或对其进行电子监控等。

(5) 勿折、勿摸磁盘表面。

(6) 磁盘应存放在磁盘盒中，防止存储信息受到损坏或失密。

(7) 不使用外来的磁盘，以防带来病毒。

(8) 将内部局域网与公众网实行物理隔离，安装防火墙设备和入侵检测系统。抵御外部黑客的恶意攻击，动态检测各种非法访问，防止电子信息泄露。

(9) 计算机的显示器不应对着楼梯口或过道，如果来访者走近，应该迅速滚动页面或者调低亮度，或者保存信息后，将显示器关闭。

(10) 打印保密材料时要人不离机，负责保存和传递。

有序化保存的重要信息，要做到防火、防潮、防高温、防虫害，防失密、泄密、盗窃，定期或不定期对其进行清点，及时剔除失去保存价值的信息，及时存储更新，不断扩充新的信息，建立查阅、保管制度，实施科学保管。

小提示：保密工作的“十不”原则

（1）不该说的机密，绝对不说；（2）不该问的机密，绝对不问；（3）不该看的机密，绝对不看；（4）不该记录的机密，绝对不记录；（5）不在非保密本上记录机密；（6）不在私人通信中涉及机密；（7）不在公共场所和家属、子女、亲友面前谈论机密；（8）不在不利于保密的地方存放机密文件、资料；（9）不通过普通电话、明码电报和普通邮局传递机密事项或机密材料；（10）不携带机密材料游览、参观、访友和出入公共场所。

案例分析

案例一

某金融机构由于业绩突出，被市委宣传部评为全市红旗单位。不久，市委宣传部便组织了一个由新闻媒体及监察、审计等部门组成的联合考察组，深入该金融机构，对其经营情况及执行国家政策情况进行全面考察、全面报道。由于相关资料中会涉及该金融机构的存款规模、贷款规模、贷款投向、经营数据、存贷款比例、不良资产等相关数据，而其中的经营数据、存贷款比例、不良资产数据等又涉及国家经济运行的秘密以及国家政策的秘密。该金融机构的秘书立即请示领导，领导随即将这几组有针对性的数据删掉，市委宣传部对此表示理解。

分析：这个案例值得我们思考的是，企业中的一些秘密之所以被泄露，除了外在因素外，就是企业自己人在无意中向外泄露了秘密。在对外发布信息时，办公室的秘书人员一定要把好关，注意内外有别，一丝不苟地执行保密审查制度，尤其是在宣传报道中，要把好保密这个关口，哪些可以报道，哪些不可以报道；哪些可以对外宣传，哪些不可以对外宣传；哪些可以向记者提供，哪些不可以向记者提供，都要有明确规定，以杜绝一切泄密现象。

案例二

某企业于年底召开全系统工作会议，总结本年度工作的同时部署下一年度的具体工作。会议地点设在了某宾馆的多功能厅，参加人员除了本系统的管理决策层外，还特意邀请了市政府领导和新闻单位参加。本次会议的中心议题是企业领导所做的主题报告，由于该主题报告是对全年工作的总结及下一年度的工作部署，其中会涉及很多详细的数据。为了做好相关信息的保密工作，办公室王秘书在开会前，与新闻媒体的记者召开了见面会，对邀请的新闻记者提出了明确的要求：所有关于本次会议的相关报道，在新闻稿公布前，必须将样稿送到本企业办公室，由办公室主任审阅，得到同意后方可发稿；在会议期间，不准录音，须关闭个人通信设备。

分析：会议是交流和传达信息的重要途径，也是管理决策层经常举行的一种活动，其中有些内容不可避免地带有秘密性质，因此，在召开涉密会议时，必须在会前、会中、会后等各个环节采取严格的保密措施。

案例三

一日，某法院的两名工作人员来到某企业党政办公室，向办公室秘书表明想查阅一份相关文件的原件。王秘书明白了二人的来意后，给二人倒了两杯水，并请其出示相关证件。二人出示了执行公务证件和法院开出的协助办理案件的通知书，王秘书看完后，在登记簿上做了登记。随后，王秘书将此情况向领导汇报，领导看了法院工作人员带来的复印件后，同意配合法院，为其调阅此文件的原件。王秘书亲自去资料室将此文件的原件调出，并与法院工作人员一起当场进行核对，发现复印件与原件不相符，王秘书又亲自到复印室将原件复印一份，作为法院依法办案的证据。在两名法院工作人员离开前，王秘书请二人分别在查阅登记簿上签上自己的姓名及日期。

分析：配合公检法部门办案是每个公民的义务和责任。秘书首先要辨明来客的身份，一定要在取得领导的同意后，方可为其调阅文件。被调阅的文件要及时做好登记工作。

案例四

1985年3月，在法国召开的一次有关计算机与通信安全保护问题的国际会议上，一位荷兰青年在会议上报告了一个惊人的发现：他用一台稍加改装的黑白电视机，在一千米的距离内，可以接收到计算机显示器辐射出来的信息，并能清晰地加以还原。几个月后，英国一家电视台又报道了他们与这个青年的合作：在伦敦做了一次现场窃收实验，窃收目标是某大楼八层里正在工作的一台计算机的显示器上所显示的信息，停在路边的一辆小货车里用于窃收的电视机屏幕上，清晰地出现了该计算机显示器上显示的信息。这个发现在欧洲乃至西方引起了轰动，引起了专家及公众的广泛注意，也震动了不少国家的政府、军方、企业等。

分析：由此看来，电磁辐射造成的泄密是一个不可忽视的问题。在办公室工作中，人们会越来越多地借助于计算机等电子设备处理各种信息，计算机等电子设备向外辐射其产生的电磁波，电磁信息能通过地线、电源线、信号线、电话线等泄漏，造成信息泄露。因此，对要害部门的设备应采取金属屏蔽，从技术上改善电路布局，搞好电源线路滤波、信号线路滤波、设备有效接地、减少传输电阻等，并使用绝缘接插件及不产生电磁泄漏和高抗干扰的光纤、光缆等。

实训项目

1. 假设你所在的企业要与外方举行一次高层次的投资意向洽谈会，你作为该企业的办公室秘书，该如何做好这次会议的保密工作?

2. 为你所在的系制定一份保密文件管理规定。

3. 商业秘密是企业的生命线，在利益的驱动下，就会产生商业秘密的泄露。可口可乐公司的 1 名秘书曾偷取公司的秘密文件和汽水样本，与另外两名同谋计划将之以 150 万美元出售给可口可乐公司的竞争对手百事可乐公司。案件在亚特兰大法院审结，该秘书被判刑 8 年。针对此案件，你有哪些启示?

4. 假设你在某公司的人力资源部工作，你所接触的大部分工作都具有保密性质。你应该怎样做才能最大限度地减少信息的泄露或未经授权的使用?

5. 你对企业同行间挖墙脚的现象如何看待?

第二章

办公资源管理

学习目标

- **知识目标**

1. 掌握办公用品及易耗品库存管理的基本要求和常识；
2. 掌握订购、接收及保管办公用品和易耗品的基本知识；
3. 掌握节约办公用品的措施；
4. 掌握调配和利用办公资源的方法、程序及步骤。

- **能力目标**

1. 熟悉办公用品及易耗品的采购、保管、发放等各个环节的流程与要求；
2. 学会制作和填写办公用品及易耗品管理中经常使用的各种表单；
3. 掌握采购办公资源的基本技能，学会加强管理与控制；
4. 能够合理调配和利用办公资源。

第一节　办公用品的购置

案例导入

钟玲刚被调到公司总部行政办公室，担任秘书工作。她仔细地查看了前任秘书给其留下的各项记录，当她看到该公司的办公用品管理记录时，她发现，按照时间来看，下一年度的办公用品应该提前购置了。钟玲首先想弄清楚需要给各部门提供的办公用品及易耗品的种类有哪些，钟玲考虑到公司业务的拓展，认为公司的办公用品及易耗品的种类需要补充。于是，她征求了各部门负责人的意见，各部门负责人结合本部门的工作特点，提出了办公用品及易耗品所需的种类及数量。钟玲统计完以后，将各部门所报的数量与今年各季度同期进行比较，基本确定了每类所需用品的数量。

此外，有些部门提出了某类产品的质量问题以及需要增加的易耗品种类。钟玲一一向领导汇报后，领导指示：质量存在问题的，另换供应商；新增的用品种类，需要联系相关供应商；数量多的，可以公开招标。按照领导的指示，钟玲整理出了一份常用办公用品和易耗品的清单，拟写了一份详细的采购计划，并说明了实施每一项采购任务的办法。

行政主管苏明看完采购计划后对钟玲说："作为办公室的一名秘书，管理着办公室的一些大小具体事宜，其中办公用品的管理就是一项虽然琐碎但很重要的工作，一旦出了差错，就会影响各部门日常办公活动的顺利开展。你根据采购计划逐一落实吧。"

任务

如果不了解办公室常用的办公设备、办公用品和易耗品的种类，管理对象不明确，那么，秘书对办公用品的管理就只能是一团乱麻。如果秘书采购的办公用品种类不全，或者质量不好、送货时间延误、价格不合适，都会影响同事们的工作效率，甚至给单位造成很大的资源浪费。那么，日常办公用品及易耗品都有哪些呢？该如何订购？

理论知识

企业在运营中需要大量的办公用品及易耗品，一般由秘书负责此类用品的采购工作。

一、办公用品及易耗品的种类

办公用品是人们在日常工作中使用的各种文具、办公自动化所需的各种耗材以及其他特殊物品等的总称。

1. 办公用纸

办公用纸有：办公复印纸（A4、A3、B5、B4），带单位抬头用纸（信纸、稿纸、横格纸、白纸），传真纸。

2. 留言便笺

留言便笺可作为工作人员获取留言的正式途径，可粘贴的留言便笺有方便记录和便于提醒的作用，并能粘贴在电话机旁边或文件封面上等。

小提示：办公用纸和便笺的设计

由于办公用纸和便笺一般都是由企业指定的印刷厂印制，因此，很多企业的办公用纸和便笺的设计都很重视加入企业文化元素。例如，单位名称前加 logo，或者将 logo 作为便笺的底色等，便笺上不仅有企业电话和传真，还有网址等。便笺的大小可以根据实际需要，设计成不同的规格。

3. 办公用笔

办公用笔有：钢笔、铅笔、圆珠笔、中性笔（黑或红）、白板笔等。

4. 笔记本

不同大小的笔记本，可分别用于工作记录和会议记录，或者用于做笔记。

5. 信封

办公室中应常备各种尺寸的信封，用于邮寄不同的资料。

6. 装订用品

装订用品有：曲别针、大头针、剪刀、打孔机、订书机、橡皮筋、胶带、起钉器。

7. 归档用品

归档用品有：各种文件夹、档案袋、收件日期戳等。

8. 办公设备专用易耗品

办公设备专用易耗品有：打字机用色带等，复印机用墨盒等，计算机用磁盘、磁盘盒等。

9. 其他办公易耗品

在工作中待客使用的茶叶、咖啡或其他饮料，以及根据领导的特殊交代所准备的物品等。

办公用品需求单见表 2—1。

表 2—1　　办公用品需求单

所需物品	规格	数量	备注
申请部门：		申请人：	
主管签字：		日期：	

小提示：办公用品及易耗品的种类

根据不同单位的业务部门的需要，办公用品及易耗品的种类也是不同的。秘书要按照本单位各部门业务的实际需要，确定办公用品及易耗品的种类。例如，银行的各营业网点需要统一的签字笔、捆钱条、整理架等。

二、办公用品的采购

秘书要能够比较、选择办公用品供应商，完成办公用品的采购。在管理层次上，建立办公室与外界的沟通，通过采购这条渠道开通办公用品的补充和更新通道，满足现代化办公的需求。

1．选择供应商

（1）价格和费用。

因为办公用品和易耗品需要常年购买，需求量较大，所以首先应该考虑此类产品的价格。供应商一般会根据订购产品的质量和数量以及是否含税等进行报价。

（2）质量和价格。

购买办公用品及易耗品时应该检查、比较货品的质量，保证购买后能满足办公需求，不要买后才发现物非所值。

（3）服务和位置。

考察供应商为客户提供的服务是否方便，订货后的交货时间是否准确，不满意能否退货，能否保持按需订货等。

（4）安全性和可靠性。

购买办公用品和易耗品，最好与供应商保持长期合作。应认真考虑供应商的销售手续及相关发票、单据是否齐全，如检查订货单、交货单、发票的编号、日期、品名、签收等是否一应俱全，还应了解供应商规模的大小、信誉度等。

2．办公用品及易耗品的订购方式

（1）电话订购。

大多数的日常办公用品都是通过电话从供应商处订购。

（2）传真订购。

如果多种办公用品及易耗品都在一个供应商处订购，那就需要给供应商发传真，详细列出订购货物的名称、数量、类型、送货时间等细节，这样才能让供应商清楚订购需求。供应商在接到传真后，会按照订购方的要求送货上门。

（3）订购单订购。

很多单位都有正规的货物订购单，在订购货物时需要先将订购单填写好，然后邮寄或传真给供应商，供应商会根据订购单上面的要求送货上门。订购单见表2—2。

表2—2　　订购单

发货单位		到达单位	
单位名称		单位名称	
发货地址		到货地址	
联系人		联系人	
电话及传真		电话及传真	
邮政编码		邮政编码	
结算方式		账号	
要求发运方式		希望到货时间	

续前表

发货单位			到达单位		
税号			经办人	签章	
开户行					
发票性质					
品名	规格	单位	数量	单价	金额
总金额	大写： 佰 拾 万 仟 佰 元整（币种： ）				

（4）互联网订货。

通过互联网，利用电子商务来为本单位的采购服务。互联网的确可以提供很多便利，但是在网上购物应该慎重，先挑选好所购买办公用品和易耗品的质量、价格、型号等多项指标，再确定购买与否。

（5）去商店购买。

直接去商店购买公司所需要的办公用品，这种购买方式的前提是你确定该商店能够提供你所需要的物品。

无论采用哪种订购方式，秘书人员一定要保留一张订购单，收到货物时，要将实物与订单一一核对，以防出错。

3. *办公用品和易耗品的购买程序*

第一，由需要购买办公用品的人填写公司内部的办公用品申购表（见表 2—3）并签字，经过部门领导批准后交给采购人员。

表 2—3　　办公用品申购表

部门		申购人		申购日期	
申购原因：					
用品名称	库存数量	可用时间	本次申购数量		备注

第二，由采购人员向供应商发出购买需求，各供应商会返回对应的报价单或估价单，采购人员经过比较、筛选后，填写正式的订购单，说明订购办公用品的详细情况，发送给选定的供应商。该订购单需要被授权人即公司高级主管签字批准，同时应将该订购单复印一份交给财务部门，表示开始购货，并准备付款或交预付款。

第三，收到供应商的办公用品后，采购人员要对照供应商的交货单和自己的订购单检查货物，查明货物的数量、质量，证实符合要求后，将签收后的交货单送到财务部门。

第四，采购人员要根据收到的办公用品填写入库单，货物入库后，库房人员要在入库单上签字。

第五，财务部门收到发票后，对照交货单、入库单和订购单，三单的货名、数字应当相符，经财务主管签字批准后，再支付货款。

4. 办公用品采购的注意事项

(1) 办公用品不允许随意、无序购买。

(2) 尽量货比三家，买到物美价廉的办公用品。

(3) 应保留一张货物订单，以便收到货物时核对。

(4) 为防止缺货，应当有提前购买的意识。

(5) 对于消耗量大的物品，购买数量要充足。

小提示：关于供应商的选择

目前，很多公司选择的办公用品供应商一般都在当地，因为合作的安全性、可靠性要高一些。通过互联网联系的供应商，虽然价格便宜，但订货时双方需要承担一定的风险，很多供应商要求购买方一旦订货，就要将30%的货款打到自己指定的账户，购买方并不认可；供应商担心货物到货后购买方故意找茬，而难以兑现既定货款。

案例分析

案例一

在某公司的一次座谈会上，很多下属分公司反映需要总公司统一提供便笺纸和便签纸盒。王秘书请示办公室丁主任之后，丁主任表示，既然大家都有此需要，应立即联系有关厂家，定制20 000套。王秘书上网查找相关图片，联系了几家供应商，与供应商进行磋商以后，请供应商将样品及报价单用快递的方式邮寄过来。三天以后，王秘书将选定的三家样品及报价单交给主管领导。领导指定某供应商以后，王秘书立即通过电话与该供应商联系，希望近日来公司商谈合作事宜。

分析：办公用品是每个工作人员都必不可少的。随着互联网的发展，秘书应该掌握通过互联网采购办公用品的方法。秘书在选择供应商时，应该多选择几家，将样品及报价汇报给领导，最终由领导选定一家供应商。

案例二

经过征求公司各部门对去年办公用纸A4纸的质量反馈意见，很多员工认为，去年的办公用纸颜色发黄、纸质发脆，希望今年能换换。于是，王秘书决定重新选一种 A4 纸的品牌。向主管领导汇报此情况后，领导认为办公室对 A4 纸的需求量很大，最好用公开招标的方式进行筛选。于是，王秘书拟写了“办公用纸招标采购公告”，重点写明了货物质量及服务要求，随后，及时对外公开竞标，期望与符合条件的纸业公司合作。

分析：关于办公用品及易耗品的购买，是一个容易引起非议的话题。因此，如果本单位的办公用品或易耗品的年需求量较大，相关负责人最好采用公开招标的形式选择供应商，一是可以保证购置环节公平、公开、公正，二是可以保证货物的质量。

案例三

天新股份有限公司最近搬到了新办公地址，原来办公用品上印的公司地址、电话等都需要重新更换。行政经理苏明叮嘱刘秘书让印刷厂重新印制办公用纸（包括便笺纸、稿纸、信纸、信封、档案袋等）。刘秘书将样稿发到印刷厂后，在印刷订单上填写了“各印 200 份”。第二天，刘秘书向苏明经理汇报时，苏明经理说：“咱们公司一共 200 多人，30 个部门，印的数量太少了。虽然我们已经达到了无纸化办公，但是办公用纸仍然应该准备充足。根据平时所需，便笺纸印 1 000 本；稿纸、信纸各印 600 本；大、小信封各印 2 000 个；档案袋印2 000个。”刘秘书认真做了记录后心想：看来办公用纸的印制数量需要根据人数与实际工作来决定。

分析：办公用品的采购数量应该根据各部门的具体情况而定，考虑到在一定时间内以够用为原则，应保持连续供应。当然，有些种类的办公用品一次不要购买太多，因为市场价格在不断变化。同时也要根据办公用品及易耗品的保质期，决定是否应大量购买。

案例四

新的办公楼已经建成半年多了，员工们都盼着能早一点搬到新楼办公。终于，人力资源部门下发了搬家的通知，每个部门将本部门的东西事先收拾好，由搬家公司统一搬运到新办公楼。搬到新办公楼的第二天，秘书王军就忙得不可开交。“王秘书，我们办公室没有 A4 纸了”；“王秘书，我们办公室没有烧水壶，我们以为新办公室已经备好了呢”；“王秘书，我们办公室的钥匙在哪里？”……王军这才意识到，搬家前应该召开一个部门负责人会议，跟各部门的负责人讲清楚原有的用品还能用的尽量用，没有的办公用品，列出个清单，统一购买。这么多的问题，已经把他弄得焦头烂额了。

分析：每到一定阶段，各部门很可能会出现办公用品短缺的现象，尤其是新公司成立或者新部门组建时，都需要领用相关的办公用品。秘书一定要提前做好购买办公用品的相关工作，将所需办公用品备齐，避免影响工作。

实训项目

1. 情景模拟：采购办公用品。由于业务需要，公司需要采购一批新的办公用品，其中包括便签盒、雨伞架、中性笔、档案袋、文件夹。如果你来负责公司的这次采购任务，你会怎么办？请写一份详细的采购计划，并说明你如何实施这项采购计划。

2. 工作实务：采购办公用品。天地公司需要购置一批办公用品，清单如下：货架1个；储藏文件柜1个；打印纸5箱；打印墨盒10个；信封500个；横格笔记本100本；稿笺纸200本；铅笔、圆珠笔、签字笔各120支；大头针、曲别针各50盒；订书机5个；碎纸机2台；备忘录100本；锁10把。假设你是天地公司的秘书，你应该怎么做好这项工作？

3. 技能训练：设计列表单。请到你所在系的办公室，调研一下其对日常办公用品及易耗品的管理情况，模拟设计下列表单并练习填写：

（1）办公用品需求单；

（2）办公用品申购表；

（3）订货单。

第二节　库存控制

案例导入

天骄大学毕业后，在一家公司做文员工作。除了负责收发文工作，还负责办公用品的管理。一天，她打开库房时发现库房里堆着很多办公用品，心想，这些东西足够一段时间用的了，暂时不用购买了，需要时，随时购买就可以了，这样就不用费心去管理了。一天，市场部的人员要复印第二天的参展资料，发现库房里的A4纸所剩无几，只能去每个办公室收集，最后总算凑够了。没过几天，人力资源部门负责培训的小赵来领档案盒，发现根本没有库存，只能马上联系供应商，立即购买；还有同事三天两头来领同一种物品……后来，天骄发现，管理办公用品和易耗品并不是一件简单的事情。于是，她找到了相关人员进行仔细询问，并借助专业书籍认真学习了有关库存管理的知识，为每一类办公用品及易耗品制作了库存控制卡，加强了办公用品的管理和控制，按照库存记录，及时进行库存补充。从此，再也不会手忙脚乱了。

任务

秘书需要认真存储办公室里的各种设备和用品，以备各部门使用。在管理库存的时候，必须做到办公设备和办公用品的进货卡、出货卡和库存卡三卡一致，保存完好。那么，如何做好库存情况记录，及时补充库存，维持良好有效的库存系统呢？

理论知识

由于各部门随时需要办公用品，而且办公用品的供应是否充足、及时，在很大程度上决定了工作效率。所以，一个有效的库存系统是极其重要的，它对于提高办公效率、完成工作任务起着很大的作用。作为秘书，应该在熟悉办公用品进出手续的基础上，成为办公用品库房的管家。

一、库存管理的程序

1. 入库前接收订购的办公用品的程序

（1）用订货单和通知单核对对方交付货物时出具的交货单及货物，发现数量不对时，应该立即通知采购部门联系供应商。

（2）及时将接收数量通知采购部门，以便及时按照数量支付货款。

（3）接收的每一类货物的详情，应该记录到办公用品库存卡的接收项中。

（4）接收后，要及时更新库存余额。

2. 将接收的货物按照办公用品存储规定存放好

办公用品入库时，要首先大致确定比较合理的摆放方式，将办公用品保存在安全的地方，并且进行有序的摆放，这样既防止物品损坏、浪费或失窃，需要的时候又能够很容易找到。此外，还要消除火灾隐患。

（1）储藏间或物品柜要上锁，以保证物品安全、防止丢失，储藏间的面积取决于单位对所需物品储存量的大小。

（2）各类物品要清楚地贴上标签，标示物品的类别和存放地，以便能迅速找到各类物品。

（3）新物品应置于旧物品的下面或后面，先来的物品应先发出去，以保证物品不会因过期而导致最终报废。

（4）体积大、分量重的物品放在最下面，以避免从架子上取物时发生事故。

（5）小的物品、常见的物品，如盒装订书钉，应放在较大物品的前面，以便于看见和领取。

（6）储藏间要保持通风，以使房间保持干燥。

（7）储藏办公用品的房间应有良好的照明，以方便找到所需物品。

3. 确立物品发放制度，确定物品发放人

（1）指定人员发放。

（2）按各部门的需求量确定发放周期。

（3）急需物品时必须有相应的处理程序。

（4）必须填写物品申请表，并由授权人签字批准。

（5）发放办公用品时，必须清点核实。

（6）提醒使用部门和人员节约使用办公用品。

办公用品申领表和办公用品发放清单见表 2—4、表 2—5。

表 2—4　　办公用品申领表

部门			日期	年　月　日				编号		类别	
申领内容								核发			备注
月	日	品名	规格	用途	单位	数量	申领人	数量	经办	主管	

表 2—5　　办公用品发放清单

时间	姓名	所领物品	数量	签领人

二、建立库存记录

企业在运营中所需要的办公用品、易耗品等应当充足，但又不能占用库房的太大面积和积压大量的存货，因此需要建立库存记录。秘书人员在进行库存管理的时候，需要对库存进行详细的记录，这样才能随时掌握库存的变化情况，从而及时进行进货、发货等管理活动，保证日常工作的需要顺利得到满足。

库存记录卡的内容主要包括以下几项：

（1）项目。项目包括物品的大小、颜色和数量，如 A4 复印纸。

（2）单位。即货物订购、存储和发放的单位，如盒、包等。

（3）库存参考号。即给每一件物品的存放位置进行编号，以便于存取、发放，如柜子的编号为 A，架板的编号为 11，则库存参考编号为 A11。

（4）最大库存量。即某物品应该存储的最大数量。

（5）再订货量。当库存余额达到规定的数量时，必须再订购新的货物，使余额达到最大库存量。

（6）最小库存量。当库存余额达到规定的数量时，必须及时进行重新订购，否则就会影响日常办公活动的顺利进行。

（7）日期。必须记录所有库存活动的日期。

（8）接收。记录所有接收信息，包括发票号和供应商的名字。

（9）发放。记录清楚发放物品的数量，所发物品的申请号和物品发放的对象，即个人和部门。

（10）余额。在每一次接收物品、发放物品后，计算相应物品的库存余额。在接收物品时，在库存余额上加上接收物品的数量；在发放物品后，从库存余额中减去发放物品的数量。库存余额应该代表库存物品的实际数量，并用于随时检查物品的库存量。

库存的每一项记录都应该清楚地体现在库存控制卡（见表 2—6）上。秘书在每次发放、接收物品时都应该填写库存控制卡，并记录该物品的库存余额。

表 2—6　　库存控制卡

<table>
<tr><td colspan="6">物品：A4 白文件纸
单位数量令（1 令＝500 页）</td><td colspan="5">库存参考号：B4
最大库存量：50
最小库存量：10
重新订购线：20</td></tr>
<tr><td rowspan="2">日期</td><td colspan="2">接收</td><td colspan="3">发放</td><td rowspan="2">剩余库存量</td><td colspan="4">订购</td></tr>
<tr><td>数量</td><td>发票序号</td><td>数量</td><td>代码</td><td>部门</td><td>订购日期</td><td>数量</td><td>订购单序号</td><td>备注日期</td></tr>
<tr><td></td><td></td><td></td><td></td><td></td><td></td><td></td><td></td><td></td><td></td><td></td></tr>
<tr><td></td><td></td><td></td><td></td><td></td><td></td><td></td><td></td><td></td><td></td><td></td></tr>
<tr><td></td><td></td><td></td><td></td><td></td><td></td><td></td><td></td><td></td><td></td><td></td></tr>
<tr><td></td><td></td><td></td><td></td><td></td><td></td><td></td><td></td><td></td><td></td><td></td></tr>
<tr><td></td><td></td><td></td><td></td><td></td><td></td><td></td><td></td><td></td><td></td><td></td></tr>
<tr><td></td><td></td><td></td><td></td><td></td><td></td><td></td><td></td><td></td><td></td><td></td></tr>
</table>

三、库存监督

秘书可以根据不同目的选择不同的监督类型及时间间隔等。秘书在库存监督中若发现问题，就要缩短监督的时间间隔，以保证库存符合要求。

（1）检查实际库存，将库存中实际存放的物品余额与库存控制卡上的余额相比较，看是否有出入，其目的是防止物品浪费和被盗，而且可以准确计算库存的价值；剔除那些从未被申请使用的物品，可以发现和纠正库存记录的错误填写。这种库存监督通常有规定的时间间隔，如每个季度一次。

（2）检查库存物品申请表和库存记录卡，从而了解各部门和个人使用物品的情况，其目的是防止物品的过度使用。这种库存监督通常每两个月进行一次。

（3）定期检查库存记录卡，了解库存物品的项目和最大、最小库存量和再订购量，其目的是了解公司发展变化后，在使用方式改变的情况下是否需要重新调整这些数量；也可以通过监督来处理那些过期和多余的物品。这种库存监督通常一年进行两次。

四、节约使用办公用品的措施

我国政府一再强调“建设节约型社会”，秘书可以通过一些办公用品的使用细节来做好节约工作。

1. 节约文件纸的使用

对于各部门的文件纸要限量使用，有些文字材料的打印最好采用双面打印。较昂贵的复印纸如彩色复印纸，一般不能随意使用，可由中心服务区根据部门需要复制，并由各个部门独立核算成本。

2. 节约办公设备的使用

很多单位已在日常工作中提供互联网、打印机、复印机、传真机等，要注意昂贵设备的限制使用；严格监督互联网的使用，严禁办公时间用 QQ 等聊天工具聊天。

3. 控制办公电话的使用频率

在工作中，控制国内、国际长途电话的使用；按单位有关规定使用办公电话；定期检查并核对电话账单以控制开销。

4. 减少中性笔和圆珠笔的使用量

应当妥善保管各种中性笔和圆珠笔的笔套，以通过更换笔芯重复使用笔套。

5. 延长软盘和光盘的使用期限

爱护软盘和光盘等易损物品，并正确使用，以保证最大限度的使用时间和使用次数。

小提示：各种卡片的填写与管理

秘书应学会填写库存记录卡，保证填写的办公用品进货卡、出货卡、库存卡三卡一致。

案例分析

案例一

天地公司综合办公室的小王一直掌管着公司库房的钥匙，最近公司的体制发生了变化，改制成了股份制公司，由于业务发展的需要和部门增加，相应的办公用品无论是种类还是数量都明显增加了。小王感觉自己的工作太忙，于是向领导提出申请，将库房管理的工作交给综合办公室的文员小刁，双方刚交接完不久，小刁便生病了，要在家休半年病假，临休病假前，她将钥匙交给了同办公室的文员小张代管。小张是刚毕业的大学生，从未做过库房管理工作。于是，谁要领办公用品，小张就直接将其领到库房，让其进库房自己选。

分析：库房管理必须责任到人，钥匙应该由专人专管，如果由于工作变动等原因，不能继续管理库房，一定要有相关的交接手续，并及时清点库房。如果掌管库房的人临时有事，要经主管领导同意才能完成临时交接手续，不可以自作主张，将库房钥匙任意转交给其他人代为管理。

案例二

日新公司乔迁新的办公地址以后，原有的信封不能继续使用了。刘秘书按照每个部门的用量和发放时间，以及最小库存量，计算了需要重新定制的数量，并及时通知了相关印刷厂，告诉其按照新地址重新印制。两万个信封运到日新公司后，刘秘书经过检查清点后，将信封直接入库。库房管理由文员小张负责，小张首先按照每个部门的用量逐一发放，部门发放完以后，所属分公司也来领取，两万个信封在一周之内就发放完毕了。小张找到刘秘书问："还有几个所属分公司没有领到信封，是不是信封印制少了？库存可是一个都没有了。"刘秘书瞪大眼睛说："最小库存都没有了？我们印制的时候，没将分公司算在内呀?！你怎么还给它们发了呢？一共30个分公司，哪里发得过来呀?！这几天，综合办公室还要大量往外发信函呢，没有库存不就耽误工作了吗?"没办法，只能再向领导申请，再印制了。

分析：日常办公用品的发放一定要保证最小库存量，不能一味地有需必发，而不顾及最小库存量。即便是所属分公司有需求，也要经过相关部门审批，统一订购。当物品不足最小库存时，需要立即补充，以免影响工作。

案例三

高秘书管理办公用品多年，从未出现过任何纰漏。无论哪个部门来领办公用品，都需要持一份物品申请表，并做好相关记录。公司业务量增多以后，办公用品的数量也在增加，为了进行有效库存监督，高秘书由原来的每个季度清点一次库存变为每两个月清点一次。当她清点物品时，发现公司的档案盒从未有部门申请领取，于是她及时向领导汇报了此情况，看是否应该剔除该物品。领导迅速与人力资源部门联系，得知档案盒都是部门自行到办公用品商店购置的，不需要公司统一购置，于是公司决定不再购置档案盒。当她检查物品申请表和库存记录卡时，发现信贷部门与去年同期及前期比较，其信纸的使用数量较多，于是她主动向信贷部门领导询问相关情况，按照信贷部门所需及时调整了数量。

分析：掌管办公用品库房的秘书，要根据单位所需办公用品的情况，制定库存监督时间，实行有效的库存监督。尤其要了解各部门的生产经营特点，在业务量改变的情况下，需要重新调整这些数量。也可以通过监督，处理那些过期的和多余的物品，但要取得领导的同意。

案例四

崔秘书近日调到了××单位综合办公室，领导将库房钥匙交给她管理。她走进库房时，发现原始档案及办公用品和易耗品（日用暖水壶、电话机、毛巾、拖布、笔记本、档案盒等）堆放在各个角落。崔秘书一一记下办公用品及易耗品的种类，然后联系商户，买了两个货架，并运到库房。在货架旁边清楚地贴上标签，将体积大、分量重的物品放在下面，将小物品放在上面，将不常用的物品放在里面，将常用的物品放在外面。崔秘书忙活了一周以后，库房中的各类用品都有了所属的位置，进库房再也不会有不知道脚往哪里放的尴尬了。

分析：由于办公用品种类繁杂、规格不一，而且很多单位的库房阴冷发潮，因此为了对办公用品进行有效管理，秘书要注意采取有效措施。为了不使物品受潮，最好订做摆放物品的货架。在摆放物品时，要注意分类存放，以便需要时能够迅速找到相关物品。

实训项目

1. 某企业确定A4文件纸的最大库存量为100令，最小库存量为15令，再订货量为25令。根据以上这三个数字，做如下工作：

（1）请做具体说明。

提示：说明A4文件纸的购买数量最多不能超过多少；说明当库存中的A4纸数量达到多少时，就要重新订货，以保证业务的正常运行；说明当库存中的A4文件纸数量为多少时，必须采取紧急行动订购，否则会出现供不应求，影响企业的正常运营。

（2）将以上三个数字填写在A4文件纸的库存记录卡上。

2. 办公室秘书王瑶晋升为行政主管以后，工作更加繁忙和紧张。她将办公设备和办公用品的入库、出库和发放工作交给了秘书小刘。为了掌握办公设备和办公用品的库存情况，她需要经常查看库存记录。结合所学知识，尝试建议她如何进行全天候的库存监督，既能保证办公用品的充分供应，又能发挥行政经费的最大效益。

3. 请到你所在系的实验室，调研一下实验用品的使用及管理情况，列出实验用品的清单，分析实验室管理中存在的优劣，并提出改进意见。

4. 由于业务需要，天地公司需要采购一批办公用品：货架1个；储藏文件柜1个；打印纸5箱；打印墨盒10个；笔记本100个；圆珠笔120支；中性笔120支；订书机10个；碎纸机3台；备忘录100个；锁10把。如果你来负责该公司的这次采购任务，你会怎么办？假设领导建议你在网上选购，试写一份详细的采购计划，并说明你实施这项采购计划的办法及需要注意的问题。

5. 请你仔细察看以下这张库存控制卡（见表2—7），并回答下列问题：

（1）1月7日发放A4纸之后，库存控制卡上的剩余库存应该是多少令？

（2）从哪天开始需要重新购买A4纸？应该购买多少令？

表2—7　　库存控制卡

物品：A4纸 单位数量令（1令＝500页）						库存参考号：B4 最大库存量：50 最小库存量：10 重新订购线：20				
日期	接收		发放			剩余库存量	订购			
	数量	发票序号	数量	代码	部门		订购日期	数量	订购单序号	备注日期
1月1日						48				
1月7日			8	141	张××					
1月17日			20	156	王××					
1月25日										
2月3日			4	163	张××					
2月5日			8	180	李××					
2月19日	30	S190	4	191	刁××					

第三节　办公资源的管理

案例导入

日新公司新办公大楼落成以后，为了给VIP客户提供优质服务，该公司设置了VIP接待区。一天，行政经理苏明给秘书刘雪布置了一项任务，要求她提供一个关于适合新办公大楼VIP接待区服务设施和易耗品的采购预算和采购方案。苏经理叮嘱说："VIP客户是我们重要的合作伙伴，我们一定要为其提供上乘的服务。在建造大楼时，我们就到南方的几个优秀企业进行了考察，VIP接待区域的布局是按照深圳××公司的模板设计的。我们需要为下列用途添置服务设施和易耗品：单人沙发和茶几；盛装饮品的保鲜柜；咖啡机；茶具；电视；报刊架；显示企业产品宣传单和小册子的设备，以及茶水、咖啡、饮料等易耗品。请你准备我们要购置的物品的信息，并拟订一个VIP接待区服务设施和易耗品的采购预算和采购方案。"

刘雪将苏经理所提到的物品一一记录下来，随后找到了该区域的设计者罗智工程师，查阅了深圳××公司VIP接待区的相关资料，确定了公司VIP接待区服务设施及易耗品的采购预算和采购方案，报请苏经理批准后，进行了逐一落实。

任务

除了采购单位各部门既定的办公用品外，为特定部门选择相应的配套设施及用品也是秘书人员的职责之一。那么，秘书应如何确定所需的设备种类以及最有效地使用办公资源呢？

理论知识

随着经济的快速发展，企业的规模在不断扩大，企业的办公条件也发生了改变。例如，现代多媒体会议室和接待区或者员工的休闲区，都需要配置相应的设施和用品。

一、选择所需设施的方法及程序

1. 确定不同区域的功能及所需的设备种类

不同区域的设施配备取决于组织的类型和工作人员的职责范围。一般的区域所涉及的配套设施有：

（1）日常办公活动所需要的设备，如电脑、电话、桌椅、传真机等。

（2）确保来访者和工作人员安全的设备，如急救包、来访人员登记表、资料柜等；有关安全系统包括录像探头等监视系统以及门锁安全系统。

（3）显示公司有关信息的设备，如布告板、宣传海报折页架等。

2. 采用合理的选购方法

秘书要亲自对需要选购的办公设备及耗材进行登记，能独立地从供应商处获取有关办公设备及耗材的详细信息，进行多家供应商的性价比分析，从而为本单位选购最适宜的办公设备及耗材。

购买前应考虑：

（1）确定要购置的办公设备及耗材是当前或预期所必需的且考虑与原有设备的匹配关系；

（2）确定要购置的办公设备及耗材所放置的位置，要安全可靠且有利于工作流程的安排；

（3）对不同供应商所提供货物的质量、性能、价格、供货地点、支付方式及售后服务等进行比较。

小提示：调查供应商所提供产品的信息时应注意的事项

秘书在调查供应商所提供产品的信息时要尽量全面，包括产品的性能、配置、价格、付费方式、供货时间、交货方法、售后服务以及供应商的信誉等，并充分阐述选择供应商的理由。

二、选购办公设备的注意事项

（1）在自己的职权范围内，依照单位大宗物品的购置程序，及时向主管领导请示。

（2）在选购前，应多征求使用者的反馈意见。

（3）按照采购程序与供货方确定货物种类、产品定价、交货时间和售后服务等相关事宜，双方意见达成一致后，形成书面文字。

（4）按照进货、验货程序，检查所购置的办公设备和办公用品的型号、质量、数量及相关单据。

（5）若发现供应商提供的货物或票据不符合要求，要立即与供应商联系。

（6）按照本单位的财务制度，进行财务核算及单据的处理。

三、调配和利用办公资源

1. 掌握办公资源的使用情况

（1）了解企业所有设备的基本情况，包括名称、放置的地点、功能等；

（2）了解各设备的应用情况，即能否充分发挥设备应有的功能和作用；

（3）如果某些部门的设备长期闲置，而有的部门又急需，应适当进行调配，以充分利用办公资源。

小提示：常用办公室设备及办公用品的几个“统一”

为了使办公设备和办公用品达到规范统一，秘书最好结合本单位实际情况，确定常用办公设备及办公用品的几个“统一”，即统一某一类物品的具体型号、品牌、放置地点等，这样既统一了视觉形象，又便于管理。

2. 及时记录相关信息

（1）设备的购买信息。设备的购买信息包括设备的订购、采买、发票信息，常见的资料有订货单、交货单等，这些资料应归档在文件夹中，然后放在文件柜保存。

（2）设备的保修信息。即设备的保修文件复印件，也应将其归档在文件夹中，放在文件柜保存。

（3）设备的维修合同。设备的维修合同包括设备的定期、非定期维护保养合同复印件，也应将其归档在文件夹中，放在文件柜保存。

（4）设备的操作指南。设备的操作指南包括设备制造商编制的操作指南和相关手册，此类文件应放在文件柜保存，其复印件应放在设备旁供使用。

（5）设备的基本信息。设备的基本信息包括设备的编号、购买日期、供应商、安全检查和维修日期等，这些信息应做成相应的卡片索引存储在卡片索引盒中，并在计算机数据库中记录设备的基本信息，或者将此类信息安全地存储在计算机、磁盘或网络服务器上。

（6）所有设备情况列表。所有设备要按照购买日期、设备编号等作出设备情况列表，放在文件柜保存，该列表应定期更新，如每年整理一次。

（7）设备的日志记录和故障登记。办公设备发生故障的日期、故障情况、报告人、维修情况等应清楚地记录在故障登记本上，该登记本应放在设备旁；各类设备还应该有日志记录，相关工作人员应将定期进行的检查情况记录在上面，也应将其放在设备旁。

案例分析

案例一

随着业务范围的逐渐扩大，天地公司的新产品不断问世。为了向客户介绍公司以及推销公司的各种新产品，天地公司企划部采取了一系列的营销手段，以做好产品的对外宣传工作。一天，综合办公室的前台接待秘书小贺找到企划部的张总，建议道："张总，咱们公司的来访者很多，可以在一楼总服务台客户等候区的旁边设计一个立地式宣传海报折页架，用来宣传我们公司及公司的各种新产品，客户等候时，可以顺便了解一下这方面的知识。"张总非常高兴地接受了小贺的这个建议。两天后，立地式的宣传海报折页架就设计好了。此折页架分为两部分：上半部分是一块方形面板，用画面展现天地公司企业文化的核心价值观，即"开拓创新，诚信共赢"；下半部分是展示栏，主要放置各种产品的宣传册或宣传页。一周以后，立地式宣传海报折页架就放到了一楼总服务台客户等候区的旁边，既为客户提供了方便，也为企业和产品做了很好的宣传。

分析：为特定部门或公司的特定区域选择设备和办公物品是秘书人员的必备技能之一。秘书要从实际工作需要出发，确定不同区域的功能及所需的设备种类。以配备接待区的立地式宣传海报折页架为例，小贺根据自己的职责范围，提出了合理化的建议。

案例二

天地公司为了给VIP客户提供优质服务，领导决定在所属32个分支机构的VIP客户服务区设立配套的服务设施。综合办公室卢秘书首先征求了各所属分支机构负责人的意见和建议，统计出所需设备的种类：咖啡机、茶台、冰吧、沙发、书柜、电视等。卢秘书将所需物品的种类汇报给综合办公室丁主任，丁主任按照公司的大宗物品采购制度，要求卢秘书与财务部门、审计部门的相关人员一起选购所需物品。公司规定，每件物品需要选定三个不同厂家，最后由公司主管领导确定具体的供应商。卢秘书按照丁主任的要求认真执行，待领导确定每件物品的具体供应商后，卢秘书与供应商商议了合同文本，签订了购销合同。按照指定的供货时间，厂家将公司购置的物品送到了各分支机构，分支机构的负责人亲自验货，并将货物的型号、质量、数量等情况一一提供给卢秘书，卢秘书进行统一汇总并核对无误后，拿着发票及购销合同到财务部门进行结算。

分析：每个单位都有严格的办公设备购置程序，秘书要按照程序认真执行。在广泛征求意见的基础上，主动向主管领导请示，征得各方同意后，慎重选择供应商，商定好相关事宜后，需要签订书面合同，并按照进货、验货程序检查所购用品，确定准确无误后，到财务部门进行结算。

案例三

南阳贸易公司即将开业，公司所订购的办公设备及用品到货后，办公室相关人员进行了合理的摆放。一天，李英娜总经理找到办公室丁秘书说："小丁，咱们公司各楼层的展板都设计好了，我认为效果很好。你再跟这个设计公司的相关人员联系一下，咱们一楼和二楼中间的墙壁上缺两幅壁画，看看他们能否为我们设计？"丁秘书立即联系了制作展板的设计公司，该公司设计出了三套方案：国画、油画、仿铜浮雕，并对三套方案进行了报价。丁秘书找到设计师，说道："我觉得国画的效果比较好，尤其是山水的手绘，我比较喜欢，请你们就按照这个做吧。"第二天，就有两个工作人员开始往墙面上进行手绘画了，只用了两天的时间，壁画就做好了。李总出差回来后，眉头紧锁地看着壁画，问丁秘书："为什么不做仿铜浮雕而做手绘画呢？这种手绘画的质量能保证吗？"这时，丁秘书傻了眼，她既没向领导请示，也没跟设计公司签订合同……

分析：办公设备及用品的采购需要事先请示主管领导，主管领导同意后，才可以具体实施。秘书在选定供应商时，一般是先给领导拿出方案，然后请领导确定。签订合同也需要获得领导的同意，每一个环节都不能擅自做主、任意行事。

案例四

随着天地公司销售网点的逐渐增多，网点备品的购置量越来越大。办公室秘书王福影建立了各销售网点的备品登记簿，对所有设备的购买日期、编号、使用情况等做了详细的记录。近日，又有两家销售网点开业在即，王福影认真查看了一下记录簿，发现经开区网点有四个灯箱闲置；北站销售网点有两个填单台（每个网点设立一个填单台即可，当时送货单位多做了一个）。王福影经过与经开区网点和北站销售网点的负责人沟通，将闲置的四个灯箱及一个多余的填单台调配给了即将开业的新网点，既节省了支出，又充分利用了办公资源。

分析：一般情况下，为了避免设备的闲置，在购置设备之前，一定要作出合理的使用计划。但在实际工作中，往往会由于环境、条件等因素的限制，而制约了设备的使用。秘书在配置设备后，一定要记录好设备的使用情况，充分发挥设备应有的功能和作用，如果出现设备闲置的情况，应及时了解原因，然后进行适当调配，以合理利用办公资源。

实训项目

1. 办公室行政秘书钟苗接到来自企业副总的一份任务书，要求她提供适合重新装饰后的接待区所需要的办公设备和家具的采购方案。任务书上写着："接待区现已重新装饰，我们需要为下列用途购买办公设备和家具：显示欢迎来访者的信息板；管理人员进出板；一般的布告板；来访者登记系统；显示企业产品宣传单和小册子的设备。请你准备关于以上要购买的物品的信息。请在办公设备供应商的目录中找到这些信息，并制定一个办公设备和家具的采购方案。"

2. 办公室使用的设备应该保留建档记录和相关信息。请你为所在系实训室的设备按照设备的购买信息、保修信息、操作指南、基本信息、情况列表、日志记录六项内容建档。

3. 根据业务需要，天地公司决定为 24 个部门总经理配备手提式电脑。假如你是办公室秘书，负责此次采购任务，请结合当地电脑销售商的实际情况，进行实地调查，包括电脑的性能、价格、付费方式、供货时间、交货方法、售后服务以及供应商的信誉等，选择三家以上的供应商，进行性价比，并阐明你选择的理由。

4. 分成几个小组，讨论在网上选购办公设备和办公用品的方法以及要注意的事项。

第三章

日常事务管理

学习目标

● 知识目标

1. 了解值班工作的内容和要求；
2. 了解印章及介绍信的管理要求；
3. 了解时间表、工作日志的基本内容和要求。

● 能力目标

1. 能掌握接打电话的步骤，学会处理通话过程中的各类问题；
2. 能掌握正确的邮件收发程序和方法；
3. 能合理安排日常工作和上司交办的工作；
4. 学会通过编制时间表进行时间管理。

第一节　电话事务

案例导入

上午办公室的电话一直响个不停，秘书小周统计了一下，有 5 个是客户打来询问售后服务部的；有 4 个是公司内部人员找经理签字的；有 3 个是推销产品的；有 1 个是社区居委会工作人员打来的；有 2 个是打给同事的。此外，小周还向外打了 11 个会议通知电话。因为电话比较多，小周每接打一个电话都用专业的职场用语礼貌回答，以快速解决问题，必要时做好电话记录，使得整个上午的接打电话工作忙而有序。

任务 接打电话是秘书日常工作中的重要内容，接打电话的质量好坏直接影响公司的对外形象。那么，如何高效、礼貌、准确地接打每一个电话呢？

理论知识

随着科学技术的发展，电话的普及率越来越高，秘书每天要接打大量的电话，秘书通过电话所展现出来的企业形象，对营造和谐的人际关系、树立企业的良好形象有着至关重要的作用。因此，提高和强化电话事务处理能力是很有必要的。

一、接听电话的步骤

1. 接听电话前的准备

电话应放办公桌左边，在办公桌上整理好与电话内容相关的通讯录、文件资料和有关底稿；事前准备好笔和纸，以及电话记录表；能准确使用普通话，并熟悉当地方言。

2. “三声”之内接听电话

电话铃响三声之内接起电话，左手接电话，右手拿笔准备做记录。不要让对方久等，长久的等待会让对方失去耐心，也可能使公司失去一些机会。一般情况下，在电话铃响第二声后接听比较合适，响第一声就接，会使对方感觉有些突然，没有心理准备，而且容易掉线。

如遇特殊情况，电话铃声响三声之后接电话的，要主动道歉，可以说：“对不起，让您久等了。”

3. 自报家门

主动问候对方，对外线电话报单位全称，对内线电话报部门名称。如“您好！北京宏大科技公司。”或“您好，销售部办公室，我是××。”

4. 辨明身份

礼貌询问对方姓名，并请对方重复予以确认，外文姓名要逐字拼写，力求准确。确定对方姓名后，可在通话中反复尊称对方姓名，以示尊重。对于经常打来电话的熟人，最好在对方开口后就能弄清楚其身份。

5. 明确意图并提供服务

在通话过程中应注意倾听，弄清对方的来电意图，抓住关键细节，及时提供有关服务。对方需要帮助的，要尽力而为，能直接回答的要及时、准确回答；需要转接的要迅速转接；需要留言的，要做好留言记录并及时转交相关人员，重要事项要注意核对有关细节，如会议时间、地点、对方电话号码等重要信息。电话留言，还要注意填写好来电者姓名、来电日期、来电事项、来电者的联系方式、记录者姓名等。

6. 礼貌道别

要礼貌结束通话，通话结束前要征求对方意见，可以说“×先生，请问您还有其他问题吗?”，对方确认后，感谢对方来电，等对方挂机后，再轻轻挂断电话，一定要检查电话是否挂好，避免因电话没有挂断而影响其他电话呼入。

小提示：通话时要注意礼节

通话时要保持微笑，注意说话的语调、语速，要让对方感觉到你是非常乐意接听对方电话的。通话期间不要吃东西、喝水，更不要随意和旁边的人说些与通话内容无关的事情。

二、拨打电话的步骤

拨打电话要注意程序、讲究技巧、把握尺度，做到胸有成竹。

1. 拨打电话前的准备

拨打电话前要注意选择合适的通话时机，以使对方更容易接听通话；将主要谈话内容逐条写在记事本上，重要的通话事项要有书面提纲，电话传达领导的口头指示要事先整理好记录，一般的通话要事先打好腹稿；准备好电话记录本和笔，以及通话用的文件、资料和数据；查找对方号码，选择恰当的联系方式，一般优先选择办公室电话，如果对方在外出差，则选择手机号码；了解对方的身份和职务，避免称呼出错。

2. 正确拨号

拨号时要注意力集中，避免拨错，拨错电话要道歉。常联系的电话号码应该熟记。

3. 自报单位名称和姓名

电话接通后，及时通报单位名称和自己的姓名，并简要表达来电目的。如“您好，我是××公司的×××，我找××先生/女士。”若要找的人不在或不能亲自接电话，可用协商的口吻请接电话的人转告相关事宜。留言时要说清自己的姓名、单位名称、电话号码、转告的简要内容等。在对方记下这些内容后，要询问对方姓名，并记录下来，以备查找。

4. 陈述内容

确定通话对象后，要询问对方此时打电话是否方便，如果方便则准确、清楚、完整地向对方陈述通话内容，陈述完毕后，对重要信息进行核对；如对方不方便通话，则另约时间。

5. 适时结束通话

通话时间不要过长，以免浪费双方的时间，影响工作。结束通话时，要适当总结通话内容，强调一些关键细节。最后说些礼貌规范的结束语，如“就谈到这里，好吗?”道别后，轻轻挂断电话。

三、应对不同电话的处理方法

(1) 对重要的电话和无法作出决定的电话，应及时请示上司。电话记录要准确，并及时核对、处理。

（2）对授权范围内的电话要及时处理。

（3）对打给同事的电话要及时转接或传达，不要主动询问对方的身份和来意，以免有窥探之嫌。

（4）如果对方讲话听不清楚或对方说难懂的方言，应在通话开始时就向对方说明，尽量请对方放慢语速和讲普通话。

（5）对反复纠缠的广告电话，可明确、礼貌地拒绝，可以这样说“谢谢您多次来电话，目前公司没有这方面的需求，如果有的话，我们会和您联系的”。

（6）如果上司正忙着或出差在外，无法接电话，可让对方留言，并表示稍后会主动联系。可简单说明上司不能接电话的原因，但不要详细，以免不经意间泄露公司的机密。如可以说上司正在打电话，而不要说“他正在和董事长通电话”之类的话。

（7）对要找某部门的电话应该及时转接。

（8）两个电话同时打进来时，要从容应对，先接一个电话，如事情不紧急，且不能很快解决的，可请对方稍等，或表示会尽快回电话给他，然后接第二个电话。

四、通话结束后的工作

1. 及时整理通话记录

为了做好电话留言记录，通常秘书手头应时刻准备一本留言簿或记事本。留言要点有：来电的日期和时间，来电人的姓名、地址、公司和电话号码，以及电话来意。为提高工作效率，电话留言簿中的内容可以分成如下几类：上级公司来电、公司内部人员来电、其他公司来电、客户来电、私人来电。

2. 及时处理相关事项

重要电话要及时请示汇报；业务类电话要及时转接相关部门处理。

小提示：注意保护上司的隐私

上司的家庭电话和个人手机号码不要轻易告诉他人，在通话中也不要随意告诉对方上司的行踪。

案例分析

案例一

王州喜和丁丽是大学同学，毕业后两人在同一城市的两家外企工作，恰巧两家外企都是生产化妆品的。有一次，王州喜在工作闲暇之余打了个电话问候丁丽，要约她周末一起逛街购物，但丁丽却婉言拒绝了，说公司正在和南方一个大客户商谈合作事宜，公司要求加班，所以不能去了。王州喜故意问那个客户是哪个公司的，居然还要她们公司全体职员加班加点。丁丽便将知道的情况都告诉了王州喜。一周后，那个大客户竟然与王州喜所在的公司合作了，这让丁丽无法理解。

分析：丁丽犯了两个错误，一是在上班时间接打私人电话闲聊，一般情况下，私人电话要尽量缩短通话时间，不能占用工作时间过长；二是在通话过程中，缺乏保密意识，无意间将公司的机密泄露了出去，给公司造成了严重损失。

案例二

小李是南方人，虽然来郑州某公司工作三年了，但翘舌音还是发不准，这给他在接打电话时带来了很多烦恼。有一次，他接到一个电话，对方说的是河南南阳市的地方方言，加上对方有些发音不清楚，所以小李就更难听懂对方说的话了。经过反复沟通后，小李才知道对方是要到公司来采购产品，但不知道公司地址，想问如何从火车站坐公交车到公司。小李用他那不太标准的普通话说，可以在火车站乘坐“29”路公交车到某站下车路北即是。对方在10分钟后又打来了电话，说火车站这边根本就没有“s9”路公交车，小李反复说是“29”路不是“s9”路，可是对方还是不能理解，此时双方都很着急，后来一个当地同事接过电话说明了一下，对方这才理解。

分析：秘书不仅要会说标准的普通话，而且应适当学习和熟悉一些地方方言，这在与各地区有关人员通话时会提供很大便利。

案例三

朱秘书正在紧张地准备经理下午的季度发言报告，还有一个小时经理就要出去办事了，朱秘书想在经理出去之前先出个初稿给经理。就在这时，公司宣传部打来电话问明天有哪些人报名参加公司举办的联谊活动，这个事情得和办公室的几个同事商量后才能决定，一时没有办法回答。于是，朱秘书说：“我正在准备今天下午经理要用的报告，能不能稍后给你回电话?”挂断电话后，朱秘书继续埋头写报告。期间，他还接了两个电话，都简洁、礼貌地回答了对方。就这样，在一个小时内，朱秘书把报告写完了。

分析：接打电话要高效、灵活、礼貌，特别是在准备重要工作时，更要灵活处理各种不是很重要、很紧急的电话。要简单说明正在做重要、紧急的工作，使对方理解并愿意稍后联系，或是三言两语处理问题，结束通话。如果当时的确很忙而又深知来电者讲话啰嗦，则可以告诉对方迟些时候给他回电话，这样对双方都比较合适，而且不失礼貌。

案例四

某集团有限公司王秘书接到省文明办检查小组的电话，说是下午要对省级文明单位例行检查，现在正对当地社区的几个大型国有企业进行检查，大概一个小时后就到公司了，对方说完就挂断了电话。事情紧急，王秘书马上请示办公室主任，看如何接待这次省文明办的检查。办公室主任问检查小组多少人、检查内容有哪些、走哪些程序、需要公司准备哪些材料等好几个问题，王秘书连忙回拨来电，可是这个电话是座机，没有人接，可能检查组的人已经在路上了，遗憾的是连个手机号码都没有留下，公司该如何做好这次接待工作?

分析：在接到重要电话时，要详细做好通话记录，对重要的细节问题、环节问题要问清楚并核对，一般情况下，要留下对方姓名、单位名称和联系电话，以方便及时沟通。

实训项目

1. 假设厂房起火了，请两名同学进行实训演练，一名同学扮演现场工人向 119 报警，然后向办公室值班秘书打电话描述火情，另一名同学扮演办公室秘书接电话。

2. 总公司决定于 2014 年 7 月 20—27 日在市展览中心开一个新品展销会。领导让李秘书询问一下各分公司是否派团参加，如果参加，每个展位需要交 4 000 元，提前 20 天订展台。请模拟此情景，与分公司秘书交流此事。

3. 一位客户打来电话坚持索要总经理的手机号码，请两名同学模拟这个情境，一名同学扮演客户，一名同学扮演秘书接听电话。

4. 人们在接打电话时经常会有一些不良习惯，大家一起讨论列举一些，并逐步纠正这些陋习，练习正确的接打电话的礼仪。

(1) 某日，秘书小李给客户打电话，电话铃响了五声之后还是没有人接，于是她就挂断了电话。她做得对吗?

(2) 秘书小孙早上被领导批评了，心情很不好，电话铃响了两声以后，她拿起话筒说，“喂，你找谁?”当得知对方打错电话时，她很不耐烦地说了声“你打错了”就将电话给挂了。她的做法对吗?

(3) 秘书小欧在某天早上八点钟就给新疆的一位老板打电话说：“喂，是张总吗?”“你是谁?”“我是××集团人力资源部的办公室秘书。”“对不起，我在吃早餐，等会儿打过来好吗?”“噢，好的。”如果你是秘书小欧，你会怎么做?

(4) 秘书小董接到了一个投诉电话，她一边接电话，一边翻阅当天的文件。小董做得对吗?

(5) 秘书小张接到了一个恐吓电话，对方态度很恶劣，声称一定要让小张所在公司的老板亲自接电话。小张说老板不在，让他过一会儿打过来，对方依然态度很强硬，于是小张就把听筒放在一边，去做别的事情。小张的做法对吗?

第二节　印信事务

案例导入

齐秘书负责公司的印章管理。每次有同事用章她都认真审核领导或部门负责人的签字，认真记录用章情况，并保存好相关的办理手续。用完章后及时放入保险柜中锁好。齐秘书平时有空的时候，便用专用油布擦洗印章，以维护印章清洁，下班后添加印油，以确保第二天的用章正常。对公务用章，齐秘书积极配合、快速办理；对私下作虚假证明、谋个人利益的用章，齐秘书一律拒绝。

任务 印章和介绍信是公司对外联系的标志和行使职权的凭证，加强对印信的管理及严格按规定使用印章和介绍信，是秘书部门和秘书人员的重要职责。那么，在日常工作中应如何加强印信事务管理呢？

理论知识

一、印章管理

印章也称图章，古代称“印信”。现代印章是指在固定质料上刻上文字或图形，再盖用在文书材料上，作为公司或个人对外联系的凭证。印章是公司或领导的代表，是行使权力的标志，具有法定的权威性。

印章主要有公章、专用章、私章三种。

公章：国务院对国家行政机关和企事业单位的公章规定了其形状及文字排列，即形状为正圆形，单位法定名称（字数过多，可用通用简称）自左而右环行或横行排列。此外，对公章的直径中心图案也做了严格的规定。

专用章：即只在某一范围内（某种业务或某种文件）起证明作用的印章。如“财务专用章”、“收款专用章”、“户口专用章”、“收发专用章”，以及钢印。专用章无统一要求，即形状、大小不一，有圆形、椭圆形、方形、扁形、棱形、三角形等。

私章：是公民个人所用的名章。私章的规格五花八门，字体、形状、材料都没有规定。

1. 印章的刻制

新成立的公司申请刻制印章，须持《营业执照》原件和复印件各一份、法定代表人和经办人身份证原件及复印件各一份、法人授权委托书、印章样模，到属地公安分局办证大厅办理。已成立的企业申请刻制部门章或专用章，需由企业出具证明，持法人身份证原件及复印件、经办人身份证原件及复印件各一份、法人授权委托书、印章样模，到属地公安分局办证大厅办理。凡单位的正式印章（包括钢印、套印章、电子印章），一律不得私自刻制。单位内部使用的领导签名章、办事章、校对章、合同章以及其他戳记，无须报请上级批准的，应凭本单位的介绍信到指定的刻制单位刻制。

2. 印章的启用

印章在正式启用前，应备文通知有关单位，为防止伪造，要做印记，印模除留底外，要上报主管部门备案。如机构变动、撤销或更改名称，印章应立即停止使用，封好后交原颁发单位予以注销。

3. 印章的使用

盖章应按制度办事。盖单位的公章，应由单位负责人审核签字；盖部门的印章，应由部门负责人审核同意。对一些日常事务性盖章需求，可以按惯例用印，不一定事事都请示负责人批准。每次用印都要登记，并妥善保管好相关的文字批准手续。登记项目主要有：时间、编号、用印单位、内容、用印数、经办人姓名、批准用印人姓名、盖印人姓名、备注等。对某些人事机密材料，如领导班子成员人选名单、重要的纪检上报材料等，盖章者应遵守保密规则。如需要经办人亲手盖章，不让印章管理人员经手，必须有上级领导明确批示，并登记清楚，否则不能用印。若某些部门需要将印章借走，必须有上级领导明文批示，印章管理者要及时与借章部门联系，尽早收回，以免耽误用章。

盖公章要端正、清晰，要盖在署名中间，做到上不压正文、下要骑年盖月。要注意把握标准，如印泥适度、用力均匀、落印平稳。加盖钢印时，应注意不要将钢印加盖在照片中人的头部或脸上，以免影响辨认效果，因为钢印的凹凸作用会使照片中人的面部发生细微的变化，正确的位置应是脖子和衣领以下与证件交接的部位。

4. 印章的保管

保管和使用印章的人员必须严格审查和挑选，选择政治背景可靠、工作认真负责、做事坚持原则的人来负责管理。印章管理人员要认真负责，明确保管印章和使用印章的制度和纪律，确保印章安全。

保管印章的人员接收印章时必须进行登记，登记项目包括颁发机构、印章日期、印章名称、印章枚数、经领人姓名、启用时间，并在登记本上加盖印鉴。对所接收的印章都应专门加锁，对正式公章更应加倍注意，可放在保险箱里。此外，要经常擦洗、维护印章，避免受损。

节假日期间应将印章放在安全、可靠的地方，贴上封条。一旦发生异常情况，应保护好现场，迅速查明情况，立即报告单位领导，及时处理。必要时，还可请保卫、公安部门协助调查处理。若发现印章遗失，须立即向单位领导和有关部门报告，并依法声明作废。

印章的保管工作通常由秘书负责，保管者就是使用者，保管人员不得委托他人代盖印章，不得将印章随意带出办公室，更不得交他人拿走使用。

小提示：妥善保管印章

印章应存放在安全、可靠的地方，最好是放在保险柜内。对印章的保管，应养成“随用随开锁，用完即上锁”的好习惯，以免印章被滥用、盗用，造成不良后果。

5. 印章的停用和销毁

有下列情况的，印章须停用：单位撤销或名称变动、印章损坏、印章遗失或被窃，以及声明作废、换用新印章。停用印章要发文通知有关单位，附上印模，说明停用时间、原因，并宣布原印章失效。废印章必须及时送交原制发机关封存或销毁，不得长期滞留原单位。需要销毁的废旧印章应经过审批，并保存印模，以备查考。

6. 电子印章管理

电子签名是指数据电文中以电子形式所含、所附用于识别签名人身份并表明签名人认可其中内容的数据。通俗地讲，电子签名就是通过密码技术对电子文档的电子形式的签名，并非书面签名的数字图像化，它类似于手写签名或印章，也可以说它就是电子印章。2004 年 8 月 28 日颁布的《中华人民共和国电子签名法》第 14 条规定：“可靠的电子签名与手写签名或者盖章具有同等的法律效力。”电子印章应在专用计算机上使用，其密码应指定专人保管和使用，保管人员不得向任何人提供操作程序、电子印章软盘及密码。一旦泄密，要立即更换密码，更换保管人员的同时要更改密码。电子印章的制发、停用、销毁管理要求与正式印章相同。

二、介绍信管理

介绍信是用来介绍被遣人员的姓名、年龄、身份、接洽事项等情况的一种专用书信，具有介绍和证明的双重作用。

1. 介绍信的四种形式

(1) 普通介绍信。普通介绍信多为联系某项工作和事项，因为涉及内容较多，一般不用印制的介绍信，而用信笺，而且需要另行登记，并装入信封。

(2) 存根介绍信。存根介绍信一般采用批量定制，分成两联，一联是存根，另一联是外出用的介绍信，中间有一条间缝，两联都有编号，便于核查。

(3) 专用介绍信。如购买飞机票、办理护照或业务部门、单位的专用介绍信，这类介绍信有特定的内容和样式。

(4) 证明信。证明信是指由机关、团体、单位或个人来证明一个人的身份或一件事情，供接受单位作为处理和解决某人某事的根据的书信。也可以说，证明信是持有者用以证明自己身份、经历或某事真实性的一种凭证。

2. 介绍信的管理

介绍信在使用时要严格履行批准手续。管理人员开具介绍信前，要检查原稿上有无领导签发意见或批准使用介绍信的意见，有领导签发意见或批准意见的，方能开具。

开具介绍信时，要将介绍信的内容填写明确、具体，信文与存根记载要求一致，并填写有效使用期限，加盖骑缝章。

介绍信由专人负责管理。管理人员要严格执行介绍信管理制度，开具介绍信应由管理人员亲手操作，不得在空白介绍信或空白纸上盖印，让他人带走使用。

介绍信必须存放在牢固加锁的保险柜中，管理人员在使用介绍信后要严格保管。

发放介绍信要进行登记。领用人要履行签字手续，固定式介绍信可在存根上签字。为便于管理，应对介绍信的使用实行编号制度，即介绍信要按照编码顺序使用，不能跨号使用。

案例分析

案例一

某地板公司引进刘某担任业务经理，为了方便刘某洽谈业务，公司将公章交给刘某保管。由于刘某在工作中存在一些违规行为，该地板公司于 2013 年 11 月将刘某开除。

刘某离开公司时，带走了其经手的全部业务资料。刘某的这一举动带给公司的是连环诉讼，使公司损失了15万元。2014年2月，该地板公司收到法院传票，原告赵某将刘某和地板公司列为共同被告，赵某凭借一张盖有地板公司印章的欠条，说地板公司欠自己10万元材料费。地板公司根本未和赵某发生过业务，也未出具过这张欠条，怎么会摊上这场官司呢？地板公司申请了鉴定。鉴定结果是先有公章，后有文字。但法院最终认定，欠条上有刘某的签字和地板公司的公章，刘某又认可有业务关系，因此支持了赵某的诉讼请求。2014年11月，汪某凭一张刘某书写的5万元人工安装费欠条，起诉该地板公司。法院认为公章虽是脱空而盖，但地板公司之前与汪某有业务关系，刘某代表公司书写欠条本身也有结算的含义，最终也支持了汪某的诉讼请求。

分析：公司印章是公司的符号和代表。印章管理和使用上稍有漏洞，就可能被别有用心的人钻空子，给公司造成巨额损失。因而要加强印章管理，设立专人管理，严格用印办理程序，每次用印都要严格审核、登记。严禁在无监管的情况下，将公章带出公司使用，不得在空白纸张上盖章。在公司证件复印件上盖公章时，必须加盖再复印无效章，盖印多张文件时应加盖骑缝印等。

案例二

施工队杨某等人为让某局项目部多支付工程款，利用找项目经理在工程资料上签字盖章的时机，将事前准备好的两份空白打印纸和两份《停工损失表》夹在工程资料中，利用项目经理平时警惕性不高的特点，借帮助项目经理盖章之机，乘其不备将项目公章偷盖了上去。之后，杨某将合同内容打印在盖有公章的空白纸上，向法院起诉项目部，要求赔偿500万元的工程款。后通过公安机关侦察，确定了杨某等人偷盖公章、造假的犯罪事实，其行为已涉嫌经济诈骗和妨碍司法，公安机关将其依法刑事拘留。

分析：任何伪造和偷盖印章的行为均是触犯刑律并应受刑事处罚的。该案例还告诫我们，必须增强相关工作人员对印章管理的责任意识和法律意识，做到妥善保管印章和资信文件，正确使用印章和资信文件。工作人员每次盖印必须履行签字制度，盖印后应立即将印章安全存放，不得随意乱丢乱放；资信文件的使用必须严格履行登记制度，加盖限制性印章，防止印章、资信文件被复印、盗用、冒用等情况发生。

案例三

黎先生通过两名城管一分局的工作人员担保，在某邮政储蓄支行贷款10万元。在之后的还款中，黎先生屡次拖延还款，该行按照规定向两名担保人追偿。结果发现两名担保人根本不是城管一分局的工作人员。更令人惊讶的是，证明两名担保人身份和收入的《收入证明》是由该分局办公室主任马某开具的。城管一分局的负责人接受调查时说，城管一分局的相关制度明确规定，使用公章必须经过单位法人代表同意。马某在《收入证明》上盖单位公章的行为未经任何领导批准，不符合相关规定，属个人行为，造成的后果由马某负责。私盖公章的行为是马某主动向领导坦白的，等待他的是银行的责任追究和单位的停职查办。

分析：开具证明要实事求是，要严格按照规章制度办理，否则后果自负。一般情况下，印章的保管者也是具体用印者，用印者不能擅自用印。秘书部门对于保管和使用印章的人员必须严格审查和挑选，并应加强平时的教育和考查。

案例四

吕某和某水泥公司魏秘书是老同学，两人关系密切。一日，吕某找到魏秘书，称他有一笔好买卖，但个人不如公司签合同方便，想借用一下水泥公司的名义，让魏秘书给他出具一张水泥公司的业务介绍信，等合同签完后就还给公司，并给魏秘书1万元的报酬，魏秘书应允。随后，吕某利用从水泥公司借用的业务介绍信，以公司业务经理的身份与某公司签订了一份水泥购销合同，骗取该公司100万元的预订货款。吕某随后携款潜逃。法院最后追究了水泥公司的赔偿责任。

分析：出借业务介绍信给他人从事犯罪活动的单位，应当依法承担赔偿责任。该案例中，魏秘书所在公司应承担赔偿责任，魏秘书也难辞其咎。

实训项目

1. 郝秘书在一家公司负责保管印章，市场营销部的张某是郝秘书的朋友，一天张某拿着一份材料来要求盖章。郝秘书看了领导关于同意用印的批示后，就把印章交给了张某，让他自己盖。张某将材料盖完章后，又在一张白纸上盖了一个章，准备一同拿走。请问郝秘书该怎么办？

2. 周一早上，事务繁多，余秘书一时应接不暇，刚好几个部门正在盖章时，总经理打电话来让余秘书赶快到他办公室去，余秘书来不及等几个部门盖完章再去找总经理，也来不及对用章情况进行登记，急匆匆地跑到总经理办公室去了。等余秘书回来时，发现公司公章不见了。询问之后才知道是被销售部门拿走了，说是有不少合同要盖章。请对余秘书的工作进行评价。

3. 王岩是某高职学院人文系的办公室行政秘书。一天，一名已经毕业的学生来找王岩为其补开一份在校期间的顶岗实习证明，说工作单位要看。王岩未向系领导请示，以该生已经毕业为由，直接拒绝了学生开证明的请求。请分析王岩的做法是否正确。如果你是王岩，你会如何处理此事？

4. 为公司编制一套介绍信格式。

第三节　邮件收发

案例导入

朱秘书每天都会收到大量电子邮件和纸质邮件，她发现这些邮件有一半以上都是广告信函，几乎没有必要拆封或点击，所以一般情况下都直接处理或删除。她特别留意的邮件有三种：第一种是开会通知和上级文件，这些文件需要登记在邮件登记簿上并及时处理；第二种是法律文档，包括信用状、财务凭证、交通罚款单等，这些不仅要登记，还要立刻转交相关单位办理；第三种是主管的私人函件。如果这些函件上有“密件”、“亲启”字样，朱秘书则会将它们完好地交给上司亲自拆阅。

任务 邮件收发是组织开展工作的一个重要手段，也是秘书的一项重要工作。有效、快速地处理日常的邮件收发工作是秘书每天必须完成的工作任务。

理论知识

邮件收发是指在邮件、信函的接收和发送过程中所要进行的一系列工作。此项工作主要包括两大类：一类是传统的邮件收发，即通过邮政系统或其他物流渠道传递的各类纸质信函、报刊、包裹等物件，通常是可触摸的具体实物；另一类是通过网络或通信手段收发的信息，包括电子邮件、传真等，通常组织会启用专门的电子邮件系统或公文交换系统收发邮件信息。

一、收到邮件的处理

1. 邮件的收取

邮局投递的邮件到达秘书所在办公室，一般有两种可能。

一种是邮局送到公司传达室或收发室后，再由公司专门人员送到秘书所在办公室。秘书应掌握公司专门人员送邮件的时间，临近这个时间尽可能不要离开办公室，以免贻误工作，若超过平时的送件时间还没有收到邮件，应适当催促。机要邮件或快递邮件应提前通知专门人员及时送往办公室。对专门人员送来的邮件，要当面清点，也可设计邮件收领单，内容包括收领时间、邮件总数、分类邮件数、经办人。

另一种是邮局把邮件送到公司指定的信箱，由秘书本人亲自领取。秘书收取邮件的时间应固定，收取邮件的次数也应与邮局每天投递的次数一致，确保上午送来的邮件上午收取，下午送来的邮件下午收取。公司邮件较多时，应准备专用袋或小手推车，不要双手捧邮件，以免丢失。收取邮件后，应立即返回办公室，不要途中办理其他事项，以免遗失邮件。

2. 邮件的分类

按照轻重缓急的原则对邮件进行分类处理，优先处理要件、急件。人数较少的公司可按收件人姓名分类；部门较多的公司可按收件部门的名称分类；按邮件的重要程度分类，可把邮件分为重要邮件和普通邮件；按邮件的性质分类，可把邮件分为公务邮件和私人邮件。私人邮件，主要包括那些信封上标有“亲启”、“私人”、“保密”等字样的邮件，对于这类邮件，秘书一般都要将其直接交到收件人手里。重要邮件一般以重要人物或重要单位的邮件居多，挂号邮件、快递邮件、报价邮件和带回执单的邮件也可划入重要邮件，重要邮件要优先处理。

3. 邮件登记

邮件登记有助于秘书收取一些重要邮件，也有利于日后有案可查。除报纸、杂志、广告宣传品以及私人邮件外，每天收到的其他邮件都应登记。邮件登记应包括日期、来件者说明、送交部门或个人、备注。对重要邮件的收取，也可建立预期收取邮件登记表，用来提醒自己注意收取。预期收取邮件登记表的内容包括预期收取日期、实际收取日期、来件者说明、送交部门或个人、备注。如果在预期收取时间的一定时间后还未收到邮件，秘书可以通过打电话或发邮件等方式向许诺方询问。

4. 拆封

邮件分好类后是否拆封，应按照与上司事先约定的办法处理。公务文件拆封后应立即递交给上司，私人邮件不要拆封，应直接交给个人。对信封上标有“亲启”、“机密”、“重要”等字样和无法判断是公务邮件还是私人邮件的，不要拆封。

拆封公务邮件，要求用剪刀、拆信器或电动邮件启封机等工具。拆封时注意不要损坏邮件内的任何东西，也不能损坏信封上印刷或打印的文字（如公司名称、地址和电话号码），拆封后的信封应用回形针附在取出物件上。对挂号信、保价信函中的单据、支票或账单、结算单等应及时转交财务部门处理。

5. 分发邮件

分发邮件要及时，每天的分发次数要与邮局的投递次数一致，每次收到邮件后必须在一小时内分发出去，每次分发邮件的时间也必须相对固定。在分发邮件前必须按“由谁处理”的原则进行再次分类，一般可分为三类：第一，必须交给经理处理的；第二，必须转交有关部门或人员处理的；第三，按职能规定由秘书自己处理的。

必须交给经理处理的邮件，在将邮件交给经理处理前，要再次确认，避免混入不应由经理处理的邮件；邮件较多时，可附上“邮件摘要表”（见表 3—1），对邮件进行分类整理；对重要邮件，可根据公司和经理的近期工作重心，标出重点，附上相关文件、资料以备经理参考；一份邮件需要多个部门和领导传阅的，应附上“邮件传递单”（见表 3—2）和“传阅顺序单”（见表 3—3），阅读顺序基本按领导的职位高低排列。

表 3—1　　邮件摘要表

日期	来件者	内容摘要	采取的行动
9月2日	侨光医院王莉	要求确定年度体检日期	安排在9月23日上午9点
9月2日	国防科技大学张文元	邀请演讲	安排在10月20日下午2点
9月3日	远大公司魏延秀经理	讨论销售合同	
9月3日	蓝光公司张卫经理	要求确定订购数量	已交销售部处理
9月3日	杨正方	祝您生日快乐	
9月3日	刘中节	要求制定培训计划	

表 3—2　　邮件传递单

日期：　　年　　月　　日　　上/下午　　时　　分
致：
来自：
___√___供你参阅，阅后归还给我 ________供你参阅，阅后不必归还 ________请阅后与我见面，一起讨论这封邮件 ________请阅后提供回复这封邮件的资料 ________请回复这封邮件，并给我一份回复的副本 请注明你的意见 意见：

表 3—3　　传阅顺序单

			年　月　日
（按数字顺序传阅）			
1	徐永刚	（签名）	2 月 3 日
2	冯伟玲	（签名）	2 月 4 日
3	罗正忠	（签名）	2 月 4 日
4	王冠静	（签名）	2 月 5 日
5	沙志飞		
6	朱婷丽		
请签上姓名、日期并传给下一个人，最后请交还秘书刘凌云。			

二、发出邮件的处理

1. 整理邮件内容并签发

根据公司要求或上司指示整理邮件内容，需上司签发的邮件，除紧急的邮件必须立即请上司签字外，一般的邮件可以集中、统一请上司签字。签发重要邮件要备份存档。

2. 核对、检查基本信息

认真核对、检查信封上的收信人姓名、地址与信笺上的收信人姓名、地址是否一致；核对信件内容、附件、地址、邮编是否准确，确保内容正确无误，附件齐全完整；检查信封上应该标注的标记是否标注；检查必须由领导签名寄发的信函是否已签署。

3. 装封登记

邮件装封既要考虑方便收件人拆阅，还要注意整齐美观。根据所使用信封的大小，信纸可不折叠，也可采用二折法、三折法或凹折法。多页信纸应按顺序折叠成一叠，不能单页折叠。附件应与文件正文分开，把附件叠好并放在正文的最后一叠中，以方便收件人取信时，附件也可一并取出。秘书在寄发平信、国内外特快专递时，应对所有邮件进行登记，方便工作的落实与跟踪。

4. 邮件分类

将各类信件、包裹等分类，快件应立即处理，大宗的信件可以捆扎。

5. 邮件寄发

邮件寄发要考虑时间、经济、便利等因素。如果时间允许，可以通过普通邮局办理寄发，因为价格比较低廉。如果时间紧迫，可以选用专人投递或快递邮件国际服务，但费用相对较高，大件物品可用包裹邮递。如果公司内部有另外的通信系统，秘书人员可选择一种既能满足时间要求又能节省开支，而且设备和服务都比较好的邮件寄发方式。

三、电子邮件的处理

电子邮件是一种以计算机为基础的信息传递形式，邮件信息可以同时传送到多个目的地。电子邮件作为一种快速、经济的传递方式，其优势表现在比长途电话、快信便宜，比电传精确。随着电子邮件的普及，秘书每天收到的电子邮件越来越多，只有对电子邮件加强管理，才能提高工作效率。

1. 定期查阅

每天规定一个具体的时间来查阅邮件。例如，每天早上 8 点、下午 1 点和 5 点打开邮箱。其他时间不用管理，不必经常打开邮件客户端，以免影响工作效率。

2. 分批处理

进入邮箱后要对邮件进行分批处理，保证每天下班前收件箱里的新邮件数为零。分批处理前，创建分类的邮件文件夹，如公务邮件、个人邮件、群邮件等，对其进行归档。也可合并邮件，把某个文件夹中或某标签的邮件生成一个单一的 RTF 或 PDF 文件，以备以后再读。还可通过全选和单选的快速方法，以及分类垃圾和清除全部垃圾的操作进行分批处理。

优先阅读重要邮件，将重要邮件备份到硬盘存档，并及时处理。

如果邮件需要回复，则立刻回复。回复邮件的主题要鲜明，标注公司全称和事由，内容要简洁、明了。发送每一封电子邮件之前都要重读一遍，检查是否有语法、拼写错误，是否遗漏了什么信息，是否忘记添加附件等。为方便接收者了解整个事态，要尽量保持邮件内容的完整，回复邮件时不要删除原来邮件的内容，并尽量在邮件中重申上一封邮件提到的内容。

发送邮件前可事先准备一个高效的签名。签名可以节省大量时间，不必在每封邮件的下方输入固定的结束语，包括名字、联系方式等。

及时删除垃圾邮件。

3. 安全设置

发送重要文件或机密信件，可以采取在电子邮件中添加数字签名和附件加密的措施。

4. 完善通讯簿

秘书要妥善管理大量的电子通讯地址，需要分类建立通讯簿，每次发送文件时，只要在“收件人”或“抄送”、“密件抄送”等栏中输入该联系人的姓名或在通讯簿上点击该联系人的姓名即可，这样既可以避免输入错误，也能提高工作效率。

小提示：电子邮件附件的发送技巧

附件要尽量小，大的附件可以压缩或以发送链接来代替附件。在正文中可以对附件进行摘要式描述。

案例分析

案例一

邓秘书刚上班一周，上司让她负责处理公司的邮件。一天早上，第一批邮件到了，邓秘书正忙着打电话，她让送信人把信堆放在已有一些信件的办公桌上，然后一边打电话，一边拿过笔签了字。打完电话，她心不在焉地把所有的信都剪开了，其中一封信被剪掉了回信地址的一角，她也没有注意到。她抽出所有的信纸，放在一边，而把所有的信封放在了另一边。邓秘书看了几封信后，发现有一封急件，觉得应该由上司回信，于是，她把几封信混在一起放在了上司的办公桌上。

分析：收发邮件应严格按照流程处理，对收到的邮件应进行分类、登记、拆封、呈送等。

案例二

总经理让秘书小王把上周四会议中的某项会议讨论决议发给某合作公司黄经理。王秘书一时图省事，直接把全部会议记录都发了过去，结果无意中泄露了大量的内部机密，给公司造成了损失。

分析：在使用电子邮件的过程中，要树立保密意识，对某些重要邮件要慎重处理，凡涉及机密的重要内容都要慎重处理，以避免泄密。

案例三

在经理到北京考察培训期间，周秘书按照经理的吩咐，每隔 3 天就把邮件转发给经理，邮件上分别标上日期，并按类别标上“需要签字的邮件”、“需要传阅的邮件”、“需要阅读的邮件”、“报告”和“一般阅读材料”等字样。遇到需要紧急处理的邮件，周秘书便打电话请示，如有必要，就以快递方式寄给经理，在经理参加培训的 25 天里，周秘书一直与经理保持着良好的通信和邮件来往，确保了各项工作的照常进行。

分析：上司外出，秘书应该按上司的吩咐对各类文件进行处理，还可以罗列清单转寄各类需要签字、审核、阅读的邮件，或将各类邮件分类标注日期、事项内容，等待上司返回后逐一阅读处理。

案例四

经理早上进入办公室后的第一件事情就是先阅读电子邮件。秘书小周掌握了经理的这个习惯，因此每天都提前10分钟到办公室整理公司的各类邮件。小周使用Outlook软件将所有的邮件自动分类至不同的文件夹中。在这个过程中，过滤掉有病毒的文件和垃圾邮件。对有关邮件的处理，周秘书还附上相关的文件资料供经理参考。

分析：对上司的电子邮件的处理要掌握好上司查看邮件的时间，并对各类邮件进行分类归档处理。

实训项目

1. 秘书误拆了不是自己单位或主管的信件怎么办？

2. 何经理向刘秘书口述了一封信的概要，要求刘秘书整理出来后，以最快的速度发出，并保证对方能够在最短时间内收到这封信。

要求：

(1) 详细描述刘秘书从整理信函到发出信函的全过程。

(2) 分组模拟：将学生分成若干组，分别扮演何经理和刘秘书，演示口述、整理和发送信函的全过程。其他同学对演示结果进行评议。

3. 以下情况，应该运用哪些邮政业务？

(1) 经理正在外地参加一个商品交易会，留守单位的秘书小牛接到经理打来的电话，要求小牛立即寄送一个商品的样本过去。

(2) 某员工与公司解除劳动关系后，应聘到了另一家企业，由于走得匆忙，刚刚补办的证件还未来得及取走，现在需要把证件给他寄过去。

(3) 企业因拓展业务的需要，需要印制大量的商业函件发往全国各地，寻找合作伙伴。

4. 早上刚上班不久，邮递员就送来三份邮件：一份是寄给万总的函件，信封上有“急件”字样；另一份是朱经理的包裹；还有一份是税务局寄来的函件。秘书小汪在投递单上签字后，将三份邮件放在一边，开始忙乎昨天未结的工作，直到快中午的时候，才腾出时间处理这三份邮件。小汪打开税务局的函件，是一份关于税务新管理办法的文件。小汪又打开寄给万总的急件，是一封客户请求确认并要求立即给予回复的商函。小汪一看这两个函件，不是重要就是紧急，不敢怠慢，急忙送交万总阅办。回来后，小汪还没有坐稳，办公室钱主任走了进来，叫小汪外出办一件事情。小汪便把朱经理的包裹放在了办公桌上，然后给朱经理打个电话，让他过来自行取走，放下电话后就出去了。

要求：

(1) 分析小汪的处理有什么问题。

(2) 示意三份邮件的处理过程，展示其中的主要环节。

第四节　值班事务

案例导入

夏秘书值班期间，正好赶上本公司和远大外贸公司洽谈合作的关键时期。周六全天，夏秘书和另外一名值班人员忙得不可开交：一方面通知司机到机场接站；另一方面组织会议，做好会议服务，联系各部门做好相关准备工作。在做好这些重点工作的同时，夏秘书还及时将值班当日的来文、来电、来访等事务进行了处理和登记。

任务　值班是秘书部门的职责之一，是单位的“窗口”和“门面”，起着上通下达、沟通内外、处理一般事务和突发事件的枢纽作用。那么，秘书部门应该如何安排值班工作并发挥监督职能呢？

理论知识

一、值班形式

根据各单位的具体实际情况，值班形式各有不同，一般有以下三种形式：

（1）日常性值班。日常性值班即由单位员工轮流参加值班，值班时间通常是在午间、下班后、夜间和节假日。

（2）全日制值班。全日制值班即由单位员工轮流安排或选择专职人员负责本单位昼夜（24 小时）及星期天、节假日的全部值班工作。

（3）临时值班。在重大事件，如“非典”、洪涝灾害期间，单位会指派有关领导负责带班，临时安排值班人员进行值班，任务完成后，便不再安排值班。

二、编制值班表

值班表主要包括以下内容：具体值班时间、值班地点、值班人员姓名、带班领导姓名、值班主要内容，以及值班期间的替班、换班事项说明。此外，有些值班表还附带突发事件处理流程图。值班表编制完成后应与相关值班人员协商并报主管领导审定后执行，还应事先把值班表发给每个值班人员，做好值班准备工作。

三、安排值班人员

1. 全日制值班安排

全日制值班通常采用每人 8 小时或 12 小时轮流倒班方法值班，这类值班一般有 4 人，3 人轮流值班，1 人带班或在周末替班。在值班期间，要保证有 1 人在值班室值班，并在有事时可灵活找人替班。值班安排应尽量考虑值班人员的值班时间长短大体相同，且有足够的休息时间。

2. 日常性值班安排

日常性值班通常有领导带班、司机值班，值班室安排 2～3 人，值班前秘书应与领导、司机、相关值班人员沟通好，排好值班表后发给每个值班人员。安排这类值班一般是对全体员工进行编号，每半年轮流一次，具体安排可以适当调整，也可适当照顾有关人员，但大致上要按照编号轮流，使每个人的值班机会均等。

3. 临时值班安排

短期的临时值班，可以针对具体情况调选专门人员值班。该值班纳入日常性值班安排，即参加临时值班的人员等同于参加了日常性值班，日常性排班时，值班编号继续向后排。

小提示：安排值班人员要综合考虑各方面因素

对值班人员的特殊要求，在不影响排班的情况下可以适当照顾，通常对住得比较远的同事或身体状况不好的同事，可以适当照顾。必要时，可根据单位的实际情况，成立替班小组。

四、值班任务

1. 做好值班电话记录

记录、传达和承办上级电话指示；负责下级部门电话请示、报告和答复；及时报告突发事件且与相关部门联系并妥善处理。值班电话记录一般包括来电时间、单位、人员姓名、来电内容、联系方式。

2. 做好值班接待记录

值班期间，无论是本地还是外地持有介绍信或无介绍信前来联系工作或询问事务者，一般先由值班室值班人员接待，能答复、解决的问题要及时处理；必须及时解决的紧急问题，值班人员无法解决的，可分别指引给有关业务部门接洽或请示领导解决。有的来访人员也可先安置其住下，然后再谈工作。做好接待的同时，要做好相关值班接待记录，主要包括来访人员姓名、单位、来访事由、联系方式、处理意见、处理结果、接待人姓名等内容。

3. 编写好值班日志

编写值班日志主要是指对值班期间遇到的情况和经历进行逐一记录，并说明有关工作已经做到何种程度、是否需要继续等。编写好值班日志有利于保持接班人员工作的连续性，也利于领导检查、考核值班工作，对某些重要事情的记录，可方便日后查找。值班日志的内容一般包括值班日期、值班人、事项、备注等。

4. 承办领导交办的临时工作

及时和带班领导保持联系，了解主要领导的去向，对带班领导和主要领导交办的临时工作要及时完成。如通知开会、督查某项工作、购买车船机票，以及派车接送有关人员等。

5. 处理突发事件

对值班期间发生的紧急情况，如生产中的问题或事故、交通事故、偷盗、失火，或食物中毒、自然灾害等，要及时向主管领导汇报，待领导批示后，迅速组织、协调有关部门及时解决处理。有时在领导批示前，就要采取果断措施。

6. 做好安全保卫工作

无警卫岗哨的企业，值班人员还负有门卫的职责。值班人员要严格审核外来人员，履行登记、验证、开具会客单等手续。如有异常情况，应及时报告带班人，情况严重的要及时报告保卫部门与领导。

五、值班要求

1. 做好值班室的基础建设

配置各种设备，如配置电话、空调、电视、电脑、沙发、桌椅等；创造良好的值班环境；准备各类常用电话资料，如本单位职工通讯录、各部门联系方式，以及常用的车站、码头、医院、公安机关、招待所等的电话资料；张贴各种值班制度，如岗位责任制、交接班制度、请示报告制度、保密制度、安全防范制度；做好值班室卫生清洁工作。

2. 提高值班人员的素质

值班人员要树立组织观念、纪律观念和政策观念，忠于职守，按时上班、交接班，热情、耐心地对待来电、来访，做好值班日志记录。值班人员在值班期间要提高警惕，做好保密工作，不能带亲戚、朋友到值班室留宿，不能把领导的家庭住址、电话号码随意告诉他人，对机密文件、他人信函不得擅自拆阅。在规定的时间内加强巡逻，做好防火、防盗、防灾工作，对仓库物资，尤其是危险物品要加强保管，遇到紧急情况应及时向领导或公安机关等相关部门报告。

案例分析

案例一

星期一上午刚上班，海潮公司销售部经理就接到总经理的电话，总经理在电话中很生气，说有位老客户昨天打电话到公司销售部咨询，可是接电话的值班人员却一问三不知，过了一会儿再打过来时，就没人接电话了。这位客户很生气，将这个情况反映给了总经理。总经理让销售部经理尽快查清此事。销售部经理让秘书张洁马上调查此事，并根据公司的值班制度，严肃处理了该值班员。

分析：值班人员应该熟悉相关的值班制度，对业务问题应该熟练掌握，对值班期间可能发生的事情要做好相关的准备工作，如常见的咨询问题应如何回答以及发生意外事件应如何处理等。

案例二

周秘书将值班表下发到各部门后，引起了不少同事的强烈反对。有不少同事跑到总经理办公室反映意见，要求调班。有同事说爱人最近一周就要生小孩了，怎么能安排他值夜班呢，万一有什么意外怎么办；有同事说自己正在休婚假，怎么还安排值班呢；还有个别部门领导也表示不满意，说为什么他们部门的值班人员安排了这么多，而且有些人的值班频率这么高，而有些部门反倒很少值班；有个别主管还跑到总经理那里抱怨，说这段时间公司要外派公差，怎么也排上班了，要么值班，要么出差……周秘书没有想到一个值班表带来这么多问题，只好按照总经理的吩咐，考虑各方面的因素，重新排值班表。

分析：排值班表应在坚持轮流值班原则的基础上，兼顾各方面的因素，对值班部门和人员进行合理安排。

案例三

国庆节后，经理请办公室吴秘书查一下10月2日的值班员是谁，为什么没有收到A公司邮寄过来的考察资料和总部发来的紧急文件。吴秘书经调查后发现，A公司的考察资料放在了值班室的抽屉里，下面压着一份总部发来的紧急文件。翻看当日值班日志，上面写着“一切正常”。经理知道后，严厉批评了当日的值班人员。

分析：值班日志要体现值班期间的重要事件，如重要来文、来电等。紧急文件或相关的资料要及时处理，不能处理的要及时交接给下一班次处理。不能对值班的相关事件不处理、不记录、不交接、不上报。

案例四

大年三十晚上，周喜晨值夜班。家里人怕周喜晨寂寞，便纷纷打电话来和他聊天，周喜晨担心外面的电话打不进来，便很快结束了通话。一起值班的老张建议再叫几个人来值班室一起打牌、看春节联欢晚会。周喜晨觉得不妥，没有同意老张的建议，而是跟老张商量说，现在工厂周围一直有人放鞭炮，比较危险，应该四处巡逻一下，让周围放鞭炮的人远离工厂。于是，老张留守值班室值班，周喜晨一人在工厂四处巡逻，一夜过去了，工厂内外相安无事。

分析：值班期间要针对公司不同时期的重点工作或防范工作加强检查，如大年三十放鞭炮的人很多，则要加强安全防范；流行病多发时期则加强流动人口管理；防汛时期则时刻关注汛情，并及时报告。

实训项目

1. 编写值班表、值班日志、值班报告。
2. 编写值班岗位制度。

第五节 时间管理

案例导入

麦肯锡公司曾经有过一个沉痛的教训：该公司曾为一家大客户做咨询。咨询结束的时候，麦肯锡的项目负责人在电梯里遇见了对方的董事长，该董事长对麦肯锡的项目负责人说："你能不能说一下现在的结果呢?"由于该项目负责人事先没有准备，而且即使有准备，也无法在电梯从30层到1层的30秒钟内把结果说清楚。最终，麦肯锡失去了这位大客户。从此，麦肯锡要求公司员工凡事要在最短的时间内把结果表达清楚，而且要直奔主题、直奔结果。麦肯锡认为，一般情况下人们最多能记得住1、2、3，记不住4、5、6，所以凡事要归纳在3条以内。这就是如今在商界流传甚广的"30秒钟电梯理论"，或称"电梯演讲"。

任务

在激烈的市场竞争中，效率就是公司的生命，对于秘书而言，应该比公司其他员工更讲究时间的有效性。科学合理地安排自己的工作时间，不仅可以提高秘书本人的工作效率，而且对秘书所服务的上司及整个公司的时间有效性有重大影响。如何有效地使用时间是每个秘书必须具备的一项重要工作能力。

理论知识

时间管理是指对时间进行有效的计划和控制，力求在有限的时间内创造最大的效益。当秘书掌握时间管理的奥秘以后，便可以学会如何平衡时间的多重压力，并实现工作目标，从而有助于缓解紧张和疲劳，使工作更有成效。

一、时间管理的一般原则

1. 集中大量时间做最重要的工作

工作中肯定会有一些突发困扰和迫不及待要解决的问题，如果你发现自己每天都在处理这些事情，那就说明你的时间管理并不理想。成功者是集中大量时间做最重要但不紧急的工作，而一般人都是花大量时间做紧急但不重要的工作。

2. 严格按规定期限完成工作任务

巴金森在其所著的《巴金森法则》中，写下了这段话：你有多少时间完成工作，工作就会自动变成需要那么多时间。如果你有一整天的时间可以做某项工作，你就会花一天的时间去做它，而如果你只有一个小时的时间可以做这项工作，你就会迅速有效地在一小时内把工作做完。

3. 学会列清单

把自己要做的每一件事情都写下来，这样能让你随时都明确自己手头上的工作。不要轻信自己可以用脑子把每件事情都记住，而且当你看到自己长长的清单时，也会产生紧迫感。

4. 工作标准化、程序化

对工作中反复出现的问题，应把结果和处理方式记录下来，列入规章制度，成为处理类似问题的方法、方式、流程的标准，从而节约大量时间，使工作达到事半功倍的效果。

5. 采用“ABCD法则”

按照“ABCD法则”，应先做重要而紧急的事务，即A类事务；然后再做重要而不紧急的事务，即B类事务；后做紧急而不重要的事务，即C类事务；最后处理D类事务，即可做可不做的事务。这样安排才能提高效率，充分利用时间，合理分配精力，完成工作任务。

二、运用时间表和日志进行时间管理

1. 时间表的编制

时间表是管理时间的有效手段，时间表的编制是指将某一时间段中已经明确的工作任务以表格的形式进行记载和标明，用来提醒使用人和相关人员按照时间表的进程工作，以保证完成任务。

编制时间表时可以把领导或公司每月、每周、每天的主要活动列入，并下发给公司相关部门。此外，秘书还要对各种接待活动、商务活动、会议、重大活动、上司私人活动等进行时间上的有效安排和管理。

(1) 时间表的编制原则。

1) 合理安排、统筹兼顾。秘书应根据领导的分工和部门的职能，对时间表进行合理安排，避免出现随意性，要注重实效。同时，要从全局出发，统一筹划，要兼顾领导的实际情况和部门的特殊要求。

2) 留有余地。时间表的编制要留有完成的余地，活动不能安排得过于紧密。

3) 适当保密。领导活动的安排，一般都是制作成一览表的形式。活动安排表需要事先交给有关部门或司机以使其做好准备，内容不能太详细，以防泄密。

4) 事先请示。时间表编制完成后，需要请示相关负责领导审核同意后，才能下发实施。

(2) 时间表的编制形式。

时间表从时间安排上可以分为：年度时间表、季度时间表、月时间表、周时间表、日时间表。年度时间表中包含一年中企业的例行会议、重要的经营活动、已确定的商务出访等内容。秘书可以参照上一年的时间表和新一年的工作部署来编制本年度时间表，力求内容简明概括、一目了然，详细情况在月时间表和周时间表中体现。

通常情况下，秘书要为领导的会议或活动做月安排表或周安排表，月安排表的信息常由主要领导召开会议，请其他领导提出下月计划，再结合公司议定的事项，然后由秘书制表，经主要领导审定下发实施。也有的公司是各位领导在月底时将下月的安排以口头或书面形式汇总交给秘书整理，有矛盾冲突的，便加以沟通调整，然后秘书将编制的月安排表交主要领导审定下发实施。

周安排表（见表3—4）是在月计划的基础上制定的，表中内容常涉及周五下班前或周一上午主要领导碰头协商的活动安排以及秘书平时收集的信息，由秘书将这些内容填写在固定的表格中，经主要领导过目后印发给相关人员。

表3—4　　　　周安排表

年　月　日

时间	周一	周二	周三	周四	周五
8:00					
9:00					
10:00					
11:00					
12:00					
13:00					
14:00					
15:00					
16:00					
17:00					
18:00					

（3）编制时间表的注意事项。

1）要一目了然。时间表应以叙述、说明为主要表达方式，不加评论，不作过多分析，简洁而具体。

2）要留有余地。月计划、周计划、日计划不要安排得太满，尤其是后两者。因为情况随时变化，领导要根据不同的情况作出一定的调整，所以编制时间表要留有余地。活动与活动之间要有一定的时间间隔，以避免时间冲突。

3）要跟踪标注处理结果。对已经处理完的工作，一般应注明结果，对没有处理的工作也要标注，这样既可以避免漏掉一些重要内容，也可帮助领导随时掌握信息。

4）要对实施者进行指导。时间跨度越小的表格，填写的信息就应越详细、准确，要对实施者进行有针对性的指导。

2. 管理自己和上司的工作日志

工作日志是根据周计划表制定的一天内的组织领导活动计划，一般分为两种类型，即纵、横两种方式。所谓纵，是指以时间为线索，从开始上班到下班，整个过程中什么时间应该做什么事，都按照顺序排列。所谓横，是指每一项事务都应该设定处理该事务所需要的时间，将一些重要的事务优先安排完成。

（1）传统工作日志和电子日志管理。

传统工作日志是指手工填写的工作日志，通常要准备两本，一本给上司使用，一本给秘书自己使用。如果条件允许，可以使用计算机电子日志管理系统，这种日志管理系统的填法和传统工作日志的填法相同，比传统日志更方便、快捷，而且可以对重要事件设置“提醒”功能。

（2）工作日志的填写。

1）填写上司活动准确、全面的信息内容。

对于上司活动，要详细记载其时间、地点、内容及其他有关注意事项，要尽可能简单而全面。如上司在单位内接待来访者，要记录来访者的姓名、单位详情、约会时间等；如上司在单位外部参加会议、活动、约会等，要记录时间、地点，以及对方的联系方式等；上司个人的安排，如去医院看病等，秘书要保证不会在这段时间为上司安排其他事项；上司的私人信息，如上司家人、朋友的生日，要提醒上司购买生日贺卡或生日礼物。

2）填写相关的辅助工作内容。

针对上司的各项活动和上司交办的各项工作，秘书要相应地填写相关的辅助工作内容，如为上司预订机票、草拟合同、准备会议发言稿、为签字仪式联系地点等工作。对秘书职责内的工作，也要及时填写日志，如撰写工作总结、参加值班、通知会议等。

3）及时更新工作日志。

情况变化时，要及时更新上司和自己的工作日志，对已经完成的工作要及时标注处理结果；对当日要处理的工作要及时标注，并尽力完成；针对一些无法抗拒的变化，要及时调整工作日志，如原定会议取消、项目终止、临时紧急处理其他事务等。对项目的时间调整、变更要遵循“先重急后轻缓”的原则，并将变更的情况报告上司。确定变更后，要做好相关的善后工作，如通知对方、说明理由、取消机票等。

（3）日志管理的注意事项。

1）了解上司的工作作风和生活习惯，科学合理地安排上司的各项活动，注意让上司劳逸结合。

2）及时更新日志，保持秘书日志和上司日志的信息一致、准确。

3）对上司日志要妥善保管，注意信息保密，只给上司授权的人取阅。

4）保持日志整洁，可先用铅笔填写，确定后再用水笔写，还可用不同颜色的笔做标注。

5）养成早晚与上司日志核对信息的习惯，及时更新信息，及时提醒上司相关内容，提前做好相关辅助工作。每天早上为当天的所有活动做好必要的准备工作。例如，为会议和约会准备好文件和档案材料；每天工作结束前，要仔细检查当天日志，看所有事宜是否都已处理，所有约会是否都已赴约。

6）合理安排时间。活动安排应按时间先后记载。上司与秘书都要参加的活动要记录在相同的时间内；秘书的单独活动，要安排在上司的空余时间或秘书单独活动的时间。

小提示：工作日志的内容要尽量详细

对活动本身的要求或注意事项、准备事项要标注清楚，如记载社交活动，时间可标注为“18:30 动身赴 19:00 的酒会”，还可以标注穿着方面应特别注意的事项。

三、秘书时间管理相关技巧

(1) 熟悉公司的中心工作和上司的近期工作重心，以方便及时填写相关工作日志。

(2) 明确自己的工作任务和职责。在上司安排工作时，清楚哪些工作是由自己负责，应协助他人完成哪些工作，哪些工作不必参与。

(3) 对某些重复工作，可以集中统一处理，如复印资料、拨打电话、传阅不重要或不紧急的文件等。

(4) 充分利用现代化办公手段提高工作效率，如使用电子日志管理系统。

(5) 严格遵守公司的各项规章制度，并按既定工作流程或标准办事。

(6) 坚持做好工作日志，认真反省自己的时间管理过程，以改进时间管理手段或方法。

小提示：学会拒绝或推迟

对不在职责范围内的请求可以委婉拒绝。确定哪些是重要事情后，对某些不重要、不紧急的事情可适当推迟。

案例分析

案例一

周一上午，总经理安排宋秘书准备一份重要的会议报告，下周五用。宋秘书是第一次写这类重要报告，觉得自己应该好好准备一下。接下来的几天，宋秘书虽然像平常一样忙这忙那，但心里总是记着这件事，他心想还有时间呢，况且这么重要的事，一定要在绝对安静的环境下才能构思和准备，迟一些再说吧！直到有一天，宋秘书才惊觉无法再拖，周四总经理已经催着要报告草稿了。宋秘书决定，要利用周四这一天排除万难，全力完成报告草稿。上午8点，正当他摩拳擦掌，准备好好写的时候，办公室的电话铃接二连三地响起，各种繁琐的事务都是不得不处理的，在不知不觉中一上午过去了。下午写报告时，总经理要求召开紧急会议，宋秘书做会议记录。到晚上6点，宋秘书觉得终于可以安心写报告了，正思考开场白时，电话铃响了，是个无聊的电话！再重新投入工作时，却无从下笔，倍感疲劳。晚上7点，吃完饭后，正准备工作，刚巧电视在转播甲A联赛，宋秘书情不自禁地看了起来，看完足球，已是晚上10点多，宋秘书百般焦急，强打起精神写了个通宵，马马虎虎凑了一份报告，第二天上午交给了总经理。总经理对这份报告的评价可想而知。

分析： 周秘书没有制定合理的时间目标计划，没有轻重缓急之分，而且随心安排，导致他无意中浪费了大量的时间。

案例二

吴秘书是一个善于管理时间的人，在工作中，她养成了不少好习惯，能巧妙地充分利用各种时间高效工作，因而在工作中她能很好地做到“忙而不乱，闲而不懒”。每天早上她都首先查看日志，明确当天工作，习惯将重要工作放在上午9点左右集中完成，她觉得这个时候精力最充沛。对不能完成的重要工作，便高效利用零碎时间，比如在车上、在银行等待办理业务时、在会议召开前等构思文件纲要，以及思考问题的处理方法等。她努力提高网络搜索的能力，而且经常把浏览的网站收集起来以便随时查看，在日常办公中尽量使用现代化办公技术，如尽量在网上查询和预订火车票、飞机票等，坚持使用日志管理软件。稍有空闲的时候，便将办公室内的各类物品整理得井井有条，确保任何时间都能快速找到想要的文件资料或其他物品。对特别难办的事情，她总能按照“大事化小、逐步完成”的思路去做，对某些可以请同事帮忙或委托他人办的事情，则绝不插手。

分析：要管理好时间、充分利用好时间，需要有强烈的时间管理意识，要在工作中思考并养成高效运用时间的好习惯，与此同时，还要学习各种高效工作的技能和方法。

案例三

杨秘书有几本厚厚的工作日志，上面井井有条地安排和记录着每天的工作情况。每天上班前，杨秘书对照周计划和上司日志罗列出当天工作任务；下班前，查看完成情况，对没有完成的工作作出标记，列为第二天的工作任务。杨秘书每次和上司外出都随身携带日志，随时记录上司预约的事情，对重要事情还专门用三角形符号作重点标注。对于未来，这本日志是日程安排的参照，可以随时提醒自己做好时间管理，合理安排各项工作任务；对于过去，这便是记录和查找工作信息的档案本，为查找问题、反映绩效、改进工作提供了依据。后来杨秘书升职的时候，总经理特批杨秘书的这本《工作日志》可以归档并上交给公司，成为下一任秘书的岗前培训活教材。

分析：工作中有不少秘书的日历牌上挤着满满的日程安排；电脑显示器的四边贴满了提醒便条；一些琐碎而又重要的数据资料总也保存不好；一些需要花大量时间办理的事情，往往因为没有计划好而不能圆满完成。如果像杨秘书那样，建一本工作日志，对每天的工作都做到“有目标、有计划、有过程、有结果”，就会让工作更加得心应手，让自己更加充实。

案例四

杜秘书早上一上班，主任就交代她整理一份材料，要求明天下班前交，下个星期开会要用。杜秘书大致看了一下，有20多页，共3万多字。还没来得及坐下，周总来电话，说下午2点他要与财务总监、市场总监、销售总监一起开会谈工作，让杜秘书通知各位总监参加会议。刚放下电话，机要室又送来一份传真，是一个代理商发来的，说他们的一个副总过几天要来本地办事，要求接待。刚看完传真，办公室主任来电话说田副总原定下个月初到电视台为《一周财经观察》节目做嘉宾，现由于时间关系去不了了，让杜秘书打个电话通知电视台。刚过一会儿，人力资源部又来通知，让杜秘书填写参加档案培训的报名表，明天下班前为报名的最后期限。一上班就遇到这么多事情，杜秘书早就习以为常了。杜秘书按照“ABCD 法则”将所有事情分出了轻重缓急后，就开始按部就班地工作了。首先到行政部门预订 4 人开会用的小会议室，之后与 3 位总监联系，下午开会的事情落实之后，就去主任办公室，把传真交给主任过目，听取主任对这份传真的指示，并马上把它转给具体经办人。传真的事办妥了，就赶紧整理主任要的材料，争取在当天下班之前完成初稿。至于填写参加档案培训的报名表和给电视台打电话的事还不急，先记在本子上，抽空再去办也不迟。

分析：在实际工作中，秘书会在某一段时间内面临各种繁杂的工作任务，按照“ABCD 法则”分出每件事情的轻重缓急，是处理问题的关键，也是有效进行时间管理和提高工作效率的关键。

实训项目

一、王秘书在周日晚上罗列了一下本周各类事务清单，共有以下 24 项需要办理的事务：

1. 从昨天早晨开始牙疼，想去看医生。
2. 星期六是一个好朋友的生日——还没有买生日礼物和生日贺卡。
3. 有好几个月没有回家了，也没有打电话。
4. 有一份夜间兼职不错，但必须在周二或周三晚上去面试（19:00 以前），估计需要一个小时的时间。
5. 明天晚上有一个 1 小时长的电视节目，与自己的工作有密切关系。
6. 明晚有一场演唱会。
7. 在图书馆借的书明天归还。
8. 一个外地朋友邀请自己周末出去玩，需要整理行李。
9. 要在周五交计划书前把计划书复印一份。
10. 明天下午 2:00～4:00 有一个会议。
11. 欠某人 200 元钱，他明天也要参加那个会议。
12. 明天上午 9:00～11:00 有一场讲座。
13. 上级领导留下一张便条，要尽快与他见面。
14. 一大堆脏衣服需要洗。
15. 要好好洗个澡。
16. 负责的项目小组于明天下午 6:00 开会，预计需要 1 个小时的时间。
17. 身上只有 5 元钱了，需要取钱。
18. 明晚同事聚餐。
19. 错过了周一的例会，要在下周一前复印一份会议记录。
20. 这个星期有些材料没有整理完，要在下周一前整理好。

21. 收到朋友的来信已经一个月了，一直没有给他回信，也没有给他打电话。

22. 星期天早晨要出一份简报，预计准备简报需要5个小时，而且只能用业余时间完成。

23. 邀请恋人后天晚上来家里共度晚餐，但家里什么吃的也没有。

24. 下周二要参加一个业务考试。

问题：

(1) 请对上述24项事务按照“ABCD法则”进行分类。

(2) 请为周秘书未来一周的工作做一个计划表。（提示：可将D类事务放到备注栏。）

二、针对下列10个问题，根据自己的实际情况，如实地给自己评分。

(A) 从不　(B) 有时　(C) 经常　(D) 总是

1. 我在每个工作日之前，都能为计划中的工作做些准备。

2. 凡是可以往后推的工作，一般都有往后推的想法和做法。

3. 我利用工作进度表来书面规定工作任务与目标。

4. 我尽量一次性处理完毕每份资料。

5. 我每天列出一个应办事项清单，按重要顺序来排列，依次办理这些事情。

6. 我在工作时间尽量回避干扰电话、不速之客的来访，以及与工作无关的事情。

7. 我试着按照正常节奏来安排我的工作。

8. 我的日程表留有回旋余地，以便应对突发事件。

9. 当其他人想占用我的时间，而我又必须处理更重要的事情时，我会说“不”。

10. 当天没有完成的工作，我会拖到明天。

问题：

(1) 如实对自己评分，掌握自己的时间管理状态。计分方式为：选择“从不”记0分，选择“有时”记1分，选择“经常”记2分，选择“总是”记3分。

(2) 分析自己浪费时间的原因有哪些。

第四章

信息工作

学习目标

● 知识目标

1. 掌握信息的收集与整理、传递与存储、开发与利用及反馈知识；
2. 掌握信息收集的原则、范围、渠道、方法；
3. 掌握信息的筛选、分类和校核；
4. 掌握信息传递的方向、方法、形式；
5. 掌握信息存储的载体、装具与设备、管理系统、程序；
6. 掌握信息开发的主要形式，信息利用服务的途径、程序，信息反馈的形式、主要内容、方法。

● 能力目标

1. 能够多渠道收集信息；
2. 能够筛选信息；
3. 能够对信息进行分类；
4. 能够用各种方式传递信息，保证信息的传递与存储安全。

第一节　信息的收集与整理

案例导入

天宇公司自创建以来与外商签订了大量合同，产品销路畅通，多数都销往国外。公司的发展得益于在经营过程中始终注意对各种相关信息的收集与积累。公司确定了信息收集的范围与原则，要求员工加强对日常工作中形成的信息材料的收集；要求通过各种信息渠道，广泛收集来自各方面的有价值的信息。在公司全体员工的努力下，公司的经营管理建立在了信息充分、利用有效、对市场反应灵活的基础上。

在竞争日益激烈的市场环境下，信息作为可升值的资源已逐渐成为企业制胜的重要因素，在企业管理中发挥着重要作用。天宇公司充分认识到信息的重要性，重视经营管理活动中产生、形成的信息材料的收集与积累，使信息在公司的经营活动中发挥了应有的作用。

任务 秘书每天的工作都要跟信息打交道，应该了解信息收集的原则、范围、渠道、方法以及信息的筛选、分类、校核。那么，信息的收集与整理包括哪些内容呢？

理论知识

信息是各项工作的基础和保障，起着至关重要的作用；秘书应树立信息观念，善于捕捉、利用有价值的信息，为各项工作服务。组织信息有序化交流和利用的活动，即信息工作。

一、信息收集

信息收集是出于一定的目的，通过不同的方式收集、获取信息的过程。信息收集是一项艰巨而复杂的工作。公司的发展离不开对信息的解读和掌握，对商业信息与市场信息的收集是整个信息工作的起点与基础。信息技术的广泛使用，改变了人类的生产方式与生活方式，也影响了秘书的工作。秘书必须结合社会信息发展的现实情况，努力提高自身的信息收集能力，充分发挥助手作用、参谋作用。

1. 信息收集的原则

（1）价值原则。

信息含有自身的价值。进行信息收集工作必须了解各种信息源的信息含量、使用价值和可靠程度；必须辨别真伪、去粗取精、去伪存真；确保信息的真实、准确、可靠；保证信息的价值。

（2）时效性原则。

时效性是衡量信息价值大小的重要尺度。信息收集必须及时、适时、敏锐，使有价值的信息不因错过时机而失效。

（3）层次性原则。

由于社会实践活动的不同，人们对信息有着不同的需求，信息的价值体现自然也就不同。这就要求秘书在信息收集中遵循层次性原则：从不同来源、渠道收集信息；从不同深度加工信息；针对不同对象开发利用信息。

（4）针对性原则。

针对性主要有两层含义：一是服务对象的针对性，即信息收集要明确服务对象的特点和需要；二是信息内容的针对性，即针对实际需要，根据工作性质进行信息收集。

（5）全面系统原则。

全面系统是指为了达到信息收集工作的目的，要尽可能全面采集各方面信息，保持信息的历史联系或专业内容联系，保证信息收集工作的连续性和科学性。

2. 信息收集的范围

秘书作为公司的综合性工作人员，需要收集的信息非常广泛，主要包括以下几方面的信息：

（1）社会信息。

社会信息主要反映公司外部环境发生的变化，包括公司发展的社会历史条件，人们在现实生活中遇到的新问题、表现出的新倾向，整个社会的意见、建议和诉求等。社会信息主要来自国家政府机关、主管部门、其他公司和国外市场，内容包括政府方针政策、市场容量、消费者和消费行为等。

（2）公司的行业信息。

秘书作为公司的办事人员，对本行业的相关信息要及时收集。公司的行业信息有：本行业在国内外发展的现状与最新动态；本行业政策法规的最新变化情况；社会其他政治、经济因素对于本行业的最新影响以及产生的可能性后果；与本行业形成链条的行业发展动向等。公司的行业信息也包括竞争企业信息和竞争产品信息。可以通过产品展销会、订货会、社会活动以及与其他公司互相交换的材料、互通的情报等，了解其他公司的信息。

（3）公司内部信息。

公司内部信息指本公司各个部门的信息，包括员工对公司各项规章制度的执行情况，各部门的工作进展情况，各个部门的重要工作安排、重要工作的开展情况和存在的问题，公司的业绩水平，员工的思想动态以及工作中取得的成功经验和失败教训等。公司内部信息既包括公司的经营与管理信息，又包括公司操作层执行决策的反馈信息。

（4）日常办公信息。

在日常工作中，秘书不仅要负责接打电话、收发实物邮件与电子邮件，而且要负责公司内其他员工出差的订票与住宿安排。因此，秘书要收集公司常用的电话号码，如快递公司、机票订购点、各大城市主要旅馆的电话号码，还要收集公司主要客户的相关信息。

3. 信息收集的渠道

信息收集，既要注意开发信息源，又要注意打通信息渠道。秘书进行信息收集的渠道主要有：

（1）调查渠道。

调查渠道即从下级单位收集有关信息。信息收集的方式有调查访问、开座谈会、听汇报、电话咨询等。

（2）文书渠道。

文书渠道即从各种文件、材料、简报及其他文字材料中收集有关信息。秘书应利用办理文书的有利条件，从文书中获取有价值的信息。

（3）会议渠道。

会议渠道即从各种会议的报告、发言简报、会议纪要中以及参会人员的访谈中收集有关信息。会议是交流信息的重要方式，秘书应充分利用办会的有利条件获取各种信息。

（4）信访渠道。

信访渠道即从人民群众的来信、来访中发现和收集有关信息。通过信访渠道获取的信息，往往能反映社情民意，具有某种共同性与先兆性。

（5）图书档案渠道。

图书档案渠道即从国内外书籍、报纸、杂志以及档案资料中获取相关信息，尤其是各报刊所登载的具有动态性、指导性的文章，要特别注意从中领会上级的精神，看清形势变化。

（6）新闻媒介渠道。

新闻媒介渠道即从广播、电视等新闻媒介中获取相关信息。秘书要充分利用新闻媒介了解党和国家的路线、方针、政策，了解各种有价值的信息。

（7）信息网络渠道。

信息网络渠道即通过建立信息网络从各个信息点收集信息、了解情况。随着计算机网络的发展，秘书要充分利用计算机网络这个现代化的信息传输手段，从中获取所需要的信息。

4. 信息收集的方法

要做好信息收集工作，除了要了解信息收集的特点、范围和渠道，还要了解信息收集的方法。秘书进行信息收集的方法多种多样，主要有以下几种：

（1）阅读法。

阅读法是秘书最常用的收集信息的方法。秘书要坚持阅读大量的书籍、报刊、简报等，并从中获取有价值的信息。

（2）视听法。

视听法是指秘书通过广播、电视、电话、网络以及录像、光盘等收集有关信息。

（3）调研法。

调研法是指秘书到实际工作中调查了解情况，从中获取信息，对获取的信息中带有普遍意义的重要问题进行专题调研，以证实信息、扩充信息，还可以挖掘和开发深层次的信息。

（4）交换法。

交换法是指利用信息网点交流信息，从中交换、选择有价值的信息资料。

（5）在互联网上收集信息。

信息的传递已由过去的以信件邮寄、电话传递、传真发送等为主转变为以互联网传输为主，这就使得秘书可以迅速获取各种信息。在互联网上收集信息，已经成为秘书获取信息的重要途径与方法。随着网络普及率的上升和网上资源的日益丰富，人们已经越来越习惯于通过互联网来表达自己的想法、记录自己的言行。社会生活中的大事小情都会在网络上以新闻、论坛、博客、贴吧等各种方式反映出来，这就使网络承载了最新、与生活最为贴近和极具价值的信息资料。在互联网上，不但可以通过浏览新闻资料、收发电子邮件获取相关信息，还可以通过相关内容的网络搜索和网络调查，来获取大量有价值的信息。

小提示：信息收集的其他方法

除上述信息收集方法外，秘书还可以采取一些其他方法，如观察法，即在日常的工作生活中，注意留心观察各种社会现象，从中捕获信息；会议法，即参加各种会议，做好会议记录，从中提取信息。

二、信息整理

秘书通过各种渠道，采用各种方法收集的信息只能算是原始信息，信息并非越多越好，也不是所有收集到的信息都是有用或有益的。有时，虚假的信息也有可能给工作带来干扰。对大量的原始信息进行加工整理，使之成为可以利用的资源就是信息整理。信息整理包括筛选、分类和校核。

1. 信息的筛选

（1）信息筛选的方法。

1）复印、剪裁。对能满足需求的相关信息进行阅读，将阅读到的有价值的信息做记号、复印或剪裁。

2）摘录。将有保存价值的信息摘录到手册或卡片上。

3）标记说明。对筛选的信息资料进行标注、注释或说明，注明信息资料的日期、出处。

（2）信息筛选的程序。

1）看来源。不同来源的信息，重要性不尽相同。上级形成的信息带有全局性、综合性和权威性，而同级和下级形成的信息主要起参考作用。秘书要从多种信息来源中把握重点单位、部门和人员的信息。

2）看标题。信息的标题一般可以反映信息的内容和价值，秘书要认真分析标题，根据信息的标题确定信息价值的大小。

3）看正文。浏览信息正文，了解其主要内容，初步确定是全部选用还是部分选用，或是不用，即初选。初选后，对拟用信息再进行认真阅读，判断其是否有价值。如果可用，再看有无内容不准确、不完整和表述不清楚的问题。

最后，对经过筛选的信息进行分别处理：选中的，分轻重缓急进行信息的加工处理；暂时不用但可以备查的信息，进行暂存；不用的信息，按有关规定进行暂存、移交或销毁。

4）决定取舍。对信息进行严格的选择，从中挑选出能满足需求的信息。最终决定取舍的时候要注意三个方面：一是要突出主题思想；二是要注意典型性；三是要富有新意。

(3) 信息筛选应注意的事项。

1) 剔除虚假、过时、雷同、缺少实际内容的信息。

2) 注意挑选对工作有指导意义、与业务活动密切相关的信息。

3) 注意挑选带有倾向性、动向性或突发性的重要信息。

4) 分析信息需求，根据中心工作或解决特定问题的需要来筛选信息。

5) 注意挑选能预见未来发展趋势、为决策提供超前服务的信息。

6) 坚持信息数量和质量的统一。

2. 信息的分类

信息整理首先要对信息进行分类。秘书每天会收到大量信息，科学的分类不仅能使杂乱的原始信息条理化、系统化，而且能为以后的鉴别、筛选、加工、编写工作打下良好的基础。秘书要根据信息分类的标准，对公司收集到的信息进行分类。

(1) 信息分类的方法。

1) 字母分类法。

字母分类法是指按照作者姓名、单位名称、信息标题等的汉语拼音字母顺序进行分类。

2) 地区分类法。

地区分类法是指按信息产生、形成所涉及的地区或行政区划的特征进行分类。

3) 主题分类法。

主题分类法是指按信息内容进行分类的方法。为了全面、准确地反映信息主题，便于利用，可以按多级主题分类。可将信息最主要的主题名称作为分类的首要因素，次要的主题作为分类的第二个因素，以此类推。

4) 数字分类法。

数字分类法是指将信息以数字形式排列，每一个通讯者或每一个专题给定一个数字，用索引卡标出数字所代表的类别。索引卡按所标类别名称的字母顺序排列，用分隔卡片显示每一个字母。索引卡一般用卡片式索引盒存储，占空间少，能放在桌子上，处理电话查询时很容易就能找到。有的单位使用计算机数据库保存索引，要查找某些信息时，先从索引卡中按字母顺序找出通讯者名或专题名，查到其相对应的数字后，在相应的文件柜中找出标有该数字的文档。

5) 时间分类法。

时间分类法是指按信息形成日期的先后顺序进行分类的方法。

信息分类方法多种多样，在进行信息分类时，秘书一定要考虑利用信息的需求量的大小，结合信息形成的特点，采用适宜的信息分类方法，这样才能使信息的查找与利用更加便捷。

(2) 信息分类的程序。

1) 熟悉信息内容。

翻阅信息，从题目和内容中了解信息的总体构成情况。

2）选择分类方法。

信息分类的方法很多，要根据信息的来源、数量、内容和各种分类方法的特性，考虑单位业务的需要，从便于保管和利用的角度出发，选定分类方法。

3）辨类。

分类是对各种信息按照一定的标准进行类别划分，分类的依据是信息的特征。特征相同的信息归为一类，称为母类。母类下再划分为不同的类别，叫子类。子类下还可根据具体情况细分，形成有秩序、有层次的分类体系。信息分类的关键在于辨类，即对信息资料进行主题分析，分辨其所属类别。

4）归类。

归类是指遵循特定的原则和方法，按照信息的不同内容、来源、时间、性质和作用，根据一定的规范、要求，将收集的信息分门别类地组织起来，使信息条理化。

（3）信息分类应注意的事项。

1）遵循一定的原则。

第一，进行信息分类时要注意科学性、系统性、逻辑性和实用性。

第二，要确定分类体系、分类层次和各层次的分类标准。

第三，要把信息归入最符合其实际内容的类别。

第四，子类之间的界限要清楚，不互相交叉或包含。

2）利用颜色、标签区分类别。

根据分类结果，将每个按字母、地区、主题等分类方法分类的文档使用特定颜色文件夹或在文件夹上加彩色标签；给索引卡涂上不同颜色，以便检索。

3）建立交叉参照卡。

有的信息能归类到两个类别及相应的位置，如公司更名信息、多主题信息等。为了便于查找，可建立交叉参照卡（如图 4—1 所示）。填写交叉参照卡，将其存储在归档系统的相关位置。查找到该位置，查看卡片就能知道另一个查找线索。

交叉参照卡

名称/主题

详见

相关名称/主题

图 4—1 交叉参照卡

3. 信息的校核

秘书通过各种渠道收集的信息中包含各种数据和事实，这些数据和事实如果不真实，就会丧失其自身的使用价值，甚至给工作带来损失。因此，秘书要对收集的信息进行校验核实，证明信息的真实性，剔除不真实的信息，更改已经变化的信息。

(1) 信息校核的范围。

由于信息来源、信息传播渠道中难免有客观的杂质和主观因素的干扰，这就要求秘书人员对信息进行校核，对信息是否失真加以认定，分析考证原始信息的可靠性和准确性，从而剔除虚假和失真的信息。

信息校核的范围是：信息中的事实、观点、数据、图表、符号、时间、地点、人物等。有些信息中的数据要核对查证，有些信息要实验、计算，有些信息则要比较，以保证信息的真实、准确。对有关政策、法规、重要计划、主要数据、典型事例的信息，秘书要认真查对出处、核实原件，地名、人名、时间、事实、数据等要准确无误。

(2) 信息校核的方法。

1) 溯源法。

对收集到的信息所涉及的有关问题进行校验核实，首先要溯本求源。例如，尽量找到具有第一手资料的现场和掌握第一手资料的人；核对有关原书、原件等原始资料，并查对其主要参考文献；按信息内容所叙述的方法、步骤，自己实验或演算一次，这样可以从本质上找到问题所在。

2) 比较法。

比较就是对照事物，比勘材料。比较法即对反映某一事实的各方面信息材料进行比较，判断说法、结论是否一致。

3) 核对法。

核对法是指以直接的、最新的权威性材料为依据，与收集到的信息进行对照分析，发现并纠正信息中的某些差错。

4) 逻辑法。

逻辑法是指对信息中表达的事实和叙述方法进行逻辑分析，并发现问题和疑点，从而辨别真伪。

5) 调查法。

调查法是指通过现场调查来验证信息中所表达的事物的运动变化情况的真实性和准确性。

6) 数理统计法。

数理统计法是指运用数理模式对原始信息中的数据和定性分析进行计算鉴定，看数据计算是否准确，分类是否合理，是否和结论一致。

(3) 信息校核的程序。

1) 确定校核的内容。

并非所收集的所有信息材料都要进行校核，主要是对信息材料中的时间、地点、人名、事实、数据等进行校核。要根据信息材料的用途，决定校核的具体内容。

2) 选择校核的方法。

信息校核的方法很多，可以综合运用多种方法。应根据实际工作的需要，选择最恰当的方法。

3）核实、分析信息。

利用掌握的第一手资料和权威性材料，对收集的信息材料的某些事实进行核实，分析信息材料的内容，甚至可以进行实地调查。

4）作出判断。

通过核对、计算、定性与定量分析和逻辑推理，判断信息的真实性、可靠性。对信息是否失真加以认定，剔除虚假信息和失真的信息。

（4）信息校核时应注意的事项。

1）各种校核方法可以互相补充、结合使用。

2）要综合运用自己的知识和经验，提高校核信息的能力，保证信息的真实、可靠。

小提示：建立通讯联系索引卡

为了有效、迅速地进行信息交流，应建立记载业务往来多的单位、个人或客户通讯联系索引卡，以便于在业务联系中迅速找到需要的信息。通讯联系索引卡如图4—2所示。

公司名称：	
地址：	
姓名：	职务：
电话号码：	传真号码：
E-mail：	
MSN：	
QQ：	
备注：	

图4—2　通讯联系索引卡

案例分析

案例一

上司要到深圳出差，吩咐秘书刘萌查一下当地的宾馆情况、航班时刻表。刘萌在办公室中存有最新的旅行资料和书籍，经过查阅，获得了宾馆列表、各种服务信息，以及航班时刻表。刘萌迅速将这些信息反馈给上司，得到了上司的赏识。

分析： 秘书随时都要查阅资料、收集信息，为了更好地工作，办公室中还要准备好常用的信息资料，以便随时查阅。办公室内应常备的信息资料有：参考书、手册、百科全书、字典（词典）、年鉴、报纸、期刊、统计资料、地图集、档案、内部文献、广告材料和宣传品、政府出版物、法律法规汇编、政策汇编等。

案例二

天宇公司要开拓产品市场，需掌握大量商务信息。秘书小王深入市场，努力了解市场情况和产品需求，与消费者直接交谈，发放问卷收集消费者对产品性能、服务等方面的信息反馈，同时，通过网络检索更为全面、广泛的有关信息，为以后的工作奠定基础。

分析：秘书小王在这项工作中采用了观察法、询问法、问卷法等进行信息收集，从不同的角度获得了具有针对性、层次性的信息。秘书应根据具体的目标，运用适当的方法进行信息收集。

案例三

小苗到办公室做秘书以后，工作非常认真，凡是工作中产生、形成的信息材料都收集起来，存放在抽屉里。日积月累，小苗的好几个抽屉都装满了信息材料。一天，上司要查阅一份市场调查报告，小苗望着这好几抽屉的信息真的有些不知所措了，而且怎么也找不到上司要的市场调查报告，急得她满头大汗。看到此情景，上司对小苗说："信息要收集，但也要妥善处理，不然你很快就会被'文山'所淹没。"小苗点点头。从此以后，小苗十分重视对信息的整理工作。

分析：办公室每天都会产生大量信息，实际上，有些信息在完成一项工作之后就失去了它的价值，可以销毁。秘书应根据工作性质或内容对信息进行选择，有价值的、对日后工作有参考作用的，可以保存；对信息进行分类，便于信息的查找与利用，使信息发挥更大的作用。小苗注意了信息的收集，但忽视了对信息的整理。信息的整理包括筛选、分类和校核。

案例四

随着时间的推移，办公室形成的信息材料越来越多，秘书小张已有很长时间没有整理信息了。办公室主任吩咐小张抽时间对信息进行一下分类整理。小张决定立即着手这项工作。她想："信息太多了，还是采用时间分类法比较简单。"于是，她将办公室这几年收集的信息，按照信息形成日期的先后顺序分类、排列。过了几天，人力资源部的老李要查一份关于奖惩办法的文件，小张问："这份文件是什么时间形成的？"老李回答："我也记不清了。"秘书小张只好一份一份地查找，花了很长时间才将这份文件找到。

分析：信息分类的方法多种多样，在进行信息分类时，秘书一定要考虑利用信息的需求，结合信息形成的特点，采用适当的信息分类方法，这样才能使信息的查找与利用更加便捷。

案例五

某公司为给员工的晋升、工资级别调整、进修、培训等提供更多的服务，进行了一次面向全体员工的个人基本信息登记，以全面了解员工的基本信息。秘书小赵和办公室的其他几名工作人员负责登记表的收集、汇总和处理。小赵将自己所负责部门的登记表收集齐全，根据以往的登记材料进行核对，发现有些信息如工龄、学历、进修情况等，与以往的记载有出入。小赵与有关部门和人员就相关内容和数据进行了校核，对经过校核证实确实有误的信息进行了修改，特别注明了修改时间，确保了信息的真实、准确。

分析：秘书通过各种渠道收集的信息中包含各种数据和事实，这些数据和事实如果不真实，就会丧失其自身的使用价值，甚至给工作带来损失。因此，秘书要对收集的信息进行校验核实，证明信息的真实性，剔除不真实的信息，更改已经变化的信息。

实训项目

1. 某高职学院文秘专业将组织一场招聘会，邀请了数十家用人单位到学院挑选文秘专业毕业生，并进行校企合作研讨。假设你是该活动组织部门的秘书，你将怎样做好该活动前的信息收集工作?

2. 白雪是公司负责产品研发的张总的专职秘书。有一天，张总说他突然有个想法，想开发一种轿车内使用的纳米空气净化器，但不知这种产品在国内有没有企业生产；如果有，达到什么水平了。因此，他让白雪帮他在网上搜索一下有关纳米空气净化器的资料。假设你是白雪，请实际演练搜索相关资料。

3. 某公司办公室主任让秘书小刘将一堆没有整理的资料按照信息分类的要求进行整理，这些资料有书信、单据、合同、广告稿、新闻稿、建议书、信函、文件、调查记录、报刊文章等，小刘进行分类时，按主题分成两大类。小刘的做法有什么问题?

4. 行政经理李明给秘书小苗的便条如下：“公司上周召开了高新技术产品推介会，总经理急欲了解此次会议的社会效果，请你负责完成此项工作，并简要向我说明：(1) 你准备通过哪些渠道获得本次推介会的信息?(2) 怎样才能全面收集相关信息?(3) 如何对信息进行加工?谢谢。”请你代小苗回答这些问题。

第二节　信息的传递与存储

案例导入

王芳是天坊茶具有限公司的秘书。有一次，王芳接待了一位有业务往来的客户。在交谈中，客户提到：他刚从国外回来，该国的商店摆放着不少中国陶瓷商品，当地人很喜欢，而且对中国文化非常感兴趣。王芳敏锐地意识到，这是很有价值的信息，于是向对方详细了解了有关情况。送走客户后，王芳立即将此信息汇报给上司，并建议公司生产体现中国民俗的陶瓷商品，到国外开辟市场。事实证明，王芳的建议是正确的。

任务

秘书应加强对重要信息的存储工作，尤其是巧妙利用接待来访、联谊会等时机，对重要信息进行适时传递。在社交场合，秘书应通过与各方人士的沟通交流，从对方零碎的话语中捕捉有用的信息，利用各种信息传递方式实现信息的交流和利用。那么，秘书应该如何做好信息的传递与存储工作呢？

理论知识

一、信息的传递

信息的传递是指把筛选和整理加工后的信息转换成一定形式的信号，通过一定的方法和渠道提供给接受者和使用者。信息要产生价值，就必须经过传递，没有传递，信息就失去了意义。秘书系统是一个中介系统，秘书系统收集、整理信息的最终目的是供领导系统和其他系统使用。

1. 信息传递的方向

(1) 内向传递。

内向传递是指为了进行协调与合作，在单位内部进行信息交流。传递形式有信件、备忘录、通知或告示、传阅单、企业内部刊物等。

(2) 外向传递。

外向传递是指在日常工作中有效利用各种媒介向外传递信息，一般通过信件、新闻稿、新闻发布会、报刊简短声明等形式进行。

2. 信息传递的方法

不同的信息内容和传递需要，要用不同的方法传递。信息传递的方法多种多样，主要有以下几种：

(1) 语言传递。

语言传递是指将信息转化成语言传递给信息接受者，如对话、座谈、会议、提出请求、听取汇报、演说等。语言传递简洁、直接、快速，信息反馈及时，较少受客观条件的限制，但获得的信息零乱，信息接受者较难储存。

(2) 文字传递。

文字传递是指将信息转换成文字、符号、图像传递给信息接受者，可避免信息失真或变形，实现远距离多次传递，便于信息的利用和存储。文字传递的表现形式是文本、表格、图表等。

1) 文本。可用文字处理技巧增加文本的影响力和清晰度。

2) 表格。表格要有标题，信息要简明，要表明信息的来源。

3) 图表。统计信息以图表的形式传递，更容易表达和理解。图表的基本类型有柱状图、饼状图、折线图、流程图、组织图等。

(3) 电讯传递。

电讯传递是指利用现代化的通讯手段传递信息，有传递速度快、信息量大、效果好、抗干扰能力强、能够跨越空间限制的特点。电讯传递的途径有电话、传真、电子邮件等。

（4）可视化辅助物传递。

可视化辅助物传递可通过影像、投影、展示架、布告栏等形式进行，可以用来帮助人们理解工作任务和信息，常用于消防、安全布告及出口标志等。

3. 信息传递的形式

（1）信件。

信件是正式的书面交流文件，可用于外向传递（如寄给客户、供应商的信件）、内向传递（如晋升或提高工资的信件），通常在一定数量和需要特殊信息的人之间传递。信件具有凭证功能，便于阅读和参考，能发送至相应的地址；但邮寄信件需要花费时间，不便于双方及时交换看法。信件内容通常包括目的、主题、结束语 3 个部分。

（2）备忘录。

备忘录是通信的简化书面表格，用来通知有关工作事项。备忘录通常在企业内部使用，即企业内部之间进行信息交流，尤其是在相互了解的人之间使用。备忘录一般采用书面形式，文字不必像信件那样正式，具有便于查阅和参考、使用方便的特点；但信息量较少，沟通较慢，不便于交换看法。

（3）报告。

报告是供他人阅读的正式文件，包含了有关内容的详细信息，被用来陈述事实性的信息，通常针对特定的利用者。报告的内容要正确，结构要合理，重点要突出，文字表述力求简洁，要有确定的结论。以下 3 种情况可以采用报告的形式：1）想汇报自己参加的某项活动。2）针对特定对象的某种需要。3）汇报某一明确主题的事实、情况。

（4）通知。

通知是使用范围最广泛、使用频率最高的文件。通知的事项或要求办理的事情往往有很强的时效性。即使是规定性通知，也具有时效性。通知的语言要求精练。

（5）书面指示。

书面指示要求简明清晰、切实可行。编写书面指示时，应明确目标，指明工作方式，规定时限，指出实现预定目标应采取的措施，指出发送对象。

（6）新闻稿。

公司公布决定或政策时，可采用发布新闻稿的方式。新闻稿应简明扼要、直入主题、客观反映事实、不作评论说明。

（7）企业内部刊物。

企业内部刊物主要介绍企业动态和业务进展情况，是沟通上下、联系员工的桥梁。企业内部刊物的内容一般有：企业内部信息、职务升迁信息、员工信息、员工嘉奖榜、业务往来信息等。

（8）传阅单。

需要传递的信息内容较多时，可利用传阅单（见表4—1）进行信息的传递。传阅单应列出所有应阅读该信息的工作人员的姓名和部门，阅读完信息后在传阅单上签字。

表4—1 **传阅单**

姓名	部门	传递日期	签名
传阅后交给××（姓名或房间）			

（9）新闻发布会。

新闻发布会是指根据工作需要安排一定的时间公布重要信息，发布有关新闻或阐述重要观点，并回答提问，属于权威性的信息发布。新闻发布会可用于公司展示最新产品、演示技术上的最新成果。此外，公司在参加展览会前或展览会期间，也可举行新闻发布会，通过新闻发布会上的面对面交流产生良好的宣传效果。

秘书要落实新闻发布会的日期、地点、出席人员名单；准备会务用品、赠品；制作工作人员及展览会标牌；发请柬和资料；拟写及印发有关信息材料；布置会场等。

（10）声明。

声明是指在媒体上宣布新的任命或电话、地址的变更等，声明要简洁、引人注目。

（11）直接邮件。

直接邮件是指公司通过邮局寄出的信息材料。秘书可以通过邮寄的方式，向经过选择的消费者推销某种产品或服务。

4. 信息传递应注意的事项

（1）区别对象，按需传递信息。

信息传递要区别对象，高层次决策者需要综合性和预测性的信息，基层管理者则主要需要具体的业务信息。秘书要针对不同对象的不同需求传递信息，因人、因事而异，提高信息的利用率。

（2）做好例行信息的传递工作。

信息传递工作是秘书日常工作的重要组成部分，信息的上传下达都要经过秘书。秘书应做好信息的传输和接收工作。例如，每天转交当天的邮件、信函，汇报前一天交办事项的执行情况；定期编写内部资料，发布有关信息；定期在例行会议上沟通情况、传递信息。

（3）加强非例行信息的传递工作。

1）决策者及有关人员、部门在工作中急需某些信息时，秘书要及时收集有关信息并进行传递。例如，在经理要出国与一家公司进行商务谈判之前，秘书应提供这家公司的有关背景材料以及该公司所属国家的文化习俗等。

2）秘书从其收集到的信息中发现重要情况时，要立即传递信息。例如，本企业所用原料的国际价格即将上涨；公司发行的股票突然被大量收购；由本公司独占的产品市场，突然出现某境外公司企图涉足的迹象等。秘书一旦接收到这类信息，必须立即向决策者或有关部门传递。

(4) 运用现代化信息传递方式。

秘书应当发挥现代化信息交流技术在信息传递中的作用，利用全球联网的电话、电视和数据传递网络、光盘和新的多媒体技术等传递信息，使信息产生更大的社会效益和经济效益。

二、信息的存储

做好信息工作，需重视信息的存储。信息的存储，就是把各种有价值的信息用一定的方法和技术加以存储和保管，以备随时检索和利用。

1. 信息存储的载体

秘书无论采用何种载体存储信息，都要明确信息存储的意义，体现信息存储的价值性、时效性、科学性、方便性，掌握不同信息存储载体的保管要求，根据各种信息存储载体的特点，采用相应的管理和保护措施。

(1) 纸质载体。

纸质载体是目前使用最多的信息存储载体，具有方便记载和方便阅读的特点，比磁性载体和其他载体更具标准化。

(2) 磁性载体。

磁性载体主要有：

1) 软盘。软盘是一种很薄的磁性盘片。软盘能随时存取信息，而且成本低、体积小、重量轻，可脱机存放；但存储的信息难以长期保存，数据容易丢失。

2) 硬盘。硬盘是计算机系统中最常用的外存储器。硬盘的存储容量大，存取速度快，传输率高，可靠性高；但内置式硬盘不易拆卸，不易脱机保存。

3) 磁带。磁带是一种磁性带状存储介质，可脱机保存，存储容量大；但存取速度慢，易磨损，存储信息需要配置相应的磁带机。

4) 光盘。光盘有只读式光盘、一次写入光盘和可擦式光盘之分，可用于记录图像、声音和文字信息，是理想的多媒体存储介质。光盘存储容量大，可靠性高，保存信息的时间较长，数据传输速度快，单位成本低，应用范围广。

5) 缩微品。缩微品包括缩微胶卷和缩微胶片，是利用专门的光电摄录装置，把纸质载体的信息或机读文件按一定的缩小比例拍摄于感光材料上，制成缩微复制品。缩微品的存储密度高，可以节省存储设备，便于存储和管理，查找迅速，传递方便，保存时间长，利于保护信息原件。

2. 信息存储的装具与设备

信息存储的装具与设备有：文件夹、文件盒、文件袋、文件柜与文件架（直式文件柜、横式文件柜、敞开式资料架、卡片式储存柜、显露式文件柜）。

3. 信息存储的管理系统

为了做好信息工作，更好地发挥信息的作用，要建立适合本单位工作特性的信息体系。在一个单位中，既可以集中立档，也可以分散立档，还可以建立计算机信息管理系统。无论建立哪种信息系统，都应做到：便于存放和查询；文件柜大小合适，适合存放各种文件；编目必须简洁清晰，易于查找与归档。

（1）信息集中管理系统。

信息集中管理系统即将所有类型的信息集中在一起存放管理，形成完整、标准的信息系统，建立高效的信息服务体系和案卷借调系统。信息集中管理系统便于实现信息管理的科学化、现代化，具有整体性的特点，能有效利用存储空间，减少信息的重复存储，保证信息质量，使用标准化的分类系统，实行有序的存储检索。但该系统的归档和查阅不太方便，不利于满足各部门的特殊要求。

（2）信息分散管理系统。

信息分散管理系统即单位的所有信息都由单位内的各个部门分别保管，信息管理方式具有灵活性和专门性，可根据实际情况采用适宜的立档方式，发挥熟悉业务的优势，提高文档的质量，但不利于建立统一的分类体系，不利于信息的综合管理和利用。

（3）计算机信息管理系统。

在手工管理的基础上，利用计算机的数据处理功能对信息编目、整理、检索、利用和保管等工作进行辅助管理。该系统的功能有信息扫描、信息录入、信息加工处理及存储、信息目录或全文检索、信息传递等。

4. 信息存储的程序

（1）登记。

信息资料收集和产生后，首先要进行登记。信息的登记可分为总括登记和个别登记，前者应反映信息库储存信息的全貌，一般只登记信息储存的册数、种类等；后者则应记录每一条信息的具体情况。

（2）编码。

对登记存储的信息要进行科学的编码。信息的编码由字母或数字组成基本数码，再由基本数码结合成组合数据。信息编码的方法有：顺序编码法，即按信息发生的先后顺序规定一个统一的标准编码，此编码法用于不是很重要或无须分类的信息的存储；分组编码法，即利用十进位阿拉伯数字，按后续数字来分别信息的大、小类，进行单独的编码。

（3）排列。

对经过编码的信息进行有序化的存放排列。常用的排列方法有：时序排列法，即按照接收信息的时间先后顺序存放排列；来源排列法，即按信息来源的地区或部门，结合时间顺序，依次排列；内容排列法，即按信息所反映的内容分类排列；字顺排列法，即按信息的名称字顺排列。

（4）保管。

保管即信息的保护和管理，关系到信息的安全、完整和使用寿命。保管信息应防止信息资料的污损和丢失，实施科学保管。此外，还要及时剔除失去保存价值的信息资料和卡片，建立查阅、保管制度。

信息的保管主要有：防损坏如防火、防潮、防高温、防虫等；防失密、泄密、盗窃等；定期或不定期地进行清点，及时发现存储中的问题，提高管理水平。

5. 信息存储的基本要求

(1) 完整系统。

完整系统即要求存储的信息资料能全面反映单位工作活动的面貌，能为领导决策和管理工作提供各种信息。对收集、整理好的信息资料，要按一定方式、一定顺序进行编排，做到既完整又系统，从而形成本单位的信息中心、信息库。

(2) 安全保密。

存储信息的过程，也是一个管理和保护信息的过程。秘书人员应采取各种措施加强信息资料的保管。秘书人员及其他与信息资料有关的工作人员要有强烈的安全保密意识，共同做好信息资料的安全保密工作。

6. 信息存储应注意的事项

用计算机存储信息时，应采取必要的保护措施：

(1) 制作备份，重要信息应制作书面备份。

(2) 磁盘应存放在磁盘盒中，并给磁盘贴上标签以识别内容。

(3) 保证磁盘不放在任何磁性物体旁边。

(4) 保证访问磁盘信息时需要密码。

(5) 不随便使用外来的磁盘，以防止带来病毒。

小提示：信息的存储贯穿于信息工作的全过程

信息的存储不是信息工作过程中的一个孤立环节，它贯穿于信息工作的全过程。信息的筛选、整理、编写、利用和反馈的各个环节都存在信息储存问题，都应注意随时、及时储存信息。

案例分析

案例一

天宇公司部门多且分工明确，形成的信息量很大。为了使信息有序化、易查找，秘书小孙按照信息形成的部门，结合时间顺序进行信息排列，然后将信息装入文件夹中，整齐地放入文件柜中保存。同事们来查阅信息时，可以根据形成部门和形成时间迅速找到相关信息，提高了信息的利用率。

分析： 为了在工作中能方便迅速地找到相关信息，应根据实际情况进行信息的分类、登记、编码、排列，实现科学存储，保证及时、迅速地检索和利用信息。秘书要了解信息存储的方式，掌握信息存储的步骤与方法，按信息存储的要求存储信息，更好地提供信息服务。

案例二

小刘是一家医药经销公司的秘书，他所在的公司拥有稳定的客户关系，公司业绩连续攀升。小刘工作认真负责，他把公司的各类信息分类、编码、存储，并将经常使用的客户资料、商品交易价格也作为有价值的信息保存在自己的电脑里。小刘的信息工作得到了上司和其他同事的认同。但就在最近，公司的销售出现了问题，老客户不再联系进货，经调查发现很多客户都改从另外一家医药公司进货，因为那家公司以更低的价格提供了相同的产品。究竟是哪个环节出现了问题？这让公司上下一筹莫展，小刘也在挖空心思找原因。原来抢公司生意的是公司的劲敌，恰巧前不久一个销售人员跳槽去了该公司。这几件事情之间到底有什么联系呢？经调查发现小刘维护的公司信息库出了问题。小刘认为电脑是自己专用的，为了方便信息的使用，他并没有给信息分级加密。事发前不久，为方便同事传文件，他把自己的电脑设置了共享，可能就是在这个时候，客户信息被准备跳槽的员工复制了。原因是找到了，可是信息流失给公司造成的损失是难以挽回的，小刘在信息工作中接受的教训太惨痛了。

分析：秘书对于收集到的信息应该分类储存，建立自己的信息库。小刘这一点做得很好，履行了一个秘书的职责。秘书应该注意信息安全，防止信息失窃、损坏，可建立信息安全制度，对于电子信息库里的信息应该设置密级和阅读权限。

案例三

上海阿满食品加工有限公司成立于2000年，发展至今已经具有一定规模，公司每天都有大量的文件、资料需要处理。小姜是这家食品加工有限公司销售部的秘书，她每天都要帮助领导整理和处理很多文件，稍有大意就会产生疏漏，因此她每天上班前都会对自己工作中例行处理的问题和可能遇到的问题先做一个简单的记录，并在工作结束后进行整理。以下是她某日上午的工作情况：

上午8点半，小姜准时上班。按照习惯，她先打开电脑，查看电子邮件，她一共收到两封邮件：一封是本市一家小超市的订货意向书；另外一封是一位顾客发来的邮件，对公司产品的味道表示不满。小姜将第一封邮件转发给销售部经理处理，将第二封邮件转发给销售部负责售后服务的某位员工处理。

9点多的时候，销售部经理让小姜到他办公室取一份关于人事调动的文件，将其送还人事部经理办公室。

上午10点半，小姜陪同销售部经理与一家大型水产品供货商签订了一份水产品的订货合同，并将订货合同带回了公司。

上午11点，收发室的大爷送来了一份《商业周刊》、一份《经济观察报》、三份《环球新闻》等报纸和杂志、信函，有经理的私人信件，也有其他公函，小姜将报刊分发给相应人员和科室。

分析：秘书获得的多种形态的信息资料有：文字形态的信息，即以书面文字为载体的信息资料；声像形态的信息，即以直接记录声音和图像为载体的信息资料，如录音带、录像带、幻灯片、影片、唱片、实物模型；记忆形态的信息，即在人际交往中形成的存储在人脑中的信息。

实训项目

1. 假设你刚刚担任某企业的办公室秘书，发现该企业以往的信息资料没有任何顺序。你该如何存储这些信息资料？

2. 某信息投资公司在信息传递过程中多次发生信息失真、时间拖延以及传递失密等问题，为此，公司委托办公室主任专门召开了由各部门负责人参加的关于信息传递制度的专题会议，这位办公室主任在会议中应提出哪些要求与建议？

3. 行政经理苏萌给秘书小刘的便条如下："为了提高公司的办公效率，使内外信息传递畅通，请你将电子邮件、电话、信函这 3 种信息传递方式的优缺点做一下介绍，谢谢。"请你代小刘解决行政经理苏萌提出的问题。

4. 行政经理苏萌给秘书小李的便条如下："小李：公司刚刚招聘了两位做信息工作的秘书，将安排她们专门负责公司内外的日常信息传递工作。请你于今天下午两点在二楼小会议室，向她们介绍一下信息筛选与信息传递工作中应当注意的问题，以及信息传递的常用方法。请你将介绍内容以讲稿形式送交我一份。谢谢。"请你代小李写这份讲稿。

5. 假设你是鸿运公司的行政秘书小苗，下面是行政经理苏萌要求小苗完成的一项任务。

备 忘 录

发自：行政经理　苏萌

发给：秘书　小苗

日期：××××年××月××日

内容：

公司明天要召开安全工作会议，请你列出公司在纸质信息安全方面应采取的措施(列出 8 点即可)，我阅后将在会议上进行讨论。谢谢。

第三节　信息的开发与利用

案例导入

天宇公司是一家中外合资企业，主要生产家电产品，公司资产雄厚，员工近2 000人，云集著名科技人员和高层管理人员。最近几年，公司推出了一系列新产品，占领了国内 10%以上的家电市场，在国外的影响也很大。2010 年，公司加大管理和研发力度，在电脑、手机、电视等多个项目上研制生产出了新型、新款产品，国内市场份额达 15%。

由于秘书张琳在以前的信息工作中所传递的信息的精确度、可信度不高，这些信息资料在决策中并没有发挥实质的参考价值，沈总要求秘书张琳对之前所传递的信息进行开发，再提供利用，并重点、有效地提供反馈信息。

> **任务** 信息的收集、整理、传递仅仅是信息工作程序的前奏，要完整地完成信息工作，还必须做好信息的开发、利用和反馈。那么，秘书还应该做好哪些工作，才能完成上司交给的任务呢？

理论知识

一、信息的开发

1. 信息开发的内涵

信息开发是对信息进行全面发掘、综合分析、概括提炼，以获得高层次信息的过程。

信息开发具有多次性。由于信息资源具有共享性和可加工性，因此，信息可以被多次传输利用，能够不断地补充、完善和扩散，可以进行多次综合归纳，成为不断增值的资源。

2. 信息开发的层次

信息开发的层次分为：一次信息开发、二次信息开发和三次信息开发。

一次信息开发，主要是将原始的无序信息转变为有序信息，以提高信息的利用率，如剪报、文献编译等。

二次信息开发，是对一次信息开发进行加工整理而形成信息的过程。

三次信息开发，是在一、二次信息开发的基础上，通过分析概括而形成更深层次的信息的过程。

3. 信息开发的主要形式

（1）剪报。

剪报是指根据需求选择专题，确定时间周期，对报刊资料中有价值的信息进行选取、组合、编辑、传递等。剪报是一次信息开发产品，开发成本相对较低，获得的信息量较大，但较零散，有时缺乏时效性和可靠性。

（2）索引。

索引是指查找信息题名、出处等有关事项的检索工具。索引的编写属于二次信息开发。

（3）目录编制。

目录编制是指根据信息题名编制的查找信息的工具，是对相关信息的系统化记载及内容的提示。目录包括分类目录、专题目录、行业目录、产品目录等。目录编制属于二次信息开发。

（4）文摘。

文摘是指根据信息内容而对其重要信息进行简明摘录，以全面提示整个信息内容的信息编研产品，是二次信息开发产品。文摘短小精悍，但必须忠实于原信息内容，编拟者不能做任何评价和补充解释。

文摘有指示性文摘和报道性文摘。指示性文摘是篇幅短小的摘要，以指示信息源的主题范围、使用对象为目的，适用于篇幅长、内容复杂的信息。报道性文摘是对原文的详细摘要，以提供原信息的实质内容为主要目的，适用于主题比较单一集中、内容新颖的信息。

（5）信息资料册。

信息资料册是一种二次信息开发产品，包括历史信息资料和现行信息资料，便于人们了解历史性和现实性的信息。

（6）简讯。

简讯是一种三次信息开发产品，是用简明扼要的语言报道最新动态信息的信息加工产品。简讯内容精练准确、篇幅短小。

（7）调研报告。

调研报告是三次信息开发产品，在调查研究的基础上撰拟而成。

4. 信息开发的要求

（1）要注重调查研究，信息开发力求全面、及时。

（2）开发的信息产品要有特色、有价值、可信度高。

（3）信息开发手段要先进，重视现代化高效信息开发系统的建立。

二、信息的利用

信息工作的最终目的是有效地利用信息。秘书应充分重视信息的利用，积极配合领导决策和管理工作的需要，及时、主动地提供信息资料，为领导的科学决策和科学管理服务。信息的利用是信息工作的出发点和归宿，秘书信息工作的意义在于充分利用信息，发挥参谋与助手作用。秘书要围绕工作重心，充分开发信息，主动服务，提高工作水平。

1. 信息利用服务的途径

（1）信息检索服务。

信息检索服务即通过使用索引、目录和计算机检索系统直接利用信息或信息复制品的方式为利用者提供服务。应在基本不改变信息资源形态的情况下，有选择地为信息的利用者提供信息服务。

信息是工作经验的积累，是知识的存储。做任何工作都不能单纯依靠个人经验，而必须利用全面、准确、有用的信息。例如，企业研究制定产品开发计划时，秘书应提供有关科学技术论文、专利调查、生产技术转让、国内外同行业同类产品的生产和发展趋势的资料，有关国内外市场变化、顾客消费习惯、购买力水平的资料，有关本行业同类产品的品种、质量、专业化程度、经营管理状况、职工技术水平、原材料自给率等资料，有关国内竞争对手的社会信誉、产品开发的标准文件、技术进步等资料。只有在这些信息资料的基础上进行决策，才会为决策提供保障。

信息利用中可使用跟踪卡、文档日志记录信息的借阅情况。

1）跟踪卡。

信息被借出后，应建立跟踪卡（见表4—2），放置在信息原存放处，使其他利用者能知道该信息的去向。信息归还时，填好跟踪卡。应定期检查跟踪卡，如果信息已借出一段时间仍未归还，要与对方及时联系。

表4—2 跟踪卡

借出日期	信息标题	借阅人	部门	归还日期	签名

2）文档日志。

跟踪信息还可使用文档日志。借阅人借出信息时，应在日志上签名；归还信息时再次签名以示归还。如果找不到某信息，可查看日志，了解信息的利用情况。

（2）信息加工服务。

信息加工服务即通过对信息内容进行分析研究、选择、加工、编辑后，向利用者提供信息成果的服务方式。这种利用方式建立在对信息进行加工的基础上。

（3）定题、查询利用服务。

定题、查询利用服务即针对特定的主题和内容向利用者提供信息的服务方式。日常工作中，上司、内部机构经常提出一些需要查询的问题，涉及各方面的内容，如查找报刊文献资料、核查具体数据、了解国内外某些重大事件等。查询、解答这些问题，必须记录、存储足够的信息资料，通过查找信息资料，回答全部问题或部分问题。

（4）信息咨询服务。

信息咨询服务即通过改变所收集或储存信息的形态而产生的新的信息服务。其主要包括：问题解答服务，书目服务，报刊索引服务，信息线索咨询服务，数据、事实、统计资料的咨询服务，利用者教育服务等。

（5）网络信息服务。

网络信息服务建立在现代信息技术的基础上，以计算机硬件和通信设备为依托，以应用软件为手段，以数据库信息资源为对象来开发利用。网络信息服务可将信息提供服务和信息咨询服务统一起来，有助于最大限度地实现个别化服务。其主要表现形式有：电子信息的发布、电子函件、电子公告板、联机公共目录查询、光盘远程检索、远程电话会议、用户电子论坛、用户定题。

2. 信息利用服务的特点

（1）周期性。

信息利用是一种社会现象，受各项工作活动规律的影响，呈现出周期性。如工作任务重要，对信息分析的需求就大；反之，对信息分析的需求就小，即信息利用率低。

（2）经常性。

人们从事任何工作都离不开信息，这就使信息利用服务呈现出经常性的特点。

(3) 广泛性。

无论是决策者还是一般员工，只要在解决实际工作问题、从事业务工作中需要利用信息，就都可以成为信息的利用者。

(4) 实效性。

信息资源的利用能够带来一定的实效。如在文化、教育等方面发挥社会效益，在产品更新、降低成本、节约费用等方面发挥经济效益。

3. 信息利用服务的程序

(1) 了解所收集信息的内容和成分，熟悉各种信息检索工具的使用方法。

(2) 分析和预测信息的需求特点，把握信息利用需求的发展规律。

(3) 向信息利用者介绍相关的信息线索，开展信息咨询服务。

(4) 提供利用者所需的信息及信息加工品。

4. 信息利用服务应注意的事项

(1) 信息利用服务要严格遵守信息法规，遵守知识产权保护法、版权法、数据保护法等。

(2) 严格注意信息的安全保密问题。

案例分析

案例一

秘书小赵兼管档案与信息。小赵工作非常认真，很注意文件材料的收集，凡是工作中产生、形成的文件材料她都收集起来，存放在抽屉里。一天，上司找到小赵，要查阅一份购销合同，小赵望着几个抽屉的文件不知从哪儿找起，翻来翻去怎么也找不到，急得满头大汗。看到这情景，上司对小赵说："文件要收集，但也要随时妥善处理。"小赵回答说："我本打算明年归档时再分类整理的。"上司说："应该在平时就对文件做初步的分类处理，以便于日常工作的利用。"小赵这才明白：信息的管理一定要便于利用。

分析： 办公室每天都会产生、形成各类文件，如果不及时整理，就会影响正常的利用。秘书应对文件材料进行选择，对日后工作活动有价值的文件材料可以归档保存，而有些文件在完成一项工作之后就失去了它的价值，可以销毁。小赵注意了文件的收集，但忽视了文件的鉴别和筛选，没能在平时及时对文件进行分类管理，所以造成了利用的不便。

案例二

盛远公司的秘书王莉最近在进行一项信息收集工作，即收集公司员工的个人基本情况信息，包括年龄、文化程度、专业、特长、英语程度、参加培训情况等。她主动寻求人力资源部的配合，直接找员工了解基本情况，收集到了全公司所有员工的个人信息。在此基础上，王莉对收集的信息进行整理汇总，将信息以表格形式呈现出来，然后进行数据信息的统计分析，写出了员工基本情况分析报告。她的工作为企业的决策和人力资源管理打下了基础。

分析：信息是决策的基础，是科学管理的前提，王莉所进行的员工基本情况信息的收集、整理、统计分析正是发挥了信息工作的作用。信息对人们的决策有现实或潜在的价值。例如，一个企业中员工的年龄分布就是一组数据，是对该企业职工年龄状况的一种客观描述。对这组数据按年龄分段统计后，就可以得到反映该企业职工年龄结构的信息，可作为企业进行某项决策的依据。因此，秘书要重视信息工作，在各项工作中充分发挥信息效益。

案例三

小周是一个刚刚走上工作岗位的大学毕业生，在一家大型食品企业任产品开发部门的秘书。他所学的专业是信息管理，对信息很敏感。从上班第一天起，他就开始注意学习和收集与本企业产品相关的国内外最新最快的信息。他从公文、网络、书籍、刊物等多种媒体上抄录信息，与同行交流时一有机会就会索取信息。在此基础上，他还对收集到的大量信息进行加工处理，将重要的信息做成《信息简报》，每天一份，然后放在部门经理的办公桌上，为经理的工作提供了很大的方便。

他的这一工作特色逐渐为公司总经理所知，于是他被调任总经理秘书。小周此时已对本行业的市场情况有了一定的了解，但他没有停止努力，除了继续通过各种途径积极广泛收集信息外，还开始尝试选择若干题目进行深入研究，写成调查报告呈交总经理，赢得了公司高层的一致赞赏。

分析：秘书人员作为决策者的助手，在单位的信息和调研工作中扮演着重要角色。信息不仅是秘书人员辅助领导决策的依据，而且是处理日常事务的基础，更是起草文件的基础。因此，作为公司的高管秘书，一定要学会收集、筛选、分类、加工、传递和合理利用各种信息。案例中的秘书小周就做到了以上几点，所以他才会升职，赢得公司领导的一致赞赏。

案例四

沈阳飞机工业（集团）有限公司是我国航空工业的歼击机研制和生产基地，自20世纪50年代初创建以来，先后研制生产了十几个机种、数千架飞机，被誉为“中国歼击机的摇篮”。改革开放以来，公司积极推进“军转民”和“内转外”的战略转变，先后开发了汽车、大中型机械、铝型材料制品、民用电器、民用飞机零部件转包生产5大系列200多个品种的产品，并和美国波音公司、英国宇航公司等国际著名飞机制造公司及其他公司建立了合作关系，从而建成了军民结合型企业。

分析：该公司高度重视信息资源的开发利用工作。1984年，邓小平同志为《经济参考报》题词：开发信息资源，服务四化建设。该题词具有深远的意义，确定了信息的地位和作用，明确了信息的服务对象。在这一题词的指导下，为适应改革开放和市场经济发展的需要，公司及时转变了观念，于1985年在航空工业系统率先组建了以公司科技处为依托的经济技术信息中心，使企业大大增强了市场竞争力和应变力，保持了旺盛的生命力，在信息市场和技术开发工作中，为公司的军品研制、民品开发、生产经营和市场营销等方面，作出了应有的贡献，有力地促进了企业的科研、开发和经营的发展。

实训项目

1. 到秘书事务所进行实际演练，重点演练信息的开发和利用，要求通过多渠道获得相关信息，然后对其加工开发，以有效途径向事务所提供3种信息产品。

2. 从东海公司总经理张明的办公室向外望去，美丽的东海一如往日的迷人，繁忙的码头一如往日的井井有条，一切看起来都是那么的有条不紊。东海公司现有职工1 200人（其中管理人员240人），是提供散装货物（如煤炭、散装化肥等）的装卸、仓储及中转服务的大型港口企业。

东海公司的信息系统建设结束后，公司领导普遍认识到，整个企业的信息化建设还有很多工作要做。张总决定集思广益，他设置了一个电子信箱，专门接收员工来信，看看大家有什么好的建议。他坚持每天都抽出一些时间来阅读信件。某天的一封邮件引起了他的注意：

尊敬的张总：

您好！

我是信息中心的一名普通员工，我叫李海波。我于2000年从母校的信息管理系毕业来到公司，我参与了公司信息系统规划、开发的整个过程。现在系统开发工作已经结束，但我认为这并不意味着公司信息化的终结。公司目前在信息管理过程中还存在一个很大的漏洞，就是对信息资源开发利用的认识不足，具体表现为：

(1) 重信息系统、轻信息资源。

现在业界有一句流传很广的话："信息化成功的关键是三分技术、七分管理、十二分数据"，现在许多企业已经跨越了"重技术轻管理"的倾向，"流程重组"等概念也为企业所接受，但是都不同程度上存在"重系统轻数据"的问题。我们公司也不例外，也存在这一问题。

(2) 信息资源开发机构分散。

公司的信息功能单元包括战略规划小组、行业政策研究室、信息研究室、信息中心、科技情报或竞争情报部门、科技图书馆、工会图书馆、档案馆、企划部、公关组织等，各部门相互独立，各自为政，缺乏统一的管理和规划，使得企业的信息资源管理分散，没有形成反映企业生产经营活动全貌的综合性信息。企业要提高效率、降低成本、改善产品和服务、增强综合实力，就必须对这些机构进行重组，实现信息资源的集成管理。

(3) 信息资源开发技术水平低下。

由于信息技术的快速发展，资源开发工作也呈现了全新的面貌，网络信息资源的获取，信息门户的完善，信息分析工具、决策支持系统的成熟都使得信息资源开发利用的效率大大提高。但我们公司的信息资源开发手段还处在较低的水平，已远远不能满足企业快速发展的要求。

(4) 信息资源管理制度不完善。

信息资源开发缺乏统一规划，管理制度不完善，员工待遇低，激励机制不健全，信息开发利用渠道不通畅等，严重制约了公司信息资源开发利用的效率。

信息资源开发是企业信息化建设和管理的核心，信息资源利用是取得竞争优势的关键，是企业生产活动实现价值增值的有机链条。因此，建立有效的企业信息资源管理制度，是企业实现良性循环以及可持续发展的一个重要保障。如果上述问题得不到解决，企业信息化的成效就难以充分发挥，企业下一步的工作必须转向信息资源的开发利用上。

这封邮件引起了张总的关注，虽然信息系统的运行实现了企业内部业务的信息化控制，提高了企业运作的效率，增加了企业的经济效益，但是系统还不能为管理决策提供全面、及时和有针对性的信息支持，尤其是不能提供企业外部的政治、经济、行业、竞争对手等信息，尚不能改变决策工作“带着镣铐跳舞”的局面。想到这里，他决定见见这位年轻人，听一听他的意见。

请回答下列问题：

1）你认为李海波所说的信息资源开发利用工作在企业中应该处于什么地位？

2）你如何理解“信息化成功的关键是三分技术、七分管理、十二分数据”？

3）对于企业信息资源的开发利用来说，应该做好哪些事情？

第四节 信息的反馈

案例导入

小齐是刚大学毕业的某厂办公室秘书，虽然他早就听人说过信息是资源，是财富，但信息的价值究竟有多大，对领导决策能起多大作用，他还真的不是很清楚。在一次领导办公会上，办公室高主任让小齐做记录，小齐这才对信息工作有了切身的体会。

会上，负责设备工作的副厂长提出技术改造方案，以提高企业的竞争力，要求把刚刚收回的一大笔资金重点投放到购买机械设备上。负责财务、生产工作的副厂长们都表示支持。当厂长正要拍板决断时，高主任说他想向各位领导汇报一个新情况，供领导们参考。领导们的目光一起转向了他。

“我先说几条信息请领导们参考：一是我国粮食进入市场后，粮价上调的趋势十分明显；二是国际上的几个粮食进口量大的国家今年均遭受自然灾害，粮食歉收趋势已定；三是供应我厂工业粮食原料的地区今年都遭到了严重的水灾；四是今年又是乡镇企业发展很快的一年，这些乡镇企业大多是利用其资源优势从事投资少、见效快的食品业和酿酒业，这些企业的生产也都以粮食为原料。根据以上情况，我预计，近期粮价必上涨，而且上涨幅度较大，可能每千克要上涨 0.2 元～0.5 元；我厂每年工业原料用粮 10 万吨，按每千克原料用粮上涨 0.3 元计算，每吨将上涨 300 元，10 吨就是 3 000 元，全年就是3 000万元！因此，我建议在粮食涨价前购进原料，这样可以降低成本，提高竞争力，获得可观的经济效益。然后我们再把获得的盈利投入技术改造，由于经济实力增强了，我们进行技术改造的起点可以更高些，最好能达到国际先进水平。这样，就为我们的产品参与国际市场竞争打下了坚实的基础。”

高主任的发言结束后，会场鸦雀无声。领导们有的拿出计算器仔细地算着；有的掏出钢笔，在本子上写着；还有的陷入了沉思……

过了一会儿，厂长的发言打破了会场的安静：“高主任提出了一个值得我们深思的问题。我同意他对粮食价格变化所做的分析和预测。目前摆在我们面前的问题，是先搞基本建设和技术改造，还是先购进即将涨价的原料，待取得经济效益后再以更大的投入进行高起点的技术改造？请大家对这两个方案再次仔细斟酌。”

于是大家开始讨论，气氛十分热烈。经过反复比较、分析、论证，厂领导最后一致同意采纳高主任的建议：先购进粮食原料，再进行技术改造。

事实证明，高主任的预测是完全正确的，他的方案使企业获得了巨大的利润，整整多赚了一个亿！

小齐敬佩地对高主任说：“看来信息是金钱的说法一点不假！您是怎样获得这些信息的呢?”

高主任说：“信息变化极快，信息工作无止境。这次我们虽然从大量信息中淘出了一些金沙，但不知还有多少金矿等待我们去开掘、淘洗、利用。稍一马虎，它就会从你眼皮底下溜走。”高主任的这一席话把小齐引入了对信息工作的深度思考。

任务

信息反馈工作，是考查信息的利用程度和信息工作的效益状况及存在的问题，以检验信息工作效果的重要环节。那么，秘书该如何做好信息反馈工作呢?

理论知识

一、信息反馈的内涵

信息反馈是指将信息使用过程中产生的效应及此过程中不断产生的新信息进行再收集、再处理、再传输的过程。其目的是要检验信息的真实性和可行性，对信息传递进行检验和调整，为决策提供依据。

二、信息反馈的特点

1. 针对性

信息反馈不同于一般的情况反映，它不是被动反映，而是主动收集，有很强的针对性。

2. 及时性

信息工作要讲时效，信息反馈更要求及时，以便尽早发现问题、解决问题。

3. 连续性

信息反馈的连续性是指对工作活动的情况进行连续、有层次的反馈。信息反馈有助于认识的深化。

三、信息反馈的形式

1. 正反馈和负反馈

(1) 正反馈。

正反馈是使系统的输入对输出的影响增大，一般为反映决策执行中的成绩、经验方面的信息，对决策者的组织指挥起肯定或加强作用，使工作按既定方向发展。

(2) 负反馈。

负反馈是使系统的输入对输出的影响减少，一般为反映决策执行中的问题、失误方面的信息，可以及时发现和纠正系统中的偏差，改变已有的工作方向和状态，保证工作达到预期目的。

2. 纵向反馈和横向反馈

(1) 纵向反馈。

纵向反馈指同一系统向上级管理部门和决策层反映指令执行情况的一种信息反馈形式。

(2) 横向反馈。

横向反馈指同级组织之间的信息反馈。

3. 前反馈和后反馈

(1) 前反馈。

前反馈是指在信息发出之前，信息的接收对象向信息发出者表达的要求和愿望，希望将要发出的信息能满足自己的需求。例如，来自基层和群众的建议和呼声等。

(2) 后反馈。

后反馈是指在信息发出后，信息接收者对信息作出的反应。

四、信息反馈的主要内容

信息反馈是信息工作的重要环节。在各项工作活动中，秘书要及时了解各方面的反映情况，收集公众对已推行政策、实施措施的意见，把各种指令执行情况的偏差信息反馈给决策者，以便发现问题，纠正偏差，修正或完善政策与措施，作出新的布置，发出新的信息。秘书室编写简报、送阅文件等，是向上反馈信息的必要途径。

秘书要通过不断的信息反馈，将信息使用过程中产生的效应及活动中不断产生的大量信息进行再收集、再处理、再传递。信息反馈的主要内容有：

(1) 有关方针、政策和重大工作部署执行情况的信息。

(2) 工作中的新事物、新做法和有推广意义的经验性信息，以及一些新思想、新观点和独到见解等。

(3) 工作中存在的矛盾和问题，特别是政策问题的逆向性信息。

(4) 对全局有一定影响的带倾向性、苗头性的信息。

(5) 反映意见、建议、呼声、心态的信息。

(6) 反映重大事件、突发事件的信息。

五、信息反馈的方法

1. 系列型反馈信息

系列型反馈信息即对工作活动的全过程，按不同的发展阶段进行连续反映。

2. 广角型反馈信息

广角型反馈信息即对工作活动的某个过程，从不同角度、不同侧面进行反映。

3. 连续型反馈信息

连续型反馈信息即对工作活动中的某个关键问题，在短期内连续不断地进行反映。这种信息反馈方法有利于认识关键问题的发展。

六、信息反馈应注意的事项

第一，既报喜又报忧。喜忧兼报是科学决策的要求。科学决策必须建立在真实、准确、全面的信息基础上。要做到这一点，既报喜又报忧是最基本的要求。报喜信息是反映工作成果、正确做法的信息，可以帮助人们总结经验、树立典型、制定政策；而报忧信息则是反映工作失误、突发事件或存在问题的信息，有利于分析工作中带倾向性的问题，可以有针对性地采取措施，把问题解决在萌芽状态。秘书要明确信息工作的职责，提供全面、真实、准确的信息，既报喜又报忧，科学地反馈信息。

第二，做到快、准结合。既讲究实效性又把握准确性。

第三，做到深、浅结合。既重视初级反馈，又综合加工深层次的反馈信息。

第四，做到冷、热结合。既提供当前正在执行的指令的反馈信息，又提供过去或即将执行的指令的反馈信息。

案例分析

案例一

天宇公司拟订了一套员工奖励办法。为进一步充实和完善此办法，经理责成秘书李婷了解员工的意见。李婷很快便将奖励办法及征求意见通知、征求意见表下发到各个部门，还多次到部门中直接听取员工的意见。李婷将收集的信息进行分析汇总，起草了一份报告上交给经理。经理根据李婷提供的反馈信息令相关部门对奖励办法进行修改和补充。

分析：信息工作的意义在于为各项管理工作服务。信息反馈可以使信息管理形成良性循环，保证管理活动和决策的有效进行，促进管理工作的最优化。秘书要学会不断获取、传递和反馈新信息，为进一步改进工作提供依据。

案例二

李某是××市市政府办公室的秘书，一次偶然的机会，李某听一位市民反映某生活小区附近垃圾堆积如山、臭气冲天，小区居民多次向有关单位反映，始终没有得到解决。李某进行了实地考察，发现情况属实，他还对市区其他生活小区进行调查了解，发现不少居民小区均不同程度地存在垃圾堆积、污染环境的情况，于是李某编发了《市区多处生活小区存在垃圾堆积、污染生活环境现象》的报告。市领导阅后，指示有关部门迅速予以解决，电视台也对此事进行了报道。一周后，各生活小区的垃圾堆均被清理干净，净化了市区生活环境。

分析：此案例说明了两方面问题：一是秘书需要深入基层，及时获得第一手资料，了解群众的呼声，上报的信息既要报“喜”，也要报“忧”；二是要利用有效方式传递信息，便于领导决策。

案例三

某地区遭受夏季特大洪水的袭击。在本省及兄弟省的支援下，发放给灾民的衣物达178.94万件，灾民的夏秋两季穿衣问题已解决。但由于捐赠的衣物中过冬的棉衣、棉被所占比例很小，地委办公室为此给省委办公厅发了一条救灾信息，请求上级帮助解决灾民的过冬衣被不足问题。当时，仅知道棉被约占下发衣物总数的0.4%，棉衣、绒衣数量不详。为统计所缺棉衣、棉被的数量，地委办公室信息科以已发放的178.94万件衣物为参照数，按每100件衣物应配发棉被10床、棉衣20件的标准，推测全地区灾民共缺棉被10万套、棉衣20万件，并将这一数字用于信息的标题：××地区灾民过冬尚缺棉衣、棉被30万件（套）。

信息发出后，省委领导非常重视，立即批示有关部门将情况了解清楚后设法帮助解决。省民政厅接到领导批示后，立刻部署该地区及其受灾各县的民政部门落实领导指示，逐乡、逐村地摸清灾民的穿衣、盖被情况，根据有无自救能力分类排队，逐户登记棉被2 000床、绒衣4 000件、绒裤2 000件、棉衣1 600件，拨款275万元就可基本解决受灾群众的过冬衣被问题。

分析：这个案例说明了秘书部门在机关管理系统中处于中心位置，不是权力中心，而是信息中心。秘书部门不仅能为领导的决策活动提供准确信息，而且在组织系统中起着信息交换站的作用。

案例四

2000年6月24日至25日，河南省南召县普降暴雨，平均降雨量为250mm，皇后乡的平均降雨量达350mm。由此造成25日晚7时10分，焦枝铁路3919次货车因突遇山体滑坡而脱轨翻车，焦枝铁路运营中断。中央和省委对此事高度重视，南阳市和南召县委派出救援人员，同郑州、洛阳、南阳等10个车务段及54771部队官兵共1 200人昼夜抢险近68个小时，于28日下午2时50分排除险情。对这一重大突发性事件，南阳市市委办公室和南召县委办公室的全体工作人员积极主动、迅速、准确地收集和报送事发情况及处理信息，共向省委办公厅报送4期，电话汇报6次，分别被省委办公厅和中办采用，从而充分发挥了党委信息的主渠道作用，为上级及时了解情况、指导抢险争得了主动。

分析：在实际工作中常常有这样的情况，当领导急着对突发性问题或重大事件的情况作进一步了解时，却看不到续情。这必然影响领导对情况的全面了解，进而影响领导及时作出有效的决策和对策，无助于基层问题的解决。灾情发生后，秘书不仅要及时提供翔实的灾情初始资料，而且要连续报送、追踪反馈灾情的影响及救灾措施，使决策系统从系列反馈中得到准确、全面的信息。

实训项目

1. 某企业决定调整企业员工的工资福利待遇，公司下达了员工工资福利待遇改革方案。假设你是该企业的秘书，在此方案的初步执行中，应如何进行信息反馈？

2. 课外到秘书事务所进行演练，重点演练信息的开发和利用，要求多渠道获得信息，然后对其加工开发，以有效途径向秘书事务所提供3种信息产品，并收集秘书事务所相关的反馈信息。

3. 假如你是某保险公司的办公室秘书，当中国人民银行关于降低存款利率的信息发布后，公司领导决定利用这个时机使各分公司扩大业务，你从信息工作的角度出发，应该做哪些工作？

4. 20世纪60年代，上海市某保温瓶厂开始研究硅镍保温技术，直到20世纪70年代中期，该保温瓶厂在海外某杂志上偶然发现这种技术早在20世纪50年代就已经在美国成功使用，这意味着该厂这项历时十余年、耗资几十万元的研究工作是在开发国外落后的工业技术，毫无意义和价值。请结合秘书信息工作的基本要求，谈谈该保温瓶厂的信息工作存在哪些不足。

5. 金城公司刘总要求到任不久的于秘书，将全国同行业中10大公司最近5年内每年的营业额、利润指标、资金周转率等准确数据，在半小时内送到总经理办公室，作为研究市场动态、制定本公司经营策略的参考依据。20多分钟以后，一份按要求打印的清晰表格摆在了总经理面前，表后还附有简要的对比分析。看完表格后，总经理的脸上露出了笑容，看来他对这位新秘书的工作效率十分满意。于秘书为什么能得到领导的赏识？

第五章

参谋咨询

学习目标

● 知识目标

1. 掌握日常工作中秘书的参谋咨询作用；
2. 掌握秘书如何在日常工作中做好参谋咨询；
3. 掌握参谋咨询工作的内容和要求；
4. 掌握办公室参谋咨询的特征。

● 能力目标

1. 学会如何发挥秘书的参谋咨询作用；
2. 能够掌握秘书在参谋咨询中应注意的问题；
3. 能够把握不同决策阶段中参谋咨询的操作要领；
4. 能够具备辅助决策的能力。

第一节　秘书的参谋工作

案例导入

为了规范业务管理流程，强化企业的组织制度建设，某国有企业在组建成立后，拟选聘一家具有国内先进经验的管理咨询公司，结合公司主营业务，设计出一整套细化至每个细部节点、实操性强的、涵盖公司运营管理各方面的流程与制度汇编，进而增强企业的管控能力。该项目经公司董事会批准，成立了项目小组，总经理陈林负责此项工作，并担任组长。在挑选小组成员时，陈总特意选了秘书小李，让其负责小组内部的联络工作与其他具体工作。项目领导小组成立后，立即进行了拟聘咨询公司范围的划定工作。陈总组织了几次会议，带领相关人员赴几家公司考察，初步确定了四家国内一流的管理咨询公司。在即将确定这四家为聘用的选择范围时，有一天小李进陈总办公室给陈总倒茶水，见他正在看这几家咨询公司的简介，便同陈总交流了一下自己的看法。小李认为从企业内控的角度来看，几家咨询公司都具有相当的业界知名度，但这几家公司突出组织建设与流程管理，未提及财务风险管控的具体内容，而财务管理也是企业内控的重要环节，建议考虑增加有财务管理优势的咨询公司。陈总觉得小李说得很有道理，于是再次调整了选聘范围，增加了一家以财务咨询为主导的公司。

在如何选聘管理咨询公司一事上，项目小组成员产生了严重分歧。有人认为合同标的额较大，大致在120万元左右，企业现有资金为财政拨款，应按照相关的政府采购管理条例，采取招投标的方式完成管理咨询公司的选聘。但这种方式的审批时间较长，通常在两个月左右，而且手续烦琐，对于一家新成立、即将大展宏图的严格规范企业来讲，必须先立流程，再出产品，如拖延时间过长，则容易错过最佳市场导入期。如果公司直接选聘一家公司，则缺少公开选聘环节，易造成难以预料的负面影响。小李见陈总处在左右为难之际，于是向他建议组织召集该项目的专家，邀请政府业务指导部门的负责人、省内外的专家学者，一起评定各家公司所提项目方案的优劣，采用计票打分的方式，最终选出中标的咨询公司。选聘过程由政府业务指导部门的人员或公证人员负责全程监督，结果报政府备案，整个选聘过程半个月即可完成。陈总觉得这样既能缩短项目申报周期，又增加了公开的审核环节，还在手续上履行了报知程序，是个好办法。陈总想马上组织召开项目小组会，将这个工作思路确定下来，但又想应有提议人提出工作方案，这个方案一定不能出自小李之手，因为小李只是一个秘书，不能参与项目的任何决策，他在小组中只是扮演联络员的角色。于是陈总给副总经理打了个电话，将大致想法说了一下，派小李专门去找副总经理做详细的汇报，副总经理又让业务部门的负责人按照已有思路提出工作方案，最后在会上讨论。工作方案通过后，公司开始着手准备相关事宜，组织召开了公司管理体系设计专家评定论证后，选定了赛德公司与考思公司组成的项目联合体，赛德公司以组织流程管理为主导，考思公司擅长财务风险控制，考虑到了这两家管理咨询公司各有所长，可以优势互补。陈总分别同两家公司签订了合同，合同总额为118万元。管理咨询公司派项目组进驻公司，小李作为公司的信息联络员，为项目组提供必要的文字材料，协调项目组的吃穿住行，接收项目组提出的方案与建议，及时将项目组的情况反馈给公司领导。项目组工作了一个半月的时间，多次递交的咨询方案经过不断的反复修改后，公司最终得到了较为满意的咨询成果。

任务

领导与秘书、主管与助理职责不同。决策是领导、主管的职责，秘书、助理可以通过建言献策影响领导与主管决策。由于领导们的个性不同、习惯不同，同样的建议不同的领导可能有不同的反应，从而给实际工作带来不同的效果。秘书在参谋咨询方面应做些什么呢？

理论知识

一、参谋咨询的含义

对于秘书这个职业来说，“谋”与“咨”是秘书参谋活动中经常采用的两种方式。“参谋”即计谋运筹，“咨询”即向领导以及其他部门提供咨询服务。参谋与咨询反映了秘书工作最基本的特点，二者也是相互依存和相互依赖的。通常情况下，计谋运筹是借助咨询活动中获得的参考性信息、指导性信息来进行的；而咨询活动的开展是以计谋运筹过程中所取得的实际成果为依托的。咨询工作质量的优劣，最终还取决于计谋活动的科学程度和运筹水平的发挥。在秘书参谋咨询活动中，“谋”和“咨”相辅相成，共同发挥着参谋功能。但它们毕竟是两种不同的参谋方式，具体运用时也须因时、因地、因人、因事而加以选择。

参谋咨询体现在很多方面。例如，协调领导的工作安排，做好信息的调研和总结，协调与配合其他职能部门，督促检查，为领导服务，为其他部门服务。

二、参谋咨询的特点

领导在工作中处于统筹规划的地位，不能全方位兼顾各项细致、复杂的工作，在组织机构中，所有的成员都可以对组织管理提供参谋咨询，秘书处于一个特殊的职能地位，其参谋咨询活动也具有一定的特点。

1. 随机性

秘书与领导在一起工作，接触到的问题更及时、直接。当领导有问题无法解决时，秘书不仅能第一时间了解到有关情况，而且可以提出自己的参谋建议；领导在工作中也会随时向秘书咨询，征求秘书的意见，不一定要通过固定的程序或者召开会议才能够讨论问题。这种随机性的参谋咨询，灵活及时，便于解决组织运转中随时都有可能出现的偶发事件或局部问题，有利于抓住其苗头和趋势，及时调解矛盾、解决问题。

2. 参考性

秘书的参谋咨询与同级副职领导的建议不同，不含权力因素，领导可以采纳，因此，它具有明显的参考性。如果领导愿意征求和听取秘书的参谋建议，秘书就能有效地发挥参谋咨询作用，反之就难以发挥参谋咨询作用。同时，由于受领导的个人情绪、环境因素的影响，其接受秘书参谋建议的概率也有所不同。一般来说，领导在集中精力思考问题、处理问题或烦躁不安、情绪不稳定时，则难以冷静地听取别人的意见或建议。有些领导怕泄露机密或影响威信，不愿意在公开场合征求或听取秘书的意见或建议；还有一些领导，当他十分欣赏自己的方案或者对自己取得的成就沾沾自喜时，也不愿意听取相反的意见或建议。同一个领导，有时很乐意接受秘书提出的参谋建议，但有时哪怕秘书提出的参谋建议是十分有价值的，他也会拒绝或搁置。因此秘书在进行参谋咨询活动时，必须善于审时度势，准确地把握时机，采取领导容易接受的方式，这样才能取得较好的效果。

3. 多样性

由于秘书的参谋咨询活动具有随机性和参考性的特点，因此，秘书只有根据具体情况灵活地运用多种方法和手段提出建议，才能有效地发挥作用。在公开场合，秘书最好用暗示或递送有关资料的方法委婉地向领导提出建议或提供咨询；领导在集中精力考虑问题时，一般不宜打断其思路，待其工作告一段落后再提出建议；当领导取得成功或为失误而沮丧、烦躁时，最好待其冷静后再提出建议和意见。

4. 权变性

对于紧急的、关键的、关系重大的问题，秘书必须及时提醒领导，以避免造成损失；对于枝节的、次要的问题，秘书可以等待时机，采取恰当的方式提醒领导；对于领导尚未决定的问题，秘书可以准备多种备选方案供领导权衡、选择；对于领导已经决定的问题，秘书可以分析其各方面的相关因素，权衡利弊，研究其可行性，使领导的方案得以补充、修正和完善；对于领导尚未发现的问题，秘书应该提醒领导注意问题的存在及其影响；对于领导已经发现的问题，秘书提出参谋咨询建议的重点应是解决问题的方法和途径。

5. 从属性

秘书必须根据组织领导工作的需要来进行参谋咨询的研究，不能像专业咨询公司那样完全主动地进行独立的分析与研究。秘书的参谋咨询有效与否是由领导的信任程度决定的，只有领导愿意征求和听取秘书的参谋咨询建议，秘书才能有效地发挥参谋咨询的作用，反之就难以发挥作用。

三、参谋咨询的作用

1. 提高领导的工作效率

领导的工作效率直接影响组织的经营运转效率。秘书在工作中的参谋咨询能加快领导处理事务的速度，既有利于及时地为领导的工作提供服务，又有利于根据职能部门的需要而对其提供服务，对整个组织环境也有积极的影响。

2. 增强组织内部的沟通与协调

秘书是组织内部连接的纽带，因此秘书的工作要尽量灵活，不能只是领导说什么就做什么。秘书在协调工作的过程中，不仅需要沟通技巧，而且要有参谋与咨询的能力；要传达好领导的指示和意见，还要把部门的反馈情况和工作情况如实地报告给领导，避免组织内部的一些矛盾和不和谐，促进相关部门之间的配合与合作，让组织可以更好地发展。

3. 提醒的作用

领导每天处理的事务繁多，有时难免会出现一些差错，秘书应在领导决策过程中，权衡利弊，根据调查研究得出的科学结论，大胆地向领导提出合理化建议，对领导在决策实施过程中可能出现的失误、偏差以及错误等，应在适当场合适时给予提醒，以便及时修正。

四、参谋咨询的原则

秘书的参谋咨询过程一定发生在领导的决策之前，例如，秘书以其特有的身份和特殊的方式参与决策就是发挥参谋咨询作用。秘书的参谋咨询作用的大小取决于自身的超前意识和创新意识，反映秘书的水平。一个优秀的秘书应该是一个出色的参谋，秘书在进行参谋咨询时应具备相应的能力基础。

1. 秘书需要了解领导的办事风格、思维方式、工作作风和工作规律

作为秘书，要对领导的办事风格、思维方式、工作作风等都有所了解。这样，就可以把工作做到恰到好处，与领导节拍一致。假如领导有些急躁，这样的领导对秘书的要求会比较高，讲求效率，秘书面对这样的领导就要遇事快速处理，不能拖拉，如果领导让安排会议，则要尽量在短时间内做好安排。如果领导做事很细心，秘书则要格外注重细节的东西。秘书只有针对不同的领导有的放矢地开展工作，和领导保持一致，才能更好地做好领导的参谋工作。

2. 秘书要熟悉组织内部的结构框架、部门的职能和相关岗位，以及组织的方针、政策等

秘书是领导与其他人员之间的桥梁，这就要求秘书要与组织中的其他人员保持沟通和联系，并熟悉组织内部的结构框架，以及各个部门的职能和相关岗位，这样才能在工作中与各部门紧密配合。如果领导让提交一份材料，而这份材料又需要由相关部门提供一些资料，那么如何与其他部门进行有效的沟通则是秘书需要掌握的，只有这样，才能发挥纽带的作用。

3. 秘书应该具有主动参谋的意识

由于秘书工作的核心是为领导服务，因此领导涉及的工作，秘书都应该积极地去了解，这样才能保证参谋的正确性和超前性。秘书的辅助参谋意识决定了秘书工作具有主动性，秘书也只有充分发挥其主观能动性——收集信息、积累经验、掌握规律，才能更好地辅助领导完成各项工作。

4. 秘书要有独立的意识和思维方式

秘书应该把全心全意为领导服务和独立思考问题有机地结合起来。秘书工作是上情下达、下情上报的枢纽，有调度、协调、综合加工的作用。秘书工作的宗旨是服务领导，但服从并不等于盲从和不加分析地附和。秘书要具有独立的思维方式，不仅要分析理解领导的意图，还要对其进行查漏补缺，起进一步完善的作用。

五、参谋咨询的注意事项

1. 尽管秘书可以起到参谋咨询的作用，但不可夸大该作用

办公部门、秘书的参谋咨询活动旨在为领导决策提供智力服务，办公部门绝不能凌驾于领导之上，秘书也不能专权，更不能越权，过分夸大办公部门和秘书个人的参谋咨询作用对秘书个人的成长，对良好组织氛围的营造都是不利的。

2. 不能要求每位秘书都争当领导的参谋助手

参谋咨询工作是针对办公室工作整体和秘书队伍而言的，不能理解为每位秘书都要成为领导的“智囊”。在企业单位，一般由领导信任的有经验的秘书提供参谋咨询建议。一般秘书工作人员主要通过承担具体工作来为领导服务，虽然不排除秘书助理在适当时机或平时与领导接触时就某些问题提出自己的意见和建议，但没有必要把参谋咨询列为每一位秘书人员的工作职责。

案例分析

案例一

某钢铁公司正在召开季度产品销售分析会，会上总经理怒气冲冲，指着三季度的财务报表责问销售主管：“前两个季度还跟我们的竞争对手几乎打平，怎么一个季度下来就让人家多占了25%的市场份额？你说到底是怎么回事?!”销售主管满头大汗，急着解释了一番，可仍旧不能让总经理满意。会议不欢而散，总经理让销售主管继续查找原因。秘书宋凯参加了刚才的会议，他从事这一行业多年，知道业绩急剧下滑的原因不能完全归于销售主管，这样的结果是多方面原因造成的。其中受国家实行通货紧缩政策的影响，银行将制造企业贷款的门槛提高，加上本土产品市场竞争力差，导致城镇居民对相关制造产品的需求量下降，形成恶性循环。而大的制造企业不受此影响，钢铁的需求量依然非常大，它们都是公司的竞争对手即另一家钢铁冶炼企业的客户，该钢铁冶炼企业因不久前在澳洲收购了一家铁矿石厂，延伸了行业链条，使其有充足的生产资料，而本公司经常受铁矿石价格上涨与供应不足的影响，从而被竞争对手甩在了后面。宋凯想先让总经理一个人静一静，20分钟后敲开了总经理办公室的门，说出了自己的看法，得到了总经理的认可，于是立刻召集相关部门多部门联动，重新调研市场、收集资料。

分析： 参谋咨询反映了秘书工作的最基本的特点，在适当的时间、地点、条件下，根据自身所掌握的信息、政策、知识与技能，提出适当合理的建议，通常会具有极大的参考性、指导性。该案例中宋凯的做法，体现了秘书参谋咨询工作的随机性与参考性的特点。

案例二

五湖贸易集团公司是一家集化工、纺织品、家居、健身器材等于一体的对外贸易公司，旗下有若干家从事具体业务的子公司。年底公司要开年度总结大会，该集团公司要求各子公司的负责人作年度总结报告。五湖纺织品贸易公司是其中的一家子公司，办公室的写作班子为总经理写了汇报材料，用于总经理在集团公司的会上作报告。年度总结大会当天，总经理带着秘书小马一起参加会议，总经理作为子公司的领导，在前排就座。小马则坐在总经理的后排随时待命。公司的汇报顺序排在其他公司的后面，于是总经理开始为接下来的报告做准备。这段时间，小马又翻开了汇报材料，再次逐字逐句地检查起来。他发现“销售数据”一栏中，年销售额的增长率为57%。这是不准确的，他记得有几笔业务款项还没有过来，应该列入明年的销售额。于是他走出会场，给业务部门打电话详细询问了一番，结果证实了自己的判断，原数据是不准确的。他让业务部门迅速算出准确的数据，然后将正确的数据以短信的形式发到自己的手机上。5分钟后，短信发过来了。他拿着手机准备走到总经理面前，但总经理已经起身了，大步走向台前。小马急中生智，也尾随了上去，借替总经理整理话筒的时机，趴在总经理的耳边将准确的数据告诉总经理，总经理及时修正了材料中的数据，从而避免了公司因工作人员的疏忽而造成的负面影响。

分析：秘书只有根据具体情况灵活地运用多种方法和手段提出建议，才能有效地发挥作用。在公开场合，秘书最好用暗示或递送有关资料的方法委婉地向领导提出建议或提供咨询。对于紧急的、关键的、关系重大的问题，秘书必须及时提醒领导，避免造成损失；对于枝节的、次要的问题，秘书可以等待时机，采取恰当的方式提醒领导。小马对于领导尚未发现的问题，通过恰当的方式及时提醒领导，避免了错误的发生。应该说小马履行了秘书的职责。

案例三

小王刚进公司，就被分配到总经理办公室担任秘书，公司领导班子或中层干部在召开一些重要会议时，一般会让小王列席会议，他的任务是做会议记录并提供会务服务。小王有个习惯，领导在研究某项议题时，他喜欢发表一些自己的看法，甚至煞有介事地为其他人安排工作，指导其他人应该怎么做。有时同事在会上提出工作方案，小王自认为不合理时，还表现出嗤之以鼻。刚开始大家还没觉得怎么样，但时间长了，很多人表现出对小王的厌烦，公司领导对小王也不满意。有一次，公司领导班子开会研究公司的绩效考核方案，小王又开始长篇大论，引起公司一位高层大怒，拍桌后拂袖而去。后来，总经理办公室调整岗位，小王被调到了别的岗位。

分析：小王犯了职场中的"大忌"。秘书在参谋咨询的工作中，应摆正自己的位置。秘书即使列席一些重要会议，也仅是因为工作需要，秘书不是参与决策的人，不是能够在公开正式场合影响决策的人，不能随意发表见解，不能不顾及其他人的感受。而且，秘书的参谋咨询有效与否是由领导的信任程度决定的，只有领导愿意征求和听取秘书的建议，秘书才能有效地发挥参谋咨询的作用，反之就难以发挥作用。

案例四

公司新来了一位总经理，秘书吕刚按照上一任总经理的做事风格，在组织各部门召开正式会议前，提前依据近期工作的重点计划确定了会议主题，然后与各部门负责人沟通，听取他们的主要汇报内容，将其汇总整理成表格，递交给总经理。吕刚自认为会得到总经理的认可，谁知总经理面露不悦，告诉他会议取消，不用开了。吕刚百思不得其解。后来跟总经理接触时间长了，他才发现总经理做事不喜欢按部就班，而是经常在大家没有准备的情况下召开临时会议，不给部门和员工留有充足的准备时间，从而发现运行管理中的问题，为后续工作扫清障碍。

分析： 吕刚的做法不能说是错误的，他是一位非常细心、做任何事都做好前期准备的人。但是，他并没有完全掌握新任领导的思维方式、工作作风和工作规律等。作为秘书，要对领导的办事风格、思维方式、工作作风等都有所了解。这样，就可以把工作做到恰到好处，与领导节拍一致。吕刚因为对新来的领导不够熟悉，导致其思路和想法与领导不合拍，出现了这样的尴尬。秘书只有针对不同的领导有的放矢地开展工作，和领导保持一致，才能更好地做好领导的参谋工作。

实训项目

1. 某企业欲进军风电、天然气等新能源产业，总经理组织召开了项目投资分析会，让秘书小孙在会上做记录。公司各部门的负责人谈了对该项目投资的看法，业务部门普遍认为能源领域的项目建设周期长，资金需求量大，技术人才缺乏，不适宜介入该领域。与会人员没能形成统一意见，陷入了各抒己见的争执中。小孙认为投资新项目应该考虑自身的财务状况及项目的长远发展，需要制定详细的投资方案，充分考虑成本支出与收入预期，以及相关领域的政策扶持措施，进而拿出一组分析数据，然后让数字来说话。会议现场形成僵局，小孙又有自己的独到见解，这时他应该怎么做？

2. 某民营轴承生产企业的李总想扩大企业规模，拟从银行贷款在郊区拿地建厂，再引进国外先进的机床生产线，将产量翻一番。该想法遭到了公司上下的一致反对，但李总主意已定，要坚持做下去。在李总身边工作了很长时间的秘书小刘也认为，在眼下经济前景不明朗的前提下，不应盲目地扩大生产、增加产量，而且目前市场的销售情况也不乐观。面对这种情况，小刘应该如何做才能避免企业身陷被动局面？

3. 假设你是某公司的秘书，你能在哪些方面给公司领导提出决策建议？

第二节　业务工作中的参谋咨询

案例导入

天地公司总经理为了能够了解公司各部门的工作进展情况，他在办公会议上强调，要求各部门每周上报工作情况，由王秘书负责统一的收集和整理工作。起初王秘书将各部门上报的工作情况进行汇总，但由于部门较多，每次汇报的内容也很多，有时领导工作繁忙，则不能一一细看，王秘书便想办法让领导在最短的时间内了解各部门的工作情况。由于各部门上报的内容都会涉及一些常规工作，因此王秘书将每个部门的常规工作剔除，将重点工作和特殊工作保留并总结在一起，形成一份表格（见表5—1），这样既突出了工作的重点，也节省了领导阅读的时间，还可以让领导清晰并有重点地查看各部门的工作情况。

表 5—1　　201×年×月第×周重点工作总结

序号	部门	重点工作	工作建议	备注
1				
2				
3				
4				

任务　业务经营与发展是公司运营的重心，秘书工作虽然不直接接触具体的公司业务，但也要熟悉掌握相关的业务情况。那么，秘书部门或秘书如何在业务工作中发挥其参谋咨询作用呢？

理论知识

一、秘书在调查研究中的参谋咨询

调查研究是认识事物、掌握政策的基本方法，是实行科学管理的前提。秘书要有效地辅助领导的管理，就必须根据实际情况进行全面的、真实而有效的调查与研究。

1. 秘书在调查研究工作中的参谋咨询

（1）为领导的决策和管理工作提供准确的信息和资料，以保证领导的工作有效地开展。

（2）听取基层的意见，将其反映给领导。

（3）通过调研全面地了解各部门的基本情况，为后续工作打下基础。

2. 调研的程序

（1）提前做好调研的准备工作。即确定调研的对象、方式、队伍、时间和步骤等。

（2）调研的实施。调研的实施包括对调研中收集的信息进行整理。

（3）形成调研报告。调研报告包括调研的基本情况、存在的问题，以及问题产生的原因和解决方案。

二、秘书在信息工作中的参谋咨询

信息工作中的参谋咨询主要体现在信息价值的鉴定和信息的综合研究两个环节上。秘书部门每天都能收集到大量的信息，但提供给领导的应该是经过筛选的重要信息。筛选信息就是对信息的价值进行鉴定，提供给领导的信息应该与领导关注的问题直接相关。除了提供给领导的信息或规定上报的信息必须及时筛选或整理外，秘书部门在筛选信息方面实际上拥有相当大的选择空间。秘书鉴定信息水平的高低对领导的工作有着相当大的影响。信息的综合研究就是秘书部门通过研究，将大量原始信息转变成高层次信息，而高层次信息必须具备三个要素：有情况，有分析，有建议。信息的综合研究实际上是信息工作和参谋咨询工作的交叉。

三、秘书在文稿撰拟中的参谋咨询

一般而言，领导向秘书交代撰文任务时，会给出明确的意图或主题，秘书应在准确领会领导意图、尊重领导意见的前提下进行构思和写作，并经仔细推敲、反复修改之后才能定稿。如果领导接受了秘书起草的文本，实际上也就是接受了秘书的建议和意见，秘书也因此起到了参谋咨询作用。至于领导亲自起草的重要文件，常常要在正式起草前召开会议讨论，在这样的会上秘书是有发言权的，领导往往也很重视秘书的意见，此时秘书可以提出建议供领导参考。

秘书每天都会接触大量的信息，但并不是所有的信息都对领导有帮助，提供给领导的信息应该是重要的、经过筛选和加工的信息，秘书应该将没有价值的信息剔除。尤其是在会议中、调查中或是部门上报的材料中，更应该体现出秘书的参谋咨询作用，使信息经过处理后变得更有价值。

处理文字资料的标准如下：

（1）提供给领导的资料应该对领导的工作具有借鉴意义。

（2）信息能反映出关于公司管理经营的新想法、新意见、新问题。

（3）信息具有时效性，即反映的是当前的情况。

（4）信息应具有真实性。

四、秘书在资料或重要文件收集中的参谋咨询

无论从事什么职业，收集和积累资料都很重要。要做好领导的参谋助手，就要善于收集和积累工作所需要的各种资料。秘书要从领导工作的需要出发，收集年度工作计划、规划及每个部门的工作开展情况等。有些资料的收集需要秘书的细心观察；有些资料的收集要注意时效性；有些资料也可以经过初步提炼后再给领导，以减少领导的阅读量，节约领导的时间。

五、秘书在会务工作中的参谋咨询

在会务工作中，秘书部门、秘书可以在以下环节充分发挥参谋咨询作用。

1. 会议议题的安排

秘书部门、秘书要事先拿出意见来供领导参考。特别是机关例行的办公会议，常常会出现这种情况：相关人员按时参加会议，却发现会议还没有议题。因此，秘书部门、秘书应在会前向领导提出建议，确定每次会议的议题。

2. 参加会议人员的确定

由于每次会议的内容都有所不同，参加会议的人员也不同，所以秘书应该向领导提出初步意见，确定参加会议的人员。如果应当参加会议的人没有通知到，就会影响会议的效果，还可能引起不必要的误会。

3. 会议的次数、规模、时间长短等

例如，会议是否一定要开，可否将几个会议合并在一起开等，秘书部门可以向领

导提出建议。

4. 会议预案

对于正规的大中型会议，秘书部门要通过书面的会议预案向领导提出建议。会议预案是整个会议的计划，必须给予足够的重视，应尽量考虑周到，安排合理。

案例分析

案例一

某日，某公司李总在销售部张经理的陪同下去分公司视察工作，由王秘书负责记录。在视察工作前，王秘书将每个分公司的经营状况和负责人的信息都准备好，并将其基本情况报告给领导。李总先与分公司的主管领导进行了简短的谈话，之后到公司内部做调查，王秘书则负责将每个分公司存在的问题记录下来。在调查中，王秘书也和公司内的职工沟通了解了公司存在哪些问题，以及职工对公司发展的建议，在调研完成后，王秘书根据记录的内容形成调研报告。在总经理结束分公司视察以后，要对分公司所出现的问题与各部门主管进行讨论，以解决目前分公司所存在的问题，一同视察工作的销售部张经理，在视察期间主要调研了各分公司的销售情况，当总经理要讨论分公司的其他情况时，张经理却不能给出建议，此时王秘书将调研报告递给总经理，使讨论会议顺利进行。

分析：王秘书在陪同公司领导视察时，主动地进行信息资料的收集，是因为考虑到公司总经理在视察的过程中不可能面面俱到，而且一同视察的销售部经理有具体的工作要做，也不能照顾到方方面面。王秘书对视察的情况进行了总结，并形成了调研报告，虽然是秘书个人的工作调研情况总结，无论内容怎样，但作为客观材料依旧对领导有很大的参考价值。在调查工作中，确定了调查对象和范围后，秘书应为领导提供初步材料供领导参考；协助领导对调查的内容做记录；调查结束后对材料进行整理并形成调研报告。秘书同时也应听取基层的意见，起到补充的作用。

案例二

天地公司华北区李总想加强A产品在市场的宣传力度，但对顾客对本公司的品牌认知度和顾客的购买力不是很了解，因此打算先对旗下的连锁机构做调研，再组织相关部门对营销策略作进一步的讨论研究。调研活动前，王秘书将同类产品的市场占有率以及A产品在各家连锁机构的销售情况等作了资料的收集工作，为的是让李总在调研前对调查内容有个大概的了解，然后又利用几天时间对10家机构作了调研。由于看到李总对此事的处理很急迫，马上要召开销售讨论会，王秘书便把与销售调研无关的内容剔除了，为的是让李总清晰地看到存在的问题；又将各家机构的调研结果进行了分类与归纳，这样就能够帮助李总在讨论会上更有针对性和侧重点。在调研活动全部结束以后，王秘书还将调研材料和营销方案一同存档，将这些收集来的材料进行分类汇总，以保证日后的销售工作能顺利进行。

分析：王秘书在进行资料收集的工作中，适时为领导的工作进程尽到了自己的辅助职责。王秘书在总经理要召开销售讨论会的时候，把资料整理妥当，只把与会议相关的材料报给总经理，为会议提供了一定的参考材料；调研活动结束后，王秘书又及时把材料进行分类，保证日后的销售工作能顺利进行。秘书应具有分析、总结能力，以及根据领导的工作习惯领会领导的意图的能力，同时，要加入自己的构思。在很多重要文件中，其实都体现了秘书的参谋咨询作用。

案例三

公司领导组织各部门负责人讨论一个业务发展问题，业务部总经理在会议中作出了详细的汇报，领导想听取各部门负责人对该项业务发展的意见，各部门负责人也都说出了自己的想法，王秘书将每个人的发言内容都记录下来。会后，王秘书准备写会议记录时，发现这15位部门负责人的发言内容和建议有些是重复的，如果将每个人的发言内容都写下来，整个会议记录会看起来冗长而不清晰。因此王秘书将这些内容汇总，把主要观点提炼出来，将会议记录分为会议讨论内容、建议和解决方案3部分。

分析：秘书在每次参加会议时都应该做会议记录，而会议记录不能是简单的流水账，秘书应该把握会议的主题，对会议上每个人的发言进行归纳总结，围绕会议的主题把每个人的主要观点总结出来。在做会议记录的过程中，秘书应根据自己的判断对会议有一定的认识，进而形成会议的文字总结材料，这不仅能够让会议的精神传达得更明确，而且能够让文书材料的管理更加有条理，从而提高工作效率。这一系列的工作也能体现秘书的参谋咨询作用。

案例四

某日，领导需要开具一份在职证明，王秘书便向人力资源部说明此情况，人力资源部拟订了一份证明交给王秘书，问是否可以，王秘书说："内容可以，因为这份证明需要提交给比较正规的部门，你看能不能用带有我们单位名称抬头的纸打印出来，这样会更正式一些。"人力资源部按照王秘书的要求改正后形成正式文稿交给了领导。

分析：秘书处在企事业单位中最综合的岗位上，很多部门的工作秘书都要有一定的了解。有一些部门只是负责专项的业务，对有些工作并不熟悉，所以秘书能为这些部门提供一些有价值的参考意见。一些部门递交给领导的文书材料，秘书应该对其给予指导性意见，例如，可对格式排版、内容等方面给出一些建议，这可以让领导接收到的文件更加规范化。

实训项目

1. 某投资公司计划进军海南的房地产业，准备跟当地一家开发商洽谈，拟投资2 000万元。公司领导打算派业务团队进行实地调研，责成总经理办公室秘书小张安排相关事宜。小张组织起草的调研方案获得了通过，随后他与资本运营部的同事一起赴海南进行实地调研，并形成调研报告供领导决策。正式调研前的组织工作应包括哪些方面的内容？调研报告应该包括哪些内容？

2. 2012年年底，公司要筹备年度总结大会。会议的一项重要内容是总经理的2012年工作总结及2013年的工作安排，要求各部门经理准备本部门年度工作情况的文字材料，由秘书小张汇总整理形成工作报告。通过翻阅各部门递交的文字材料，小张发现有些部门的材料存在条理不清、以偏概全、数据不准确等现象，如对此不闻不问，将影响总经理工作报告的整体质量与水平，可能对日后的工作产生严重误导。小张应该如何更好地发挥其对领导的参谋咨询作用？

第三节 事务性工作中的参谋咨询

案例导入

某日，总经理办公室的电话铃声响起。

王秘书：您好，总经理办公室。

张某：您好，我是天地公司的张某，之前跟贵公司谈过一项业务，想再约个时间详细地谈一谈，您看李总明天是否有时间？

王秘书：不好意思，张先生，李总出差了，下周才能回来，您看约在下周可以吗？

张某：没问题，那下周一下午2点钟我们过去，您看怎么样？

王秘书：应该没问题，要不这样吧，我再跟领导确认一下时间，然后再跟您联系，可以吗？

张某：好的，我等您电话。

王秘书：确认后马上给您回复，再见。

王秘书挂断电话后马上跟李总确认了时间，之后给张某回电话，确认了来公司洽谈业务的人数，并再次确认了时间和地点。随后，联系会务组的人提前做好客户来访准备。

任务 作为秘书，大部分时间都在处理公司的日常事务性工作。那么，在秘书的日常工作中，如何通过接打电话、沟通协调、时间管理等发挥秘书的参谋咨询作用呢？

理论知识

现代管理活动处处离不开协调工作，任何组织都需要通过协调工作才能形成整体的合力，实现共同目标。秘书的协调工作是指秘书人员在自己的职权范围内，自觉地调整各类组织、各项工作、各个人员之间的关系，促进各项活动趋向同步化、和谐化。这种协调包含了外部公司之间的协调，内部领导与其他职能部门之间的协调，以及领导与下属之间的协调。秘书在他们之间充当的是桥梁与纽带，而秘书在这方面应起到的参谋咨询作用要求秘书对领导要有所了解，对各职能部门要有所了解，以及要对合作公司和公司内部的资料进行收集。秘书既服务于领导，同时又服务于各个组织部门。例如，电话接听中，需要秘书有反应能力和应变能力；会议安排中，需要秘书有组织协调能力；会见接待中，需要秘书有统筹规划能力。对于统筹安排领导的工作与生活，秘书起着十分重要的作用。

一、电话事务中的参谋咨询

接打电话是秘书的一项日常工作。每天都会有其他公司的人员要求与领导通电话或预约见面，但是领导接听的电话应有所选择，否则就会干扰领导的正常工作。秘书在接电话的时候要起到一个过滤的作用。

1. 重要的电话

重要的电话是指上级的电话或来自其他职能部门或公司的重要电话，例如，重要会议、重要通知、突发事件等。对于如何判定电话的重要与否，这就需要依靠秘书的直觉和日常工作中积累的经验。譬如有一些电话的内容反映出事情亟待解决或需要马上办理，或是需要及时提醒，这样的电话就是重要的电话。在处理重要电话的时候，要养成边听边记或挂断电话后马上随手记录的习惯，以免由于忘记电话内容而耽误领导的工作。

2. 需要过滤的电话

需要过滤的电话是指根据秘书的直觉和经验判断，该种电话可能是推销电话或是无聊电话。这类电话一般会很难缠，而且让人心烦意乱，大多数人可能会毫不犹豫地拒绝或训斥对方，但秘书人员在接听这类电话时应大度有礼、不急不躁，礼貌地回绝对方，但不留任何余地。

这种对于领导的工作有一定干扰性的电话，秘书应该给予一定的回应，在自己的能力范围之内为来电人提供相应的咨询服务，让来电人感受到自己得到了尊重。

3. 不确定的电话

不确定的电话是指通话过程中没有很重要的内容，或是对方表明需要和领导直接对话，秘书无法判断该电话重要与否。面对这样的电话，秘书也应该把通话内容详细地记录下来，再向领导汇报。需要注意的是，在对方询问领导的联系方式时，秘书如果没有确定该人可以信任，应该礼貌并委婉地拒绝对方，可以说："不好意思，领导现在可能不方便接电话，您看这样吧，您把您的联系方式留一下，让我们领导有时间的时候给您打过去。"

二、领导日程安排中的参谋咨询

领导日程安排即领导每月、每周、每天的主要活动。领导的时间安排随时会出现变化，秘书需要与领导及时沟通，根据新的安排作出新的规划。此外，一些部门需要向领导汇报工作时，可以采取提前预约的方式，然后秘书根据领导的时间表安排有关会议或汇报，在保证领导工作有序进行的同时，也提高了职能部门的工作效率。秘书在领导日程安排中的参谋咨询应遵循以下几个原则：

（1）先以领导的重要工作为主，其他安排都要配合这些重要工作。领导的主要日程是由秘书安排和管理的，日程的制定应根据领导的主要工作顺序进行安排，秘书在领导的日程安排中，就需要起到一定的参谋咨询作用，让领导在诸多工作中有所侧重，使工作的开展更加顺利。所以，在工作重要性的选择上，秘书的参谋咨询也对领导有一定的影响。

(2) 要根据事情的轻重缓急安排时间。在给领导安排日程的时候，要注意领导工作的轻重缓急，将一些需要及时完成的工作挑拣出来，为领导提出一定的建议，帮助领导决定工作的先后顺序。

(3) 为领导安排充裕的时间。在为领导安排日程的时候，要注意在每一项工作中安排充裕的时间，按照领导的需要以及领导的个人状况，作出合理的日程安排。

(4) 安排时间时要尽量合理，时间安排既不能太紧，也不能太松。秘书在为领导安排日程时，要以合理完成工作为前提，努力使领导的工作效率提高，同时不能让领导的工作安排过满，以至于让领导没有休息的时间，但也不能过于松散，使领导不能及时完成工作内容。

三、面向职能部门的参谋咨询

秘书部门和秘书的参谋咨询主要是对领导而言的，但是秘书部门的宗旨是“三服务”，即不仅要为领导服务，而且要为各职能部门和下级单位服务，为人民群众服务。例如，秘书部门如果发现收集到的信息可能对某职能部门有重要价值，就应及时提供给相应职能部门，并主动提出宝贵意见。秘书部门为各职能部门提供的多为具体的咨询服务，如指导某种公文的写作格式和要求，提供某一方面的资料线索，了解谈判对手的有关信息等。秘书人员必须强化服务意识，热情地提供咨询服务。

1. 公司内部组织之间的参谋咨询

秘书是组织信息集散的重要枢纽，信息的传递是双方面的，因此包含了上级传递给下级的信息及下级传递给上级的信息。除了日常工作外，秘书还应时刻了解领导的工作需求，把握领导工作的新动向，想领导之所想，急领导之所急，并沟通其他部门协助配合好领导的工作。例如，领导对某项工作不是很满意，秘书应及时了解事情的来龙去脉，及时将问题反映给各职能部门，同时将解决情况及时汇报给领导，这样不仅促进了相互理解和相互沟通，而且促进了组织之间的相互配合。因此秘书要随时与上级和下级进行沟通，综合协调，使上级、下级与领导的决策和管理紧密联系起来。

2. 信息沟通中的参谋咨询

秘书处于信息沟通的中心枢纽，一些制度的施行贯彻情况，或公司内部的大事小情，领导不可能做到一一了解，秘书只有深入群众、了解实际，才能真正成为领导和群众之间的沟通桥梁和纽带，领导也能因此获得群众的支持和理解。

3. 工作提醒与督促中的参谋咨询

秘书参与了决策指令形成的全过程，对指令的内容和目的有全面的了解。这就要求秘书提醒执行部门做好检查督办，在检查督办中，秘书应该了解工作是否在办理、怎样办理以及办理的情况与效果等。

4. 与合作公司日常联系中的参谋咨询

秘书不仅是公司内部领导与其他部门之间的纽带，而且是公司与公司之间的纽带。日常工作中，合作公司之间会有紧密的联系，一些材料的传发或业务的洽谈等，都需要秘书协助领导去实施，如果秘书认为对方公司的某些资料需要给领导过目或在业务中遇到问题，则应主动与对方公司取得联系，以保证双方的合作顺利进行。

案例分析

案例一

快到年底了，公司上下都特别忙。马上就要开董事会了，由于公司的销售额大幅度下降，王总的心情非常烦躁。某日上午10点左右，广告公司的赵总打来电话，想就明年的广告代理问题与王总交换一下看法。王总正忙得晕头转向，一听说是要谈明年的广告问题，就对秘书小于说："不就是明年的广告吗？现在没时间！"面对王总这样的答复，小于跟对方说："赵总，我们王总今天的安排实在太满，很难抽出时间，回头我们给您打过去，可以吗？"

分析：一个优秀的秘书要能与上司形成一种默契，能理解上司的每一个意图。在年终业绩欠佳的时候，上司的心情烦躁，说些言不由衷的话是很正常的。因此，秘书小于并没有完全按照上司的意思直接传达，而是用自己的办法为上司排忧，小于给上司留下了一条很体面的退路，待这段时间过去之后，或者上司的情绪稳定之后，上司可能会自己或者委托其他人来谈广告问题。而"今天的安排实在太满"这样的理由，在年底这种时候，不管是真是假，大家都能接受，从而不会有被冷落或被怠慢的感觉。秘书在接听各种电话的时候，秘书的参谋咨询非常重要，在电话中秘书不仅代表上司，而且代表单位的形象，在处理来电的时候，秘书要独立思考上司的意图，帮助上司过滤一些电话，还要考虑到尊重致电的一方。

案例二

小王刚从公司销售部门调到秘书科任副科长，就接到了为公司总经理拟订出行调研安排的任务。总经理抽空向他略述了基本想法。小王刚提升，又首次直接面对公司领导，既兴奋又有些紧张，所以没对谈话内容做记录，也没弄清楚总经理交代的基本意图。但他仍然颇为自信，于是凭经验和粗略理解，花了两天两夜的时间拟写了调研安排。总经理过目后，觉得安排过多，不切实际，批了具体意见，要小王重拟。小王则认为自己所拟内容既丰富又周到，觉得总经理不理解自己，感到十分委屈。于是，小王只是将原稿做了压缩和部分调整，对调研内容、主要行程、调研对象等基本安排都未按总经理的意图作出修改，并且没有送审就直接打印成文，交给了将陪同总经理出行调研的办公室主任。办公室主任见文并了解了拟写过程后，严肃批评了小王，还与小王一同按总经理的意见重拟了安排，并经总经理审阅认可，圆满完成了这次任务。

分析：秘书在领导的日常工作安排中，起着很重要的作用。领导不能针对每一项事务都亲自计划行程和工作步骤，需要秘书来辅助领导，为领导做参谋。案例中的小王在为领导做调研安排的过程中，只顾及到了自己的想法，而忽略了领导的工作需要，反客为主，让参谋变成了阻碍领导工作的“绊脚石”。当秘书为领导安排相关工作时，首先要以领导的要求为主要依据，更要配合领导的工作时间，如果像小王这样，盲目地运用普遍经验去为领导安排工作行程，必将会让工作事倍功半。

案例三

某日，领导在办公室会见客人，这时，营销部的张经理过来说要跟领导汇报工作，王秘书问道：“张经理，您着急吗？这样吧，等客人走了我给您打电话。”张经理说：“没事，就是汇报工作，不急，那等领导空闲的时候告诉我吧。”过了一会儿，财务部的陈经理过来说要跟领导汇报一件事情，王秘书看到陈经理有点着急，便问道：“陈经理，是不是事情挺着急的啊？”陈经理说：“是啊，有个东西的采购方案得定一下，等着落实呢，跟领导汇报完就得马上去处理。”王秘书说：“好，陈经理，等客人走了我马上通知您。”客人走后，王秘书马上通知财务部的陈经理，等陈经理走后，王秘书立即给营销部的张经理打电话。

分析：各部门负责人都会向主管领导汇报工作情况，秘书应该将这些工作分出轻重缓急，安排各部门的汇报时间，将相对重要或是亟待处理的事情排在前面，以避免延误事情的处理时间。秘书要能够主动地判断，察言观色，为领导提供相应的建议和服务。部门经理的工作繁重，王秘书合理地把工作时间和各部门经理的事情按轻重缓急进行了安排，既免去了等待时间，又帮助部门经理快速地解决了问题。

案例四

日常工作中，公司里每天都会有些大事小情，由于领导的工作很繁忙，所以难免会对有些事情不了解，王秘书则会把这些事情有选择性地报告给领导。譬如，“领导，公司本周四组织一个关于营销方面的培训，是人力资源部专门从国外请来的专家主讲。”“领导，公司的下午茶休息室已经建成了，您不忙的时候可以去看看。”“领导，早晚签到制度实行后，迟到早退的现象明显减少了。”“领导，自从开展了每月的评奖评优活动，大家的工作热情变得更高涨了，很多人都反映该项制度很有激励作用。”王秘书经常这样将公司的事情报告给领导，让领导对公司员工的工作、生活都有一定的了解，方便了公司日后各项工作的开展。

分析：秘书应该多了解公司的大事小情，例如，一项制度执行后员工的反应及成效，或是公司近期组织了哪些活动等。秘书与领导在一起的时间很多，与领导在工作上的交流也比较多，除了本职工作，秘书还可以与领导沟通公司的一些大事小情，向领导汇报公司的情况，当领导询问时能够回答领导的问题并提出自己的想法。

实训项目

1. 桌上的电话铃响了，张秘书接起电话后，对方说：“喂，我是富成公司的，想找宋总。”张秘书知道这家公司想寻求合作，但宋总已经婉拒过对方多次了。张秘书应该怎样做才能既不失礼又能避免公司领导被打扰？

2. 公司秘书小马在读一本行业杂志时，发现一篇关于质量控制体系的理论文章对于公司生产部门的日常管理有重要的借鉴意义，他原想将材料送到该部门负责人手里，但又觉得自己不是生产部门的员工，提了建议人家也未必会接受，多一事不如少一事。小马这么想对吗？

3. 试草拟一份领导日程安排表，要求有时间、事项、地点、准备用品、参加人员等，并标注其中重要的事项安排。

第四节　秘书参谋咨询的方法

案例导入

科宏机械设备生产公司经历过老国企的股份制改造，但始终发展缓慢。李秘书刚来公司时，正值公司发展极度困难的时期。例如，产品积压、研发滞后、设备陈旧、资金不足，以及员工普遍缺乏积极性，很多工作难以开展。李秘书通过深入调研，了解到了很多情况。在一次与公司领导的长谈中，他提出了几条合理化建议：一是立足大局，合理设置调研课题。公司科学地选择和确定调查研究的课题，是科学决策和民主决策的基础。公司着眼于长远发展，确定年度调研计划，明确思路、目标和阶段重点，提出具体实施要求和保障措施。全年工作计划紧扣公司发展重点，将完成的调研报告拿到经理会议上进行讨论，促使其最终转化为实际成果。二是侧重于挖掘工作上的典型，树立榜样，借以调动全体员工的积极性，扩大战果。三是强化工作措施，形成部门合力，通过不断强化工作措施，形成部门之间的优势互补、通力合作的工作思路；建立上下联动机制，加强沟通与联系。四是强化考核措施。制定目标管理考核方案，建立工作任务完成情况定期通报制度，健全综合积分考核制度，并与质量控制奖励相结合。李秘书的几条建议都被领导采纳了，经各部门的具体贯彻落实后，公司面貌焕然一新，一切都向着好的方向发展，李秘书的才能也让公司领导刮目相看。

任务	秘书在辅助领导工作的过程中，必然会有机会与领导探讨一些问题，或者向领导提出一些个人想法。秘书人员应该怎样做，才能让自己的参谋咨询更容易被采纳呢？

理论知识

一、进谏性参谋咨询

进谏性参谋咨询是指秘书就组织管理中存在的某些问题向领导提出自己的看法和改进建议，或者当自己提出的问题引起领导的重视后再提供咨询。在进谏性参谋咨询中，秘书人员可以灵活地采用不同的进谏方式。

1. 类比式

当领导处理某个问题比较犯难时，秘书可以用另外一件事情作比喻，向领导阐释在另一种相似情况下处理同类事件的方法，让领导根据具体情况来思考如何处理有关问题。

2. 论辩探讨式

当领导需要论证某项决定的可能性和利弊得失时，秘书可对领导的决策有针对性地提出质疑或相反的看法，在相互论辩探讨中求证决策的正确性和可行性，同时发现其缺陷和不足，进行补充和修正，使之臻于完善。运用这种进谏方式，一定要选择好时机，否则将难以取得理想的效果。

3. 漫谈交流式

秘书在与领导轻松愉快的谈心交流中，可向领导提供有关信息，或提出解决问题的方法和措施。

4. 比较式

当存在两种以上解决问题的办法时，秘书可协助领导将这些办法进行逐一比较，分析其优劣，以求得最佳方案。

5. 补充完善式

当领导已经形成一个比较合理的初步方案后，若秘书发现了该方案的不足，可以提出修正补充意见和建议，使之得到优化。秘书人员在采用这种进谏方式时，要注意充分肯定原方案的长处，而不能将原来的方案全盘否定。

二、预测性参谋咨询

预测性参谋咨询，是指秘书根据各方面信息资料和实物发展的客观规律，对组织的未来发展状况作出判断，并根据这种判断提出相应的策略供领导参考。秘书要有效地进行预测性参谋咨询，就必须掌握一定的要领。

1. 要由已知探求未知

秘书应立足现在，回顾过去，探索事物发展的规律，以预示将来。只有全面、系统地掌握已经发生和正在发生的情况，才能准确地推断和预计将要发生的情况，从而提出有价值的参谋咨询意见。

2. 既要有定性分析又要有定量分析

只有坚持定性分析与定量分析相结合的方法，才能把握事物发展变化的本质规律和基本状态，才能认识事物变化的趋势和程度，了解事物变化中各相关要素间的关系及其相互影响的大小。在此基础上，秘书才能有效地进行参谋咨询。

3. 把握事物的变化层次

在实践中，不同的参谋咨询内容，决定了其参谋咨询活动的重点有层次上的差异。如对战略问题的参谋咨询，要注重对全面性动态、长效性效果和总体趋势的把握；对战术问题的参谋咨询，要注重对局部情况的具体性、准确性和可靠性的把握；对解决具体问题的参谋咨询，则要注重细节，做到具体、精确。虽然不同的参谋咨询内容有着不同的重点，但都要注重连锁思考，处理好宏观与微观、整体与局部、群体与个体、长期与近期等各方面的关系，这样，提出的参谋意见才是科学可行的。

三、提供资料式参谋咨询

当领导在决策中因信息资料不足而难以作出决定时，秘书应主动收集并提供相关资料，让领导在依据充分的情况下尽早做决定。为此，秘书在提供资料式参谋咨询时要遵循以下几个原则：

（1）资料要准确。若秘书给领导提供过时、失实的资料，就会导致领导决策失误。

（2）资料要全面。秘书提供给领导的资料如不能全面反映组织整体的运转状况，就可能导致领导犯片面性的错误。

（3）资料要体现动态发展性。只有反映动态发展的资料，才能帮助领导把握住事物发展的本质规律。

四、跟踪性参谋咨询

跟踪性参谋咨询，是指秘书人员在计划实施过程中的各个环节、步骤中追踪发现问题，分析问题，从而进行参谋咨询。在跟踪性参谋咨询中，秘书要熟悉计划的全部内容和计划实施步骤的安排，了解计划实施的各个环节以及各环节在整体计划中的地位和相互关系；要把握总体目标和各部分、各环节的局部目标及其相互影响；要把握计划实施的状况和已经出现的偏差。这样，秘书就能在实施计划的过程中跟踪发现问题，分析问题，适时向领导提供有效的参谋咨询。

任何计划在实施过程中都有可能暴露出一些不足和问题，同时，外部环境和内部条件也在变化，秘书在进行跟踪性参谋咨询中应牢牢把握实施过程中的变化情况和暴露的问题，不断地反馈信息，这才是最有效的参谋咨询。

案例分析

案例一

刘秘书年终协助领导制定公司的绩效考核，需要参考公司原来的薪酬方案，他发现原薪酬方案对于员工职级的晋升存在不妥之处，公司员工的职级是根据工龄、司龄、学历、岗位及专业技术职称五项内容来确定的，即按要求将五项分值加到一起，以分值总额来确定员工的职级。原薪酬方案中工龄的实际作用明显，参加工作的时间越长，分值越高，反之则越低。随着公司新员工的增多，此种职级划分既不利于调动新员工的积极性，也易滋生老员工的懈怠思想。原薪酬方案试行之初问题不大，但日后必定带来消极影响。为此，刘秘书搜集了一些人力资源薪酬方案的评定标准材料，以及相关企业的薪酬标准。刘秘书把材料呈报给公司领导，建议降低工龄在职级核定中的比例，提高学历及专业技术职称的分值。领导责成人力资源部门进行深入研究，重新调整了原方案，使公司员工的工作积极性和效率都得到了有效的提高。

分析：针对公司的薪酬方案即将遇到的问题，刘秘书根据各方面信息资料和事物发展的客观规律，对组织的未来发展状况作出判断，并根据这种判断提出相应的策略供领导参考。秘书要有效地进行预测性参谋咨询，就必须掌握一定的要领，只有全面、系统地掌握已经发生和正在发生的情况，才能准确地推断和预测将要发生的情况，从而提出有价值的参谋咨询意见。

案例二

公司总经理要亲自做一份行业调查研究报告，让罗秘书到业务部门去索要资料和数据。业务部门整理了一段时间后，将资料递交给罗秘书，罗秘书粗略地浏览了一下，觉得有些数据不够准确，但又来不及细想，于是把不准确的数据记录了下来，然后把资料交给了总经理。事后，罗秘书查找了相关资料，对业务部门提交的资料中不够准确的数据做了补充，整理成材料后交给总经理供其参考。

分析：当领导在决策中因信息资料不足或下属部门提供的材料不够完善而难以作出决定时，秘书应主动收集并提供相关资料，让领导在依据充分的情况下尽早做决定。在提供资料式参谋咨询时要注意资料的准确、全面及动态发展的特点。罗秘书的做法值得提倡，秘书不应仅是简单的资料传递员，而应努力扮演领导身边的好参谋的角色。

案例三

A和B同时被分配到一个机关做秘书工作。一年之后，领导遇到一些问题时，总爱找A商议。B感到很纳闷，心想：我的水平和能力并不亚于他，为什么会受到冷落呢？B找到了A，请A帮助分析原因。A开诚布公地对B说："我看你主要是因为提的意见多，而建议少。工作时，你这也不满意，那也不顺心，喜欢提出一大堆问题，可没有提到解决这些问题的办法，我要是领导，也不高兴你这样做。"B回想了一下自己一年来的表现，点头说："你说得对，我是有这个毛病。我总想着提意见是下属的事，拿主意是领导的事。"A说："领导也不是神，不可能事事都有主意，领导是很希望下属提建设性意见的。一年来，我就是这么做的。凡接到上级的通知或下级单位的报告，我都认真想一想，然后提出处理意见，不管领导采纳还是不采纳，我都坚持这么做。时间久了，领导就重视我的建议了。就是这么一回事。"

于是，B开始经常在领导面前提建议，不分场合，不讲究方式，有了想法就说，有时把领导的决策直接否定，让领导很反感。B又问A："为什么我提了建议之后领导反而更不喜欢我了呢？"

分析：秘书B在向领导提供参谋建议的时候，没有掌握正确的方式、方法，并不是所有的场合都适合提出建议，也并不是所有的事情都能够让秘书参与。秘书在对某件事情有看法的时候，要抓住机会，采用领导能够接受的方式向领导传递自己的建议。有的时候，领导主动咨询，也要分析事情的实际情况，对于大事或者拿不准的事、有争议的事，不妨多提几条处理意见，供领导选用。即使无法给出很好的处理方法，起码也要提出一点建议，帮助领导打开思路，这样做，大多数领导是会欢迎的。

案例四

李明是公司销售部总经理，刘峰是市场部的副总经理。公司刚成立的时候，他俩都在销售部，是工作搭档。但他们两个人的工作作风完全不同，李明一向大刀阔斧，而刘峰则追求精益求精。由于两人性格的差异，再加上一些个人之间的恩怨，所以，几年来他俩一向不和，这在公司内部几乎是公开的秘密。

公司老总刚从集团总部调来不久，想打开欧洲市场，于是准备派李明和刘峰去参加下个月的莱比锡国际博览会，同时考察欧洲市场。秘书于雪在与老总的接触过程中，无意中知道了老总的这个想法。老总对公司的人员还不熟悉，就问了问于雪的意见，于雪为了不得罪两位经理，又不想在老总面前说谎，她就跟老总说："他俩的性格有些合不来，但并不影响他们一起带队去欧洲。"

分析： 如果没有上司安排这两人去欧洲这件事，作为秘书，的确没有必要去主动汇报这样的事，因为上司每天要接受那么多信息，如果秘书再把这种管理人员个人之间的纠纷汇报给上司，那实际上就是对上司进行"信息污染"。但是，当你得知上司的这种意图后，这种"鸡毛蒜皮"的事就不再是无足轻重了，它可能影响这次欧洲之行的实际效果，所以，知情不报是一种不负责任的行为。秘书在为上司提供参谋建议的时候，一定要考虑到事情的实际情况，以及对于未来的工作会产生什么样的影响。

实训项目

1. 思考一下秘书参谋咨询的方法有哪些。

2. 公司会议上，秘书小孙发现公司领导的讲话有几处不妥的地方，等领导讲完话，他走到领导身边，悄悄将不妥之处告诉领导，还向领导指了指材料出错的地方。小孙的做法对吗？为什么？

3. 除了上述参谋咨询方法以外，秘书在进行参谋咨询时还应注意哪些细节问题？

第六章

接待工作

学习目标

● **知识目标**

1. 了解各类接待工作的内容和程序；

2. 熟悉接待工作中的准备、接站、食宿安排、交通工具安排、参观游览、送客等环节的要求；

3. 掌握制定接待计划的基本要求。

● **能力目标**

1. 能够做好日常的接待工作，妥善处理好有约接待、无约接待，能参与重要宾客接待和新闻采访接待工作；

2. 能够区分接待对象，确定接待规格，拟订接待计划；

3. 掌握接待工作的具体环节和技巧，力求接待工作热情、周到；

4. 掌握接待工作中的挡驾艺术。

第一节　有约接待

案例导入

公司的合作伙伴黄总时常来公司与刘总经理商量相关事宜，每次来公司之前，都要与秘书小张联系，小张征得刘总同意后，便安排黄总来公司。秘书小张每次都会热情、大方地接待黄总，及时将黄总引领到总经理办公室，如果正巧总经理在开会或有其他事情，小张则总是礼貌地请黄总到接待室等待，并奉上黄总爱喝的铁观音热茶，挑选出黄总喜爱的刊物《特别关注》。有时工作不忙的情况下，小张还和黄总谈谈军事方面的奇闻趣事。黄总经常夸赞小张年龄虽小，但接待工作却做得很细致、周到。

任务 有约接待是秘书日常接待的重要组成部分，接待工作的好坏，能直接反映出单位的工作作风和外在形象，也直接体现出秘书的素质、能力和形象。秘书要高度重视有约接待工作。那么，在接待过程中如何做好有约接待工作的各个环节呢？

理论知识

有约接待是指接待提前预约的个人或团体。做好有约接待，首先要熟悉本公司制定的有关接待的规章制度和工作流程，根据来访者的具体情况进行接待。

接待前，应做好办公室、接待室、前台的清洁工作，合理布置各类物品，调整好室内温度、湿度，保持空气流通、室内安静。

一、真诚邀请

真诚邀请有两种情况：一种是上司安排的邀请，这类邀请秘书人员要提前跟客人预约并发出请柬，告知客人上司发出邀请的目的、内容、时间、地址、联系电话，以及相关事项等。此外，秘书还应给客人打电话确定客户是否赴约。另一种是上司亲自邀请，这类邀请，秘书要及时纳入上司的日程安排表。

二、事前提醒

在约见客人的前一天，秘书应适时提醒上司，并通知接待室或专职接待人员来宾名单，做好相关准备工作；提醒来宾按时赴约，并保持联系，确保来宾顺利到达约定的见面地点。

三、亲切迎客

秘书应以良好的形象迎接客人，见到客人时应停止手中的工作，起身礼貌迎客，做到“站起来（Stand Up)、注视对方（See)、微笑（Smile)”，即自然协调的“3S”服务。秘书应向客人致以亲切的慰问，如“您好”、“您好，欢迎光临!”。如果秘书正在接打电话，应先以目光或手势示意来宾落座，迅速结束通话后，马上招待来宾。

四、热情待客

秘书在确定来宾身份后，应按公司要求对其发放宾客卡，提醒宾客离开前交回宾客卡。此外，还可以请来宾在来访单或来客登记簿上详写来访细节。

发放宾客卡后，及时通知上司客人到来的情况，好让上司有所准备，如遇重要来宾，上司通常会亲自迎接。如果是经常来访的客人，秘书可以让来宾拿着宾客卡自己去上司办公室，可以说“×先生，×经理正在办公室等您”。

对于上司不能马上接见的宾客，秘书应向其致歉，说明原因，并请来宾在接待室稍等，奉上茶水和消遣性读物。

如遇上司有急事外出或非出去不可，而来宾已到的情况，秘书应代表上司向来宾诚恳地说明情况，表示歉意，并及时采取补救措施：一是请示上司安排他人代为交谈。二是看来宾是否愿意再次预约。如果客人是初次来访，秘书要有足够的诚意，经上司同意后，秘书可带其参观公司。三是如果上司只是离开片刻，则及时告知来宾，如果来宾愿意留下来等候，应让来宾到接待室等候，奉上茶水、刊物。如果来宾有交流意向，秘书可与其进行简单交谈，若遇到公司的敏感话题，要巧妙避开，既保守机密，又做到不失热情大方。

五、正确引导

正确引导即引导来宾到事先安排好的上司办公室、接待室或其他接待场所。

引导途中，应配合来宾的步调，在其左前方引导，并可与来宾进行适当寒暄、交谈。转弯或上楼梯时，应稍停并指示方向，礼貌示意“请走这边”、“请上楼”。乘电梯时，按住开关，请来宾先入先出，并告知来宾上几楼。

到达接待场所后，敲门，拉门，说明“就在这里，请进”，请来宾入内。把上司介绍给来宾，说清楚上司的姓名和职务。引导来宾入座，按照国际惯例“以右为尊”来安排。

六、适时告退

上司和来宾落座后，秘书应端上茶水、饮料，以正面倒退方式退出，关门。

会谈期间，若需要进去添加茶水，应先敲门，说：“对不起，打扰了”之类的礼貌用语，或点头致歉。

七、会谈期间的秘书工作

上司与来宾会谈期间，除非有重要电话、来访者，否则一般不要轻易打扰上司与来宾的会谈。

如果上司的日程安排很紧凑，但与来宾的交谈时间过长，或下一个活动临近，秘书则可以巧妙地提醒上司结束会谈，但要注意不能让来宾感觉到被怠慢。

八、起身送客

来宾离开时，应起身送客。如上司交代送客的，则依照客人的尊贵程度，将客人送至电梯口、公司大门，或送上车。

小提示：细心观察来访者的需求

秘书要学会从客人的表情和言谈举止中发现客人真正的需求，不要反复询问客人需要什么，以免客人厌烦。

案例分析

案例一

某公司黄经理正在与五位预约而来的客商在会客厅里寒暄，郝秘书一边端着两杯热茶，一边用脚轻轻地把会客门打开，然后把两杯热气腾腾的茶分别往客商面前一放，说了声“请用茶”，其中一位客商很客气地道谢后，把茶水端给了中间的客商。这时郝秘书才意识到上茶的顺序错了，中间的那位才是总经理。就这样，郝秘书又端了两次才给每位客人都奉上了茶水。一个小时后，黄经理出来催要了一次茶水，郝秘书又这样上了一回茶。客商走后，黄经理直接找到郝秘书，批评郝秘书不懂奉茶礼仪。

分析：奉茶礼仪是接待过程中最常见的礼仪。接待秘书应该事前准备好泡茶的热水，对上茶的顺序、方式，以及续加茶水的时间都要有所把握。

（1）奉茶的方法：客人落座时就上茶。双手端茶从客人的左后侧奉上。要将茶盘放在临近客人的茶几上，然后右手拿着茶杯的中部，左手托着杯底，杯耳应朝向客人，双手将茶递给客人的同时要说“您请用茶”，也可直接放在他面前的茶几上，做个“请”的姿势说：“您请用茶”。

（2）奉茶的顺序：上茶应讲究先后顺序，一般应为：先客后主；先女后男；先长后幼。

（3）奉茶的禁忌：尽量不要用一只手上茶，尤其不能用左手。切勿让手指碰到杯口。为客人倒的第一杯茶，通常不宜斟得过满，以杯深的2/3处为宜，把握好续水的时机，以不妨碍宾客交谈为佳，不能等到茶叶见底再续水。

案例二

一天早上刚上班，王总给周秘书打电话告知下午某客人要来，自己没空见他，让周秘书接待一下。客人来后，周秘书委婉地对客人说：“实在对不起，王总准备明天下午出差，今天确实抽不出时间。要不，改天再约吧。”没想到客人有些不高兴了，说道：“怎么不早说？害我早上10点就坐车来了，跑了230多千米，你说我是不是白跑了一趟？”周秘书一听，觉得自己的工作没有做到位，后悔没有提前通知客人。周秘书一时也不知道王总何时有空约见这位客人，只能硬着头皮和王总说明情况，王总说最快也要等到后天才能见面。来客只好先回去，改天再来了。

分析：对于临时变更的预约，秘书要及时通知对方有关变更情况，做好合理的解释，并代上司向对方致歉；对于另有预约安排的，应该尽早联系，并纳入上司的日程表。

案例三

一天，公司来了位客人，自称与公司总经理事先有约，张秘书询问了几句后，觉得有些奇怪，因为总经理刚好出去，一般有预约的情况下，总经理都会提前告诉张秘书的，张秘书查看了总经理的日程安排表，上面也没有这位客人的姓名和预约安排。张秘书对这位客人说总经理刚好出去，并询问其要办理的事项，来客以为张秘书说谎，便说和总经理是老熟人，刚才还手机联系过，若耽误了事情，张秘书得负责。张秘书见他如此坚持，便问客人总经理的手机号码是多少，客人一时答不上来，张秘书于是将其按无约客人接待：留下对方的名片，登记了对方的相关信息，然后等总经理回来再做决定。

分析： 有些来客为了与上司见面，可能会冒充预约客人，这时秘书应让来客说出上司的手机号码，这是常用的检验手段。有时来客还会冒充重要机关单位的工作人员来访，以达到与上司见面推销产品的目的，例如，说自己是省政府的或中央某直属机关的某某。对于这类接待工作，秘书同样要热情周到，但要不卑不亢、有礼有节，从各方面来判断来客的真实身份和意图。

案例四

一天上午，张经理刚要出门的时候，刘秘书提醒他上午10点半，前天预约的科技公司蔡经理要来公司与他会谈。张经理突然想起此事，他之前和蔡经理在宴会上说好了今天上午继续商谈合作项目。幸亏刘秘书及时提醒，不然，商谈的项目就得往后推迟了。

分析： 对于上司预约的客人，秘书要及时记录下来，并纳入上司的日程安排表中，而且要适时提醒上司做好准备。

实训项目

1. 接待室里的桌椅、沙发、茶几等物品应该如何摆放？请画一幅接待室物品摆放图。

2. 某公司经理与客人会谈期间，秘书发现还有10分钟公司就要召开优秀员工表彰大会，经理是主要发言人，秘书应该怎样提醒经理提前结束会谈准备大会发言呢？

3. 两人一组，模拟表演一般客人来访的接待流程。

4. 试着模拟表演在以下场景中如何引导客人到指定地点：

（1）在平地行走时。

（2）乘坐电梯时。

（3）上楼梯时。

第二节 无约接待

案例导入

郑州某商贸有限公司新来的刘秘书正在打印文件，突然，他发现有一位穿着黑色大衣的彪形大汉走进了经理办公室，刘秘书连忙停下手头工作，走向来访客人，并礼貌询问客人的来访意图，来客轻描淡写地说是找经理办事，而此时经理正好不在办公室。于是刘秘书便礼貌地请客人先在经理办公室等候，随后自己则退出经理办公室继续工作。20分钟后，经理办公室突然传来争吵声，刘秘书隐约听见来访的彪形大汉说了句：“你们要赔偿我十倍的价钱，否则我今天就不走了！”后来，这位彪形大汉好不容易才被闻讯而来的办公室主任、售后服务中心主任劝走了。

任务

在无约接待过程中，秘书要面对形形色色的来访者，首先在心理上要有充足的准备，要学会准确把握来访者的真实意图，正确接待不同的来访者，尽量做到让来访客人满意而归。为达到这一工作效果，秘书在无约接待中要做好哪些工作呢？

理论知识

无约接待是指接待事先没有预约的来访者。在无约接待中，秘书要随机应变、灵活处理，既不失礼貌风度，又不能让无约来访者影响上司和自己的正常工作。

一、了解来访者的真实身份和意图

无约客人来访时，不要直接回答其要找的人在或不在，要先询问对方的基本信息，尽量根据对方的回答来判断是否应安排其与相关人员见面。如果无约客人要找的人是公司的领导，就更应该谨慎处理。有时来访客人为达到个人目的，就会掩盖真实身份或制造虚假信息。为此，秘书要注意察言观色，或通过其他途径判断来客的真实意图。

二、来访登记

无约来访者中可能隐藏着大量的潜在客户和合作伙伴，首次来访的无约来访者，在和上司或相关部门联系后，将来很有可能成为公司的常客。因此，为了方便下次的接待工作，秘书有必要详细登记来访信息，对于重要的来访客人，还应在“备注”一栏记下其相貌特征，等其下次来访时，可像熟人一样热情接待，让客人倍感亲切。来访登记表见表 6—1。

表 6—1　　来访登记表

年　月　日

序号	时间	姓名	性别	单位	职务	联系方式	来访事项	接见人	备注

三、灵活接待不同的来访者

对上司熟识的上级、客户或亲朋好友，要热情接待，引领客人到会客室就座，并快速通报上司，按照上司的指示接待。如果上司不在办公室，一般不宜留客人在上司办公室等候。

对于本公司的内部职员，如有重要或紧急的事情要向上司汇报，应立即通报上司。

对于推销员，可以打电话咨询采购部门的意见，如果采购部门有意见面，可介绍客人前去，如果采购部门对推销的产品不感兴趣，无意见面，可明确告知对方。如果推销员坚持要见上司，可请他留下名片和产品说明书，并告诉他，如果上司有兴趣，会与他联系。

对于不需要上司出面接见的来客，秘书可以热情地把他们介绍给相关部门，指明相关部门的名称、位置、路线和部门负责人的姓氏。

对于胡搅蛮缠者，可委婉而坚决地请他们离开，如对方一味地无理取闹，秘书可请示上司，联系安保部门解决处理。

对于投诉者，要耐心倾听，认真记录，并思考投诉者的意图。初步回答要根据公司有关条文和规则进行明确答复，不能答复、解决的问题，不要急于表态，要说明原因，经请示上司后再作答复。如果投诉者投诉的问题很简单，无须领导出面，秘书可引导他们与相关部门主管或相关人员交涉，并事先联系好相关部门，告知投诉者该部门的具体名称和位置，必要时可引领投诉者前往。如果投诉者投诉的是专业问题，应由专业部门负责解答。

对于上司不愿意见的来客，应请示上司能否指定他人代替自己与来客见面，若可以，则礼貌地请来访者与指定人员见面。如来访者坚持要见上司，秘书应机智地为上司挡驾，请对方留下电话，方便以后联系。

四、授权接待

对于因上司有事离开或上司有其他原因而不能接见但又有必要见面的来客，一般上司会授权秘书与来客面谈。面谈前秘书要明确授权范围：有权处理的问题，应按照公司有关规定，明确答复对方；无权处理的问题，要记录下来，请示上司后再答复；对涉及公司机密和上司个人隐私的问题，应礼貌回避。

五、礼貌相送

不论来访者是何种身份，也不论来访者带着何种情绪离开，秘书都要保持微笑、起身、礼貌送客。

小提示：努力接待好每一位无约客人

每一位无约客人的到来，都可能是公司发展的一个潜在机会或是解决危机的最好时机，做好无约接待工作对树立公司形象、拓展公司业务都有着重要的意义。对无约客人的长期接待和积累，将是促进公司发展的一笔不小的财富。

案例分析

案例一

某家电公司来了位老顾客，因正值销售旺季，前台接待秘书小吕正忙着接待几个销售代理商，见这位顾客是位老顾客，便简单地打了一个招呼后就把她晾在了一边，过了10多分钟后，这位老顾客突然站起来，生气地说："我给你们介绍了那么多销售代理商，你们就这样对待我啊?! 太世故了。"说着就往外走，吕秘书看着这位老顾客走开，也没有来得及向其解释。从此，这位老顾客再也没来过该公司办理业务，经她介绍的几个销售代理商也先后和公司解除了合同。

分析：老顾客对公司来说是一笔长久的宝贵财富，对他们的态度不能是前热后冷，不能因为是老顾客，就认为稍稍怠慢一点也没关系。其实往往越是老顾客就越是渴望得到格外的尊重，对他们的服务要加倍热情，即使在无法接待的情况下，也要热情招呼客人稍等片刻，或请同事先代为接待，然后迅速结束手头工作，马上接待老顾客。

案例二

公司来了位30岁左右的男子，自称是魏经理的同学，姓吴，说多年没有与魏经理见面了，今天正巧来本市出差，顺便看看老同学。前台张秘书问是什么时候的同学，吴先生说是大学同学。张秘书想，魏经理都将近50岁了，和眼前的这个人年龄相差太大，吴先生会不会是冒牌同学？于是张秘书便接着问吴先生是哪个大学毕业的，吴先生说是中南大学，张秘书笑着说，魏经理好像是河南大学毕业的，没想到吴先生也笑着说："对，是河南大学的同学，我是后两年转到河南大学的。""那您是哪个院系的呢？"张秘书这样一问，吴先生模糊地说："当然是和魏经理同一个院系了。"此时，张秘书已经断定他不是魏经理的大学同学了。

分析：在接待过程中，询问来客的意图时，一定要加以推断，不能来客说自己是什么身份他就是什么身份，有些是可以通过询问来进行验证的，如查看证件、侧面提问考证等。只有弄清楚来客的身份与意图，才能做好相关接待工作。

案例三

公司经常来一些身穿工作服的业务员上门推销产品，这让在前台负责接待的周秘书感觉很烦。有一天，公司又来了一个身穿类似快递服装的人，周秘书见他并没有携带什么货物，便断定他是来推销产品的业务员。没等那人开口说话，周秘书就冷冷地说道："你走吧，我们这不需要快递业务。"那人笑呵呵地说是来找总经理的，周秘书一听火了，说道："总经理不在！跟你说了，我们这不需要快递业务，你走吧。"那人见周秘书语气这么强硬，且不准备再搭理他，只好掏出手机打电话，周秘书听他说道："姐夫，你在哪个办公室？你们的接待人员不让我进去啊……"过了一会，周秘书便看见总经理走了出来。

分析：以衣帽取人是接待工作中的大忌，谁都不能断定上司的亲戚或某单位的重要客人就不能是穿戴朴素或相貌平平的人。因此，秘书人员不能因为来客的职位、职业低微就无礼对待。

案例四

一客户来公司，在秘书处得知公司经理不在公司后，该客户不相信秘书所说，仍坚持说："我找你们总经理有很重要的事，非见面商量不可啊!"这时，王秘书没有直接说"不行"，而是说："那我去帮您看看总经理回来没有。"于是便借此机会请示总经理，结果总经理表态不见。秘书便回话说："很抱歉，都已经找遍了，总经理还没回来。"此时，该客户因接受总经理不在的事实而打道回府了。

分析：秘书在不能满足对方的要求时，不应直接说"不"，而应巧妙地使用模糊的语言，一方面可以减轻对方的挫折感，另一方面也避免了正面冲突。模糊语言的巧妙运用，可以给秘书留下足够的交流空间，使秘书有足够的时间向上司汇报情况，同时也体现出秘书的礼仪修养。

实训项目

1. 前台毛秘书正接待一位重要的来访客人，这时，他看见昨天来过的推销员今天又来公司了，而且经理昨天就明确表示对这位推销员的产品不感兴趣，不愿与其见面。请演练毛秘书的一系列接待过程。

2. 一中年男子急匆匆地喊着要找总经理。秘书小周连忙起身迎接，请这位男子在沙发上休息，并为他倒了一杯水。稍后，小周礼貌地询问了中年男子的身份和要找总经理的原因。谈话过程中，小周了解到，公司为其服务的流程中某个环节出现了问题，导致该客户上门投诉。小周便拨通了相关部门领导的电话，遇到自己说不清楚的问题，便让这位中年男子自己说。中年男子和相关部门联系后，明显感觉不满，仍然要找总经理说，小周只好拨通总经理的电话进行请示，总经理正在开会，简单说了句"现在无法接待"，便把电话挂了。小周对中年男子说："总经理现在没有办法接待您，请您先回去吧。"正在这时，刚好办公室主任经过，了解情况后，把秘书小周叫到办公室，告诉她如何处理这次接待工作。办公室主任会如何告诉小周做好这次接待工作?

3. 曹经理正在召开一个重要的会议，公司重要的合作伙伴南京连天科技公司的总经理突然来到公司，要求马上和曹经理见面，说是有要事商量。请演练前台秘书对这位客人的接待过程。

4. 某干部退休后，在某老年社团工作，受社团委托，要找单位领导汇报一下工作。请你扮演秘书，接待这位退休干部。

第三节　重要宾客接待

案例导入

某集团公司邀请六位专家来总部进行ISO9001换证的认证审核，其中五位专家从北京乘坐飞机到南京，一位专家从上海乘坐飞机到南京。为了做好这次接待工作，吴秘书制定了详细的接待计划，并反复考虑了每个细节问题，以在接待过程中给客人留下了良好的印象。吴秘书所做的具体工作有：一是在客人登机前两天，向客人发送手机短信表示欢迎，并告诉客人本地天气预报，提醒客人做好生活准备。这一细节使客人倍感温馨，有客人当即在短信回复中表示感谢，并称赞工作做得细致。而且北京方向有一位客人因有急事而改签了航班，从上海来的客人也把早上的航班改签到夜里了。幸亏这个短信，让客人及时与总部取得了联系，使总部能及时调整接待安排。二是在酒店房间里除放置水果、鲜花外，在桌子上以单位名义放置了"欢迎某先生（女士）下榻酒店"的小欢迎牌，在电话旁边放置了客人的房间号、房间的电话号码、接待人员的联系方式，方便客人急需时使用。这些细节让客人感觉十分方便，特别是对于年龄偏大的客人，如夜晚突发疾病，可让客人直接联系有关人员。三是客人出入酒店时，酒店门口专门安排了礼仪小姐身佩"欢迎您"绶带，进电梯时有专人按电梯按钮，出电梯时有一排礼仪小姐站立欢迎。在认证审核工作的开展过程中，每天都有专人提供茶水服务，还安排了茶歇。

任务　对重要宾客的接待应更加深入细致，在接站、餐饮、住宿、会谈等方面都要有周密的安排和充分的准备。为圆满完成重要宾客的接待任务，秘书应在接待过程中做好哪些工作呢？

理论知识

重要宾客，主要是指来客的身份比较重要，所涉及的事情关系重大。这类接待往往需要更加细致、周到，要详细制定接待计划，妥善安排好各项接待任务。

一、接到任务前的准备工作

1. 接待工作机制的建立

对于重要宾客的接待工作，应建立健全接待工作机制，制定完善的工作规章制度和工作流程，针对各类重要宾客制定各种不同规格、档次的接待方案。

2. 接待工作人员的培训

对专门的接待人员要进行系统的培训，注重提高接待人员的心理素质、业务能力、协作能力、服务能力。

3. 接待环境的完善和管理

接待环境应干净、整洁、有序，光线充足，空气清新。前台、办公室、会客室的设置要协调，物品要齐全。会客室应常备桌椅、茶具、烟灰缸、空调设备、电话、复印机、传真机等。会客室要及时清理，勤换空气。客人走后，要及时打扫，为接待下一批客人做好准备。

二、接到任务后的准备工作

1. 了解来宾的基本情况

接到接待任务后，要了解来宾人数、姓名、性别、级别、来访时间、行程、来访主要内容以及有何具体要求。此外，还要了解主要来宾的籍贯、年龄、学历、专业、爱好、宗教信仰、身体健康状况或其他特殊要求，越详细越好。对方将相关信息告知接待方后，接待方要认真核实以上内容，并确定具体联络人，以便及时沟通联系。

2. 拟订接待计划

根据来访规模和分工负责的原则，拟订接待计划。接待计划主要包括：确定接待规格、拟订工作日程、确定接待经费、安排工作人员。

（1）确定接待规格。针对不同的客人，要采用不同的接待规格。接待规格包括以下几种：第一种是高规格接待，即陪同人员的职务比客人的职务要高，适用于比较重要的接待；第二种是对等接待，即陪同人员与客人的职务、级别大体相同；第三种是低规格接待，即陪同人员的职务比客人的职务要低，主要适用在基层。影响确定接待规格的因素有很多，如双方的亲疏关系、事情的重要程度。老客户的接待，最好按以往的接待规格。接待规格的最终确定权归领导所有。

（2）拟订工作日程。工作日程的安排主要包括活动日期、活动时间、活动项目、活动地点、陪同人员等，一般以表格形式列出。主要安排有：负责接待的管理人员、专职陪同人员、接待人员；来宾的住宿地点、标准及房间数量等；会见、会谈的时间、地点和参加的人员、人数；宴请的时间、地点、规格、人数、次数；参观游览和娱乐等活动的时间、地点、人数、次数及陪同人员；接待期间的交通工具的安排；接待期间的安全保卫工作，即饮食卫生、人身安全、财产安全等。

（3）确定接待经费。接待经费主要包括住宿费、餐饮费、劳务费、交通费、工作经费、参观考察费、纪念品费、其他费用等。

（4）安排工作人员。根据接待规格和活动内容确定工作人员的构成和数量。工作人员要做好来访前的准备工作、来访期间的联络沟通工作和协调服务工作。重要的接待工作要确定各个接待环节的工作人员，落实每个工作人员在接待活动中的任务，制定相应的表格，印发给有关人员，以提前做好相关准备工作。确定接待人员时应予优先考虑工作负责、善于交际、经验丰富、通晓接待对象的语言或习俗，以及与接待对象比较熟悉的人员。接待人员确定后，要进行明确的分工，必要时可反复演练接待过程，或进行相关培训。

接待计划拟订好后，应送交领导批准，领导批准后，秘书应制定并填写工作人员安排表格，印发给各有关人员，使有关人员明确自己在接待工作中的任务和责任，提前安排好工作，确保接待工作顺利进行。

三、接待过程中的注意事项

在接待过程中，要严格按照接待计划进行程序化运作，使接待工作中的各个环节有序衔接。必要时可以制作接待工作清单，对接待工作中的各要素进行全面清点，以确保工作进程的有序性、稳定性和连续性。同时，针对接待中存在的不确定因素，实行预案式管理，一旦接待任务临时变动，接待部门要迅速传递有关信息，做到应变有序、高效运转。

1. 迎宾安排

事先了解宾客的准确出发时间，避免因天气因素或意外事件影响接站。一般情况下，要根据来宾人数来准备车辆，车辆应提前 20～30 分钟到达。如果对方是第一次来访，接待方要准备接站牌。必要时，可准备仪仗队或迎宾鲜花。当客人下飞机或车、船后，应立刻上前迎接，双方互相介绍。若是外宾，按来宾习惯行礼，行礼后献花。然后把来宾送到宾馆，并将日程安排表发给来宾，约好下一项活动的时间。

2. 就餐安排

提前掌握宴请人员名单，布置宴会厅，按礼仪要求安排桌次、座次，摆放桌签，事先把时间、地点、桌次等安排打印并分发给来宾；宴会厅的选择要考虑有专门的贵宾休息室或在宴会厅内摆放沙发供宴会开始前临时休息；宴会厅门前要有专人引导，参加宴请的主要来宾由领导及接待人员陪同去宴会厅；确定好宴会的菜单，菜单至少每桌两份，以方便来宾用餐。对于少数民族来宾，要根据其民族习俗安排食宿。

3. 住宿安排

根据来宾人数和性别事先预订、安排房间。尽可能安排同一单位的来宾住在一起，秘书、警卫的房间要靠近领导。

住宿安排要充分考虑宾馆位置、周边环境及客房规格、布置等因素，对重要宾客的特殊要求要照顾全面。例如，当了解到有的宾客对房间温度有特殊要求时，应在宾客入住前，便把客房的温度调好。如有习惯睡硬板床的贵宾，要提前为其准备好。

4. 参观考察准备

根据来宾来访的目的、性质和来宾的意愿、兴趣，结合当地实际情况，有针对性地选择参观考察项目，并编制考察方案，包括出发时间、到达时间、途经路线、所乘车辆、陪同领导、联系人及其联系方式。根据天气情况和实际需要，准备必要的雨伞、太阳帽和饮用水等。

小提示：注意勘察考察参观路线

应提前对考察参观路线进行勘察，准确了解考察点之间的距离和行车时间，确定考察参观线路及考察行程中的时间安排，以免影响下一个接待环节。

5. 会谈安排

会见会谈时，秘书要做好记录；安排合影留念的，应事先做好合影图，一般主人居正中，遵循“以右为尊”的原则让主客双方间隔排列，分成多行时则按“前高后低”进行排列，尽量不要让客人站在边上。

6. 娱乐活动安排

娱乐活动包括观赏歌舞演出、戏剧，以及听音乐会等，预订座位以 7～9 排为最好，观看时应有人陪同，陪同者的衣着要大方得体，女士要化妆。注意观看演出时不能迟到，不可提前退场。

四、接待后的收尾工作

接待后的收尾工作包括协助来宾办理宾馆结算手续、预订返程票，并通知来宾送行时间、地点，请来宾做好准备。送客时，要提前出发，尤其是外宾，需提前2～3个小时到达机场（或车站、码头），因为外宾的安全检查需较长时间。送别时，等来宾乘坐的交通工具启动后才可以离开。注意送客的规格与迎接的规格要一致。

每一次接待都要认真做好总结，从制定接待计划，到执行接待任务、接待结束形成一套完整的接待资料，逐步建立各类宾客的接待资料库，以方便日后接待类似宾客时，可随时从中提取相关资料，准确、便捷地形成接待计划。

小提示：中共中央政治局出台八项规定改进工作作风

要轻车简从、减少陪同、简化接待，不张贴悬挂标语横幅，不安排群众迎送，不铺设迎宾地毯，不摆放花草，不安排宴请。

案例分析

案例一

北京某集团公司董事长一行3人到某海滨城市的分公司考察工作，分公司魏经理考虑到董事长一行途经海滩旅游景点，便安排先参观景区30分钟，然后再回公司汇报工作。在参观景区时，为节约时间，魏经理决定开车前往海滩，不料，汽车很快就陷入松软的沙滩，动弹不得。折腾了20多分钟后，一辆车勉强开出了沙滩，另一辆则任凭众人怎么使劲推都无法行驶，弄得魏经理很狼狈。眼看就要黄昏，魏经理只好在沙滩上简要汇报了一下分公司的近期工作，然后便匆匆地送董事长一行去了机场。

分析：接待上级领导前来考察，是下属单位很严肃、很重要的一项接待任务。活动安排必须周全、留有余地，对活动路线、考察时间等要事先做好必要的可行性调查，不可盲目行事。

案例二

郑州某集团公司计划在10月23日召开重要供应商家有关事项洽谈会，公司黄经理交给张秘书的任务是到火车站接李经理一行2人，接站后招待李经理吃早餐，然后再到公司指定的招待所休息，届时黄经理会在招待所门口迎接。10月22日，张秘书和李经理的秘书进行了电话联系，张秘书说明接站时自己会准备接站牌，请李经理2人留意，并询问火车是否准时出发。随后，张秘书又和司机刘师傅约定出发时间，争取提前20分钟到站。第二天，在接站回来的路上，张秘书和司机刘师傅商量后，决定顺路去省委招待所吃早餐，那里的早餐美味可口，而且环境优雅、方便快捷，路况也好，可以早点让客人回招待所休息。张秘书及时向黄经理汇报了情况，40分钟后顺利将客人送到了招待所。

分析：接站是接待工作中的一项经常性工作，要根据天气、路况等提前出发，选择合适的餐馆。不同档次的来宾，可安排不同档次的餐馆。案例中张秘书选择的省委招待所比较正规、上档次，也符合一般公司的接待标准。接待过程中要及时和上司联系，方便衔接下一个接待环节。

案例三

4月初，世茂花园大酒店得知将接待来自中东地区和大洋洲的80多名外国使节及家眷。酒店总经理带领销售部、餐饮部设计了数套接待方案以应对各种情况，对各国饮食习俗、生活习惯进行了深入研究。

4月6日，确定接待晚宴的餐厅。4月7日，确定接待晚宴的专用餐具、花卉布置、服务人员。4月8日下午，完成接待准备。宴桌中心铺上了一层幸运草，还放置了一个南湖红船的仿真模型，俨然是一幅碧波荡漾、红船悠悠的画作！为方便用惯了刀叉的外国友人用餐，酒店将所有的漆筷换成木筷。为在饮食上区分清真客人与非清真客人，酒店决定让非清真客人用喜庆的大红色口布，清真客人用纯白色的口布。在点心的准备方面，酒店额外制作了既符合穆斯林贵宾饮食习惯又有江南特色的萝卜丝饼来代替嘉兴本地的特色双味粽。

接待前一天，酒店接到通知：有几位大使患有糖尿病，在饮食上须严格把关。餐饮部立即调整菜单，并指定几位服务员专门负责这几位大使的饮食服务。

宴会上，觥筹交错，宾主尽欢。兴头上的斐济大使向外事办工作人员提出：能否让我唱一曲《月亮河》为大家助兴？工作人员立刻从网上下载伴奏曲，然后现场播放。前后不过5分钟，大厅里响起了悠扬的《月亮河》。斐济大使在台上尽情演唱之时，萨摩亚大使也忍不住上台与斐济大使共同演唱，并邀请主持人共舞，将现场氛围推向了高潮。

分析：世茂花园大酒店的接待工作做得如此成功，主要有以下几点原因：一是突出接待特色，酒店的场景布置独树一帜，能给来宾留下深刻的印象；二是注重接待细节，对贵宾饮食习惯作了深入调查，对患糖尿病的客人在饮食上给予特殊照顾，对客人突然提出演唱《月亮河》的要求能快速反应，并用口布颜色来区分清真客人与非清真客人，将漆筷换成了木筷等，这些都充分体现了人文关怀，给人留下美好印象。

案例四

某集团公司将接待一位重要的省部级干部。公司为做好接待工作，特意到有关部门了解该领导的生活习惯，另外制作了一份《接待工作须知》，就该领导的起居餐饮、床上用品、行车时间、医疗保障等做了11条规定，并下发到有关部门和工作人员手中。特别是在陪同问题上，公司专门选配了一名在省政府工作过的主管当这位重要干部的“小管家”。由于他们有相似的工作经历，双方很快就拉近了距离。

分析：对重要宾客的接待，“无微不至与量身定制”是关键。在条件允许的情况下，对重要宾客提供个性化服务，给予合理的照顾，会使其倍感尊重和温馨。

实训项目

1. 北京某集团公司朱副总一行 5 人，将于 2014 年 7 月 15 日上午 10 点到南京分公司检查工作，下午 6 点钟结束检查，请为此次接待工作制定一份接待计划。

2. 加拿大奥飞迪公司副总一行 4 人，将于近日到公司洽谈合作投资事宜，公司总经理让秘书小吕去机场接待，请演练秘书小吕的接待过程。

3. 河南某乳业集团公司王总正准备接待来自河北某乳业集团公司的牛总及其秘书的来访，不料正当牛总及其秘书到达郑州火车站后，王总突然接到一个紧急电话，需要马上到北京见一位重要的海归客人面谈合作投资事宜，而且这位客人只能在北京停留一个小时，机会难得。无奈之下，王总只好安排公司副总来接待牛总及其秘书，如果你是王总的秘书，你该如何协助公司副总做好此次接待工作？

4. 美籍华人蔡先生是有名的大客商，晚年欲回归故里，投资家乡建设，本地某公司沙经理得知这一消息后，欲盛情款待这位来自远方的客人，并诚邀蔡先生投资本公司的汽车轮胎科研项目，请拟做一份接待方案。

第四节　新闻采访接待

案例导入

香港一家公司最新研制出一种“XT”牌电影胶片。为了打开产品销路，这家公司举办了一次别开生面的新闻发布会，该公司的公关人员在会议请柬上冠之以“研讨会”，其目的在于提醒与会者会议的主要内容是就“XT”牌电影胶片的质量问题进行科学论证。同时，该公司认为既然是宣传电影胶片，就要显示出它与电影界的联系，争取电影界的合作与支持。因此，他们除了邀请新闻媒体的记者参加之外，还特意邀请了香港电影界的一些老板、著名编导与演员出席。在研讨会上，当技术专家就“XT”牌电影胶片的质量问题进行了详细的科学论证后，公司放映了一部用“XT”牌电影胶片拍成的电影，片名为《梦中人》。

研讨会结束后，公司公关部又在香港一家豪华酒店举行晚宴。他们将宴会厅原来的坐椅全部搬走，换上一种由公司专门设计的导演折椅，给华丽的宴会厅增添了摄影棚的色彩。来宾们对此感到非常新奇、意外。宴会结束以后，折椅作为礼物赠送给了来宾，当许多著名电影编导和影星兴高采烈地拿着折椅走出宴会厅时，这给大大小小的报纸提供了许多精彩的特写镜头。

任务

新闻发布会是企业新闻媒体接待的重要形式之一，从拟名单、发请柬，到联系食宿、接待、发新闻稿、印发资料等，稍有疏漏，轻则带来遗憾，重则会给企业带来不必要的损失。如果要成功召开新闻发布会，应该做好哪些相关的接待工作呢？

理论知识

一、新闻采访接待的定义

新闻采访是指记者为获取新闻信息而进行的观察、询问、倾听、思索和记录等活动。新闻采访是新闻写作的前提，是一项特殊的调查研究。

新闻采访接待是指对来公司进行采访的媒体记者的接待，接待形式主要有个别访问、召开座谈会、召开记者招待会等。

二、无约新闻采访接待

无约新闻采访通常是指没有被邀请的新闻媒体记者的采访，这类采访一般多为个体采访，也有在发生突发事件时的多家媒体记者集体采访。

1. 核查记者身份，了解采访目的和内容

对初次来访的记者，要礼貌询问其采访目的和内容，查验《新闻记者证》，在中国记者网上输入“姓名、记者证号、工作单位”来查明证件的真伪。对于初次来访的记者，一般可考虑另约时间接受其采访，以便于向领导汇报情况，做好相关准备工作。

小提示：一般不接受电话采访

除非有特殊情况，否则轻易不要接受电话采访。在电话采访过程中，少数别有用心者会通过技术手段断章取义、歪曲事实。

2. 请示上司是否接待

对记者来访情况做好登记备案后，应及时请示上司以确定是否接受采访。如果确定接待来访，则联系相关部门落实采访事宜。如果上司拒绝接受采访，则可礼貌回绝。一般情况下，不要回避或拒绝记者来访。

3. 确定记者接待方案

针对不同媒体记者的采访要求及采访内容，确定记者接待方案。接待方案包括：接待时间、接待地点、发言人、采访提纲、陪同人员、服务人员及住宿安排、参观活动安排等。

对重大突发事件，需要较长时间调查真相的，可适当对多家媒体记者集中安排食宿，便于统一管理。

4. 准备新闻稿件和相关资料

准备新闻稿件和相关资料，包括及时地向有关部门下发采访通知和征集新闻线索通知，尽快收集、整理新闻线索，汇编、印刷成册，方便记者使用，为顺利开展新闻采访工作打下基础。对于上司的发言稿和相关采访汇编资料，应请上司审核后，才可打印分发给来访记者。

小提示：新闻稿件写作要注意媒体用稿要求

新闻稿件既要充分挖掘新闻事件，又要针对媒体用稿的要求进行写作。新闻稿件应包含新闻六要素，即时间、地点、人物、事件、原因、结果，具备新闻的四个特点，即报道快、事实真、篇幅短、内容新。

5. 采访期间的接待事项

针对上司的个人来访，可以安排在上司办公室进行，事先应准备必要的个人资料和采访提纲，在采访期间尽量避免外界干扰。

针对公司某方面的采访，可以安排在会议室进行，若多家媒体同时进行采访，可以安排记者招待会。采访期间应准备茶水、公司背景资料和相关资料；联系有关部门负责人陪同；请相关的技术人员和专家答记者问。

统一口径发布消息，及时与记者沟通、交流，避免各新闻报道之间出现矛盾或事实差距。

接待采访要从容自如，有礼有节。面对记者的提问，要客观、准确地回答，对没有把握的问题，不要擅自发表个人观点。对于一些刁钻的提问，可按原定思路回答，然后巧妙地跳出提问陷阱。一般不要说"无可奉告"，对实在难以回答的问题，可以以笑应对，做到彬彬有礼。

小提示：对突发事件的新闻报道要快、准、有序

新闻媒体以第三方的角度所发的报道可能会背离企业意愿，新闻发布的及时性，也可能会造成报道内容因缺乏足够调查而失真。针对这种情况，新闻稿件要第一时间发出去，企业应阶段性地向新闻记者提供大量真实、可靠的信息。

6. 事后跟踪采访效果，与记者建立联系

主动收集媒体记者发表的样刊稿件，核查稿件是否如实反映了新闻事件，表达了企业意图，调查其在社会上的反响。

建立来访记者通讯录，与他们保持长期联系，为今后快速发布信息提供便利。

三、预约新闻采访接待

预约新闻采访接待是指公司、企业主动邀请新闻媒体记者参加新闻发布会，直接向新闻界发布有关组织信息，解释组织重大事件而举办的活动。

1. 确定新闻发布会的日期、地点、主题

新闻发布会的时间应尽可能安排在周一、周二、周三的下午，会议时间保证在1个小时左右，发布会日期应注意避免与重大新闻事件撞车。

新闻发布会的地点可选择事件现场，也可选择在室内即企业的办公场所或酒店。从

维护企业形象的角度来看，重要的新闻发布会宜选择星级酒店。

新闻发布会的主题选择应该围绕对企业意义重大、能激发媒体兴趣的事件来确定。

2. 拟订邀请名单、会议议程、时间表、发布会现场布置方案

确定组织者与参加人员，包括广告公司、领导、客户、同行、媒体记者等，与新闻发布会的承办者协调新闻发布会的规模，签订合同，主办者督促承办者具体负责。

3. 发送邀请函和请柬

按照邀请名单，发送邀请函和请柬，确保重要人员不因自身安排不周而缺席发布会。回收确认信息，制定参会的详细名单，以便安排下一步工作。邀请工作要有专人负责，对重要媒体记者要实施追踪，并预备备用方案，确保新闻发布会参与人员的数量和质量。

对记者的邀请，一般应考虑与公司关系密切的商业领域记者参加，可综合考虑邀请平面媒体记者与摄影记者。邀请函要尽量简单，注意对发布新闻保密，避免新闻发布会召开前消息泄露。

邀请的时间以提前3～5天为宜，发布会前一天应适当提醒参会人员。关系密切的媒体记者可直接电话邀请，邀请不是很熟悉的媒体或发布内容比较严肃、庄重时，一般可采取书面邀请。

4. 布置会场，确定发言人，准备接待资料

（1）会场设备的配备。

主要的会场设备应有麦克风、音响、投影仪、笔记本电脑、上网连接设备、投影幕布等。为更好地展示相关信息，有时还设置专门的图表、图片、产品实物、模型样品、幻灯片、电影或电视录像带、录音带等。

（2）席位摆放安排。

主席台一般只有主持人位和发言席，贵宾安排在观众席的第一排。一些非正式、讨论性质的会议可采用圆桌式席位摆放方式。

（3）确定发言人。

发言人一般应选择形象较佳、口才较好，能随机应变的主要领导担任，由其代表公司发布新闻。

（4）资料准备。

将各类资料整理妥当，按顺序摆放后，放在手提袋或文件袋里，会前发放给新闻媒体。主要资料包括：会议议程、新闻通稿、发言稿、发言人的背景资料介绍、公司宣传册、产品说明资料、有关图片、企业新闻负责人名片、空白信笺、笔等。

5. 会前检查

发布会正式开始前，提前一到两个小时，检查一切准备工作是否就绪，将会议议程精确到分钟，并制定意外情况补救措施。

6. 会中落实与接待

发布会程序通常为来宾签到、贵宾接待、主持人宣布发布会开始、按会议议程进行新闻发布、答记者问等活动。

在这一系列过程中，需要做好的接待工作有：

(1) 在大堂、电梯口、转弯处放置引导牌，安排礼仪小姐或工作人员做好迎宾工作。

(2) 平等对待每一位参会记者，不能因为记者身份地位的高低或所属新闻机构的大小而给予不同对待。

(3) 及时抓住与会记者的兴趣点，邀请他们在活动中进行采访、录像、摄影，并为他们提供方便。

(4) 记者提问期间，做好引导，避免冷场。

(5) 综合运用现代科技手段，结合新闻发布会主题做好相关的示意图、三维图形、录像、幻灯片或相关的活动。

(6) 做好发布会记录和会后工作，及时登记到会记者的信息，及时记录记者的提问和发言人的回答，散会时注意疏导秩序。

小提示：正确把握新闻采访接待的重点

新闻采访接待的重点是做好采访过程的接待，即积极协助媒体记者挖掘新闻信息、完成采访任务，而不应把重点放在食宿接待等方面。

7. 会后的总结整理工作

会后整理发布会音像资料，收集会议剪报，制作发布会成果资料集（包括来宾名单、联系方式，发布会各媒体报道资料集，发布会总结报告等），作为新闻媒体资料保存，并可在此基础上制作相应的宣传资料。

对所有参会媒体记者会后发布的消息进行综合对比、整理，对报道内容有偏差或报道不积极的新闻记者，要及时与其取得联系；向积极报道，并达到预期效果的新闻记者表示感谢，将这样的记者作为下次召开发布会时的重点邀请对象。逐步建立媒体档案资料库，并安排专人与媒体记者联系，经常与媒体记者联络、交流、沟通和互动，以建立良好的媒体关系。

小提示：建立健全媒体记者档案资料库

每次接待都要详细登记媒体记者的姓名、单位、职务、联系方式、用稿要求、爱好、生日等，并逐步建立媒体档案资料库。

案例分析

案例一

某公司来了位姓吴的电视台记者，说是要给公司拍一套电视宣传节目。张秘书请示黄总是否接受采访。恰好公司业绩不佳，黄总欣然答应了次日接受采访，为的是宣传公司。第二天，两男两女如约来公司进行采访，他们对电视台的各栏目了如指掌，对节目的拍摄也颇有经验，一个多小时的采访结束后，一名姓马的记者要求公司交纳1.5万元的制作费，并承诺将在电视台新闻栏目中反复播出，一周内若不播出，全额退款。此后，黄总天天按时坐到电视机旁，等待观看公司的节目，然而，一个月过去了，没有任何动静。

分析：目前在社会上出现的“假记者”骗钱的事件愈演愈烈，作为企业、公司的接待秘书，应该提高警惕，在接待记者采访，特别是与媒体合作拍摄收费性节目时，应当查看媒体记者的工作证、记者证，在中国记者网核实其证件的真伪。双方确定合作后，应签订合同，以免给公司造成不必要的损失。

案例二

王记者是某国家级报社的记者，他准备来公司做专访，按照王记者的宣传方案，公司要出20万元版面费出版专访稿。董秘书根据以往的经验，觉得经理一定不会同意接受采访，经理一定会感觉20万元的版面费太高，但如果直接拒绝王记者，又怕惹麻烦。于是小董趁下班之际，邀请王记者到公司招待食堂共进午餐，两人边吃边聊，趁王记者喝得高兴之际，小董出去打了个电话，向朋友打听了这个报社和王记者的有关情况。回到餐厅后，小董对王记者说：“公司领导与贵报的陈总编辑是很好的朋友，他们经常通电话，你们这个宣传应该是自愿的，再说这20万元的版面费可不是儿戏，陈总编与我们公司领导这么要好都没有说这个事情，相信王记者是不会为难我们公司的。”王记者见小董对他们报社及报社领导了解得如此清楚，只好说：“没关系，既然陈总与你们领导这么要好，自然要互相理解和体谅。”小董赶紧说：“就是，就是，你多吃点，我们就是喜欢交一些真正的朋友，希望建立一些长久的关系，而不是一次两次的合作。也希望你以后有时间经常来公司指导工作，希望我们能够成为长久的朋友。”王记者听董秘书这么一说，就再也没提版面费的事了。

分析：在无约新闻采访接待中，难免会出现一些打着采访的旗号拉业务、抢赞助、赚版面费的记者，许多企业会经常面临这种被动采访，但又不敢轻易得罪来访记者。针对这类记者，一般的接待人员可能会先向领导汇报，然后请领导拿主意。而在该案例中，小董却巧妙地结交了这位记者朋友，而且把事情处理得非常妥当。他的成功在于“热情接待，知己知彼”，准确地抓住了王记者的真实身份和意图，礼貌而巧妙地拒绝了采访。

案例三

某家电公司成功召开了几次新闻发布会后，却发现公司的宣传报道很少在当地的一家大报纸上出现。公司曹经理让蔡秘书重点做好这家报刊记者的接待工作。蔡秘书通过其他媒体记者朋友了解到，这家报刊的孙记者的确想刊发公司的新闻，无奈每次都被主编无情地“枪毙”，理由是不符合报道要求或者有别的更好的稿件要发，因为版面有限，只好砍掉。蔡秘书这才意识到，孙记者是没有新闻发表权的。于是蔡秘书主动到该报社找到负责家电版的王主编，并真诚邀请王主编到公司参加新一轮的新闻发布会，并向王主编请教了用稿要求。此外，针对家电行业，双方还进行了深入交流。蔡秘书的精辟见解令王主编很欣赏，王主编表示愿意与公司建立长期的战略合作关系。在如期举办的新闻发布会上，蔡秘书像对待老朋友一样，热情而周到地接待了王主编，并就新闻用稿问题虚心地与王主编做了一些交流，王主编觉得蔡秘书的新闻稿件很符合这期专题的报道要求，自己也正紧缺这方面的稿件，于是公司的第一篇专题报道就这样顺利地登上了当地的这家大报纸。

分析：参加新闻发布会的记者不一定都能如愿地发表公司或企业的新闻稿件，要想提高新闻稿件的见报率，媒体接待人员需要做多方面的工作，如正确邀请有新闻发表权的记者或主编，在用稿方面符合媒体的用稿要求，所报道的事件有足够的新闻价值，而且正是媒体当期专题报道需要的新闻。

案例四

某省委宣传部组织省内10家主要新闻媒体，成立专题新闻采访团，计划在全省巡回采访第二批深入学习实践科学发展观活动。由于时间紧、任务重，采访团在每个地市安排的实际采访时间都不到3天，为此，采访团要求记者在每个地市至少撰写3篇新闻稿件，当日采访，次日发稿。同时，采访团规定，除在市区采访外，最多只能到两个县进行实地采访。采访团去A市前，就已经基本选定了两个采访目标县及大致的采访内容，并专门以传真的形式通知了A市。A市决定由市委学习实践活动领导小组办公室负责接待采访团。由于A市接待组的人员不熟悉新闻规律，不熟悉新闻记者的工作，在采访安排上出现了失误：接待组既没有首先组织召开集中采访座谈会，帮助记者迅速筛选新闻线索，也没有听取采访团的采访意向，而是自行为采访团安排了6个县、每个县4～6个采访点的采访路线。为了赶时间，接待组直接把记者接到自定的第一个县的采访点。此后3天，采访团被动地被接待组拖着，开始了走马观花式的奔波，把本来就十分紧张的采访时间都耗在了路上。由于A市地处山区，盘山公路道窄、不平，坡陡弯急，山大沟深，在接待人员的不断催促下，司机驾驶着载着记者的几辆越野车在盘山公路上奔驰。很快就有6名记者出现了恶心、呕吐等晕车症状。在每一个采访点，基本上都无法停留采访，采访团的记者们都是在接待人员“快快快，下一个点儿已经等我们很久了”的催促下，匆匆上车，赶往下一个采访点。跑点儿、看点儿一直持续到晚上11点多。一天下来，所有记者一无所获。

第二天一早，采访团团长找到负责接待的人员，要求精减采访地点，确保记者深入采访。接待组组长斩钉截铁地回答：“那不行。这6个县的采访点是我们领导定的，我们无法更改。再说，我们已经事先通知了采访点，基层的干部群众都准备好几天了，你们如果不去，我们怎么向群众交代？这会影响基层干部和群众的积极性。”采访团团长无论怎么解释、说明，都无济于事；如果再坚持，就会伤和气；考虑到基层干部和群众的热情，采访团只好让步。连续3天，看点儿一直跑到深夜，记者根本没有时间撰写稿件，采访团“当日采访，次日发稿”的要求无法完成。A市接待组的做法打乱了全省的采访报道计划，迟滞了媒体的同步发稿安排，直到第二批学习实践活动接近尾声，各媒体仍然存在一些应写未写的稿件和积压待发的稿件。

分析：新闻媒体接待的重点是采访的接待。A市接待组很热情，服务也很周到，但没有为记者提供具有新闻价值的线索，没有站在采访团的角度安排采访计划，最重要的是，没有给记者留出最基本的采访时间和撰稿时间，导致记者们无法完成采访任务。A市接待组接待失败的原因是没有把接待工作的主要目标和精力放在协助记者完成采访任务上，而是机械地执行领导的指示，以跑遍采访点为目标，最终舍本逐末。

实训项目

1. 新闻发布会期间，许多媒体记者对公司的新产品不了解，不知如何深入采访，请你根据不同的记者类型，引导他们在发布会上进行采访、录像、摄影，并为他们提供方便，以求取得生动的报道。

（1）询问新闻媒体记者用稿要求，并记录下来。

（2）请演练在新闻发布会期间接待人员如何配合新闻记者采访。

2. 有人将某公司产品的质量问题投诉到消费者协会，某地方报刊正准备刊发这方面的新闻，该公司得知消息后，对投诉事件做了深入调查，发现并非是产品质量问题，而是消费者操作不当引发的问题。就在记者刊发此新闻之际，你如何根据公司这一调查结果与记者联系、沟通？

3. 针对同学们感兴趣的话题，选择一个主题，模拟召开一次新闻发布会；邀请各类媒体参加，并组织发布会答记者问。

4. 公司召开几次新闻发布会后，效果比较明显，产品销售额有明显提高，为方便日后进一步与新闻媒体记者搞好关系，公司让李秘书建立媒体记者档案资料库。

（1）请你为李秘书设计一份媒体记者档案资料库表格。

（2）李秘书该如何与媒体记者保持联系？请你提出一些建议。

第七章

差旅事宜

学习目标

● 知识目标

1. 了解差旅活动中秘书应提供的服务及完成各项工作的要领；

2. 熟悉出国（境）手续的办理程序；

3. 掌握随从工作的特点及要求，处理好领导的随从事务。

● 能力目标

1. 能够收集信息、制定差旅计划、做好旅行预算以及处理有关旅行方面的其他事宜，为上司的出差旅行做好准备工作；

2. 能够独立完成出国申请的撰写，熟悉出国（境）手续各环节办理所需要携带的资料，为上司出国旅行办理相关手续；

3. 能够在领导外出期间，处理好各项日常事务性工作；

4. 能够在随从领导的过程中妥善安排好相关事务；随从工作结束后，落实领导在出访期间对他人的承诺，做好随从事务总结。

第一节　出差前的准备工作

案例导入

北京某电子公司的总经理将带领两名研发人员，到深圳某电子公司洽谈新产品开发合作事宜。总经理办公室刘秘书与对方取得联系，商定公司一行人在深圳的餐饮、交通、会谈等均由深圳某电子公司负责后，刘秘书感觉自己的工作减少了一大块。于是，刘秘书通过网络检索找到一家离深圳某电子公司较近的四星级宾馆，然后通过传真预订了两间双人标准客房。下班之前，刘秘书像过电影似的，对将要进行的三天的活动安排在头脑里进行了预演。由于近期深圳的阴雨天气较多，刘秘书担心可能会出现飞机晚点，或者飞机不能准时降落的情况，于是马上给机场打电话确认，当得知航班照常以后，拨通了深圳某电子公司的电话，与对方确认在什么时间、什么地点接站，询问接待方有关洽谈活动安排的事宜。

在和对方确定行程之后，刘秘书又翻开随身携带物品的清单，逐个核对了一遍：手机、电脑、摄像机、名片、合约书、讲话稿提纲、相关资料、现金、机票……

最后，刘秘书拨通司机小陈的电话，再一次确认去机场的时间、所走的路线。

任务

安排好领导的差旅事宜是秘书工作的一个重要部分。由于出差涉及旅行计划、交通、住宿、联络及其他一系列的准备工作，所以往往会因为一个细节的疏漏，而给领导和随行人员带来很大麻烦。那么，在领导出差前，秘书需要做好哪些准备工作呢？

理论知识

上司为了洽谈业务、出席研讨会、参观访问、推广新产品、考察等，经常需要到异地出差。为上司安排差旅事宜时，作为秘书，需要做很多的准备工作。

一、确定差旅路线及交通方式

1. 了解基本情况

做差旅准备时，首先要对即将进行的旅行的基本情况有所了解，以便进行相应的准备工作。基本情况包括：此次差旅的目的；需要到几个地方；商谈哪些业务或者解决什么问题；有哪些活动安排；什么时候启程、抵达、返程；有哪些人随行；上司有哪些特殊要求等。另外，还要清楚了解本公司差旅费用、交通、食宿等级标准范围的有关规定及程序等。

只有详细地了解了这些基本信息，才能有针对性地做好各项具体准备工作。

2. 确定差旅路线及时间

秘书应根据旅行的目的、时间及活动内容，考虑上司的身体状况，合理安排差旅路线，包括确定出发、返回日期以及在各地停留的时间，与之相应的还应该有出发地、中转地、目的地等。

3. 选择适当的交通工具

要根据差旅时间、路线、活动的层次、费用规定及天气情况、上司的身体状况及个人喜好等综合考虑合适的交通工具。

了解这些情况以后，可以预先拟订提纲，然后找个时间向上司做简要汇报。上司可能会根据自己的习惯或爱好，对提纲作些修改。

二、预订飞机票或火车票

秘书应根据最新的飞机航班时刻表或列车时刻表来订票。秘书通常采用的订票方式有电话订票、委托专门的旅行社订票、网上订票。无论采用哪种订票方式，都要详细告知对方出发地点、到达地点、出发日期、具体车（班）次、座位要求等，订购飞机票时还要提供乘机人的姓名及身份证号码等。

各公司对员工出差的待遇都有不同的规定，秘书在预订火车票或飞机票之前，一定要弄清楚上司及随行人员出差能享有哪一级别的待遇。随行人员陪同上司参加商务活动时，一般参照上司的待遇标准。随行人员如另有活动，则必须执行公司差旅制度的相关规定。

三、安排住宿

上司出差，预订什么样的宾馆，一般要根据公司的规定以及上司个人的爱好和习惯来决定，同时还要考虑到业务的重要程度。如果单位与要预订的宾馆有频繁的业务往来，秘书则可以直接打电话与宾馆联系预订。如果上司是第一次去某个地方出差，预订宾馆的步骤是：首先通过上网检索或者电话咨询等方式获取目的地相应级别的宾馆信息；接着进行电话预订，电话预订时，要提供住宿者的姓名、性别、住宿时间、房间标准等，如有可能，将上司的要求、安全保障、楼层、设施等因素考虑进去。关于预订金，要视情况而定。秘书将宾馆确认的传真或者其他书面形式的证明，复印一份，与旅行提示单放在一起，使上司到达目的地后的住宿有保障。

四、预支差旅费用

秘书要根据公司规定弄清上司出差应享有的待遇，根据交通费、住宿费、餐饮费以及其他可能发生的活动经费，做好出差费用预算。预算额度应该比预计的花费要稍多一些，以备可能临时出现的一些支出。然后要按照规定的财务手续准备差旅费，大部分单位需要填写商务费用申请表，经主管领导批准后再到财务部门提取预支的费用。上司出差回来之后，根据实际费用分项报销。

差旅费的携带方式有现金、旅行支票、信用卡等。

五、准备出差用品

秘书要根据上司出差的时间、地点、相关活动，把上司将要使用的文件准备好，如遇到某个需要探讨的问题所需要的有关信件、备忘录及其他相关资料；把上司旅行时需要带的信笺、信封和文具用品列出清单。上述工作一般应该从以下几个方面着手准备：

（1）文件资料：相关材料、合同、讲话稿、产品资料、谈判提纲、旅行计划表等。

（2）办公用品：电脑、照相机、磁盘、摄像机、笔、文件夹、手机（出国需要申请有关服务）、名片（出国需要准备外语名片）等。

（3）辅助资料：目的地交通图、世界各地的时间表、旅行指南、邀请函、礼品等。

（4）个人物品：必备证件（身份证、护照、签证）、衣物、洗漱用品（韩国宾馆不提供拖鞋）、常备药品、现金、车（船、机）票等。

秘书为上司准备出差用的文件资料时，要根据本次旅行的活动顺序及项目分别准备。最好将每项活动的文件单独放在一个文件袋中，每个目的地的日程安排最好单列。

六、制定差旅计划

差旅活动的各环节落实以后，将整个差旅活动安排作出书面计划，送有关领导审阅同意后打印，并传送给接待方。本单位内部，差旅计划应该一式三份，一份给要出差的领导，另一份由办公室或领导的秘书保存，还有一份给办公室存档。如果公司还有其他人需要，可再额外准备。如果出差日程有变更，应及时通知所有持有差旅计划者。一份商务差旅计划至少要包括以下几项内容：

(1) 出差的时间、启程及返程日期、接站安排。

(2) 出差的路线、终点及途经地点和住宿安排。

(3) 会晤计划（参会人员的名单及背景、会晤地点、会晤时间、会晤主题）。

(4) 交通工具的选择，如飞机、火车、大巴或轿车。飞机要列明客舱种类及停留地的交通安排。

(5) 需要携带的文件、合同、样品及其他资料，如谈判合同、协议书、科技或产品资料、演讲稿等。

(6) 上司或接待人员的特别要求。

(7) 上司旅行区域的天气状况。

(8) 行程安排。

(9) 差旅费用、兑换外币、办理旅行支票。

七、制作旅程表

旅程表是按照预定的日程表和上司的计划、要求、意见而制定的。一般是经过秘书与接待方商议、与相关人员沟通联络之后才确定下来的。旅程表的内容一般比旅行计划更详尽，秘书要将每日的日程表以纸质表格的形式呈现并发给相关人员，按照时间顺序进行编号，在时间上要留有余地。一份周密的旅程表应主要包括以下 6 项内容：

(1) 日期，指某月、某日、星期几。

(2) 时间，指出发及返回的时间，包括目的地的抵离时间和中转时间；开展各项活动的时间；就餐、休息的时间等。

(3) 地点，指上司本次出差的目的地（包括中转地点）；旅行过程中开展各项活动的地点；食宿地点等。

(4) 交通工具，指出发、返回时使用的交通工具；停留地的交通安排等。

(5) 具体事项，指商务活动的内容，如访问、洽谈、会议、宴请及私人事务。

(6) 备注。

除上述内容外，旅程表还应记载提醒上司注意的事项，如抵达目的地前需要中转的机场，休息时间与飞机起飞时间，以及某国家为旅客提供的特殊服务；在当地需要注意的一些风俗习惯和礼仪等。

除行动计划外，还应尽量将必要的信息详细列入旅程表：旅馆名、所在地、电话号码；当地的联系人姓名、地址、电话号码；会晤者姓名、企业名、所在地、电话号码；海外当地的中国大使馆所在地及电话号码等。

旅程表应一式三份，一份存档，一份给上司，一份给秘书存留。

某公司王总的旅程表见表7—1。

表7—1 王总的旅程表（北京—上海）

（2014年6月21—22日）

日期	时间	地点	交通工具	具体事项	备注
6月21日（星期六）	8:00～9:15	公司大门 北京首都国际机场	公司车辆	前往北京 首都国际机场	(1) 带好随身用品 (2) 邀请函、机票已准备好
	11:10	上海浦东机场 上海大厦	主办方 车接	前往上海大厦	李先生和李静小姐陪您用餐
	14:00～19:00	酒店		休息	酒店服务员于19:00打电话提醒您参加晚宴
	19:30～22:00	多功能餐厅		晚宴	
6月22日（星期日）	8:00	多功能餐厅		早餐	
	9:00～11:30	五楼会议室		会议	您将于上午9:45第一位发言，介绍北京服装行业现状
	13:00～15:00	五楼会议室		会议	
	16:30	上海浦东机场	出租车	前往上海浦东机场	搭乘CHNA5876次航班返京
	18:25	北京首都国际机场	公司车辆	回家	秘书、司机接站

八、送站工作

领导出行时，秘书还要做好送站工作，如安排车辆、通知司机备车、确定出发时间及出行路线。目前，为了节约开支，各单位已经取消大型欢送。

为了保证送站时间的准确性及其他后续活动的有效安排，秘书必须切实掌握航班或车次的动态变化，及时作出应对措施。

小提示：建立差旅参考档案

为更好地帮助经常出差的上司有效安排差旅事务，秘书应将上司每次出差的有关情况和资料记录并保存起来，建立差旅参考档案。该档案应包括上司在旅行时的一些爱好、习惯、特殊要求等。

案例分析

案例一

一日，某企业上司与秘书闲谈时，谈到想在休假期间参观考察蒙牛集团，借此学习蒙牛集团的企业文化。作为为上司服务多年的老秘书，姜涛马上上网查阅蒙牛集团总部的所在位置。他想：上司利用休假的时间考察，交通工具可有两种选择：一是乘飞机；二是自己开车去。由于路途较远，首先应选择的是乘飞机，通过电话查询，没有长春直达呼和浩特的航班，必须在北京转机，当天即可到达。如果开车去的话，有两条路线可以走：一是长春—沈阳—北京—呼和浩特，需要17～18个小时，途中可以在北京休息；二是长春—白城—内蒙古境内—呼和浩特，需要20多个小时才能到达，从上司的身体状况以及住宿条件来看，走北京线路较稳妥。几天以后，上司将姜秘书叫到办公室，谈起去蒙牛参观考察一事，姜秘书将所选路线向上司作简要介绍，上司选择了乘飞机去。姜秘书随即订下了第二天启程的机票。

分析：从秘书姜涛为上司准备出差路线及交通工具的整个过程来看，我们不难发现：在上司出行前的准备工作的背后包含了很多具体的出行方面的知识，绝不是我们想象的那样容易，仅仅设计个旅程表就可以了。现今的公司主管人员，如果时间允许的话，在交通工具的选择上不单是乘坐飞机出行，有时也选择乘火车，更多的人则喜欢开车出行，因为比较方便。因此，秘书在选择交通工具和确定旅行路线之前，不但要弄清楚上司的目的地、出行时间，而且还要知道他们喜欢乘坐的交通工具，可多拟订出几个备选方案，供上司选择。

案例二

北京日欣公司的牛秘书带着商务旅行计划的初稿，来到总经理办公室后对公司王总说：“王总，这是您将赴哈尔滨开研讨会的商务旅行计划，请您审阅。”王总边看边说：“这次会议只有两天，我打算会议结束后的第二天回来，可以到哈尔滨附近的‘东北野战军司令部’去看看，你给我安排一下。”牛秘书回到办公室，利用网络开始查阅相关资料。王总要参观的“东北野战军司令部”在双城，距离哈尔滨35千米。于是，牛秘书给哈尔滨的文化旅行社打电话咨询，旅行社的接待人员告知牛秘书，他们当天就有去参观“东北野战军司令部”的旅游团，可以提前预约，团费每人100元，人到时交钱。牛秘书在征得王总同意后，将此项内容列入商务旅行计划中。

分析：差旅计划制定后，要向上司报告，上司也许会提出自己的特别要求，秘书也应将上司的要求列入差旅计划。当上司提出要参观所到之处的旅游景区时，牛秘书选择当地的旅行社进行咨询是最好的办法。旅行社可以为商务旅行者提供多种服务，例如，可以代订机票、安排宾馆住宿、在目的地安排租车等。当秘书请求一家旅行社为上司安排旅行时，应说清楚有多少人及他们的姓名、年龄、性别。此外，还要说清楚他们想去哪儿、出发和返回日期、旅行方式、旅行级别以及旅行费用等。

案例三

某企业欲为员工定制工作装，副总经理、部门经理、秘书一行10人到温州乔治白服装公司进行实地考察。乔治白公司负责全程接待。此次商务旅行虽然不用秘书杜海做交通、餐饮方面的准备工作，但作为总经理的秘书，杜海仍有很多工作要做：向乔治白公司索要公司简介；询问单位主要领导关于工作装款式、颜色的初步想法；征求部分员工的意见；了解目前服装市场的行情等。另外，杜海花了大量时间列出了需要了解的乔治白公司所提供资料以外的问题，如员工的文化程度、每年的净利润、近三年利润的递增数、新研发的项目等，从侧面了解该企业的经营、销售情况以及发展前景等。

考察结束后，经过合议，由杜海起草了专题报告，呈报主要领导。最后，该企业与乔治白服装公司签订了6万套工作装的购销合同。

分析：为领导做好出差前的各项准备工作，不仅包括旅行计划中所涉及的内容，而且要根据出行的目的对出行计划中的一些内容进行增减。如上面的案例中，该企业考察团体的住宿、用餐、交通工具、往返机票等由接待方全权负责，秘书的准备工作减少了一大半，但从杜海的具体准备工作来看，他的准备工作并不轻松，只是从吃、住、行等准备工作转移到信息资料的收集上。因此，秘书要根据不同的商务旅行目的，做好侧重点不同的准备工作，使商务旅行工作卓有成效。

案例四

武汉某公司艾秘书陪同领导到北京出差，计划乘火车返回武汉。在北京乘出租车时，艾秘书告诉出租车司机到北京站，结果到达北京站后才发现应该是北京西站，于是马上赶往北京西站，刚刚赶到北京西站，火车已经开走了。

一个月后，艾秘书又陪同领导到深圳出差，处理完公务后，计划乘飞机回武汉。于是，提前两小时乘出租车到机场，正常车程是一个半小时，但是当天刚好遇上机场高速公路临时关闭一小时，结果没能在飞机起飞前抵达机场。

分析：秘书在安排上司的旅程表时，要周密地考虑到每个细节，尤其是在活动时间的安排上，一定要酌留弹性。例如，很多大城市都有多个火车站，秘书安排返程时，要核准始发车站的准确名称；机场一般都在城郊，乘坐飞机要留有足够的时间，至少提前一个小时抵达机场，否则很容易误机。

实训项目

1. 北京大华公司的张明经理定于9月10日乘飞机去广州，会见广州宏大公司的采购部经理王刚，商谈有关工作事宜，宏大公司将派车到广州机场接机，中午在宏大公司安排用餐，张明经理打算当日即回。请你为张明经理制定一份旅程表。

2. 上海移动通信公司领导因公务需要要到西安，与西安博康电子有限公司洽谈手机生产项目合作前期的有关事宜，假设你是上海移动通信公司的秘书，请你做好下列准备工作：

（1）收集西安博康电子有限公司的有关材料；

（2）选择去西安的交通工具，在网络上搜索上海到西安的火车、航班等信息资料，并进行书面整理（车次、航班、价位、起讫时间等）；

（3）分组模拟演练电话订票的过程；

（4）分组模拟演练电话预订西安市××宾馆房间的过程。

3. 公司经理打算到上海出差，根据公司的出差管理制度，交通费、住宿费、餐饮费以及出差补贴这几项费用合计 6 500 元，根据此预算，需要秘书帮上司从财务部门借差旅费。假设你是公司的秘书，请你向财务部门开具一张借条，或者向财务部门填写一份申请表，经批准后再提取预支的费用。

4. 华日集团的李总要去日本东京出差，与××株式会社的田中先生商议商品代理权的问题，为期大约 4 天。这期间，李总除了此事之外，还要拜会与公司有业务联系的几家商社，同时还要看望公司驻东京办事处的人员。假设你是李总的秘书，请你为李总制定一份商务旅行计划。

5. 某总公司销售部经理，打算利用下个月的前两周到长沙、杭州、深圳三地的分公司检查市场开发情况，请你利用现代化办公设备查找相关信息，为经理设计一个既节省时间，又节约开支，同时还能保证安全的行程。

第二节　办理出国（境）事宜

案例导入

为了帮助公司扩大对美国市场的出口，李总打算去美国与某公司洽谈合作事宜。王秘书在处理好日常事务的同时，开始着手为总经理办理一系列的出国手续。首先，王秘书为总经理向上级部门起草了出国申请，介绍了李总的基本情况，并说明了李总去美国某公司洽谈业务的相关问题。经公司领导审批后，王秘书将此份申请与相关材料递交给出入境管理局进行审核。

一周以后，王秘书接到电话，被告知申请已经通过。他立即去相关部门取回申请，带着准备好的资料，陪同领导到外事部门办理了护照。经过两周的等待，护照终于办下来了。王秘书心想：最严格的审核应该是办理签证这道手续了，因为美国领事馆需要将入境者的所有信息发回国内出入境管理部门进行确认。一个月以后，签证也终于办下来了。拿到了签证，王秘书心里总算有了着落。

接着，王秘书为李总顺利地办理了《国际预防接种证书》、出境登记卡。最后，带着护照到民航部门确认手续的合法性后，购买了飞往美国洛杉矶的机票。

任务	领导出国进行商务旅行前，最重要的一项工作就是办理出国（境）手续，办理手续时，如果某个环节没有做好，就会延误出国的时间，甚至不得不取消出国（境）的商务旅行计划。那么，秘书应该如何办理出国（境）的相关手续呢？

理论知识

上司为了洽谈业务、访问考察，有时需要出国，到国外出差和在国内出差的情况大体相同，只是由于存在语言、风俗习惯、环境等方面的差异，秘书要尽可能多地搜集一些所到国家的资料供上司参考。在上司出国（境）前，最重要的一项工作是出国（境）手续的办理，该项工作由秘书完成。因此，秘书应该熟悉这方面的知识，以便顺利地办妥相关事宜。

一、撰写出国申请

国家机关、企事业单位的一般工作人员申请出国，由其工作单位的组织人事部门出具单位意见；机关、企事业单位的领导干部申请出国，则由上一级主管单位的组织人事部门出具单位意见。出国申请由秘书撰写，内容需包括以下几项：

（1）出国事由。

（2）出国路线（外国公司所在国名称）。

（3）出国日程安排，包括出国时间，在国外活动的时间、地点，回国时间等。

（4）出访人员的基本情况（姓名、性别、民族、出生日期、出生地、政治面貌、文化程度、工作单位、现任职务和专业技术职务、身份证号码、办公电话、住宅电话）。

申请书经上司（或上级主管部门）审阅同意后，与外国公司所发的邀请函（副单）、出访人员身份证复印件一起递交给当地人民政府的外事办公室审批，如获同意，再交公安局的出入境管理处审批。

二、办理护照

如果上司所到国是首次出访的国家，秘书在得到上级单位同意的批示后，可以开始帮助上司申办护照。办理护照的程序大致如下：

（1）携带有关证件，即主管部门的出国任务批件，出国人员政审批件，所去国家有关公司的邀请书，以及出国人员近期的2寸彩色证件照等。

（2）因公出国人员的护照应到外交部或其授权的机关办理；因私出国人员的护照，由公安部授权的机关办理。

（3）申请时须提交填写完整的申请表原件。

（4）若干个工作日后，再次携带上司的户口簿、居民身份证和取证回执单，交付一定的证件费即可领取护照。

（5）拿到护照后，应检查姓名、出生日期、地点是否填写正确，并由上司本人在签字格上签名。

小提示：护照的作用

护照是一个国家的公民在出入本国国境和到国外旅行或居留时，由本国发给的一种证明该公民国籍和身份的合法证件。凡出国人员均应持有护照。进入任何国家都须出示护照，在国外，须凭护照住旅馆、办理银行账号、办理医疗卡等，当有关当局检验时，须出示护照以证明自己的合法身份。

三、申请签证

持有有效护照的我国公民，不论因公或因私出国，除了前往与我国签订互免签证协议的国家外，事先均须获得前往国家的签证。因此，须护照办理好后，再申请所去国家和中途经过、停留的国家的签证。办理前往国的签证应持前往国的邀请书，或持前往国家移民局的允许证等，到前往国驻华领事馆的签证代办处办理。

（1）我国政府规定，因公出国的中国公民出入国境凭有效护照可不办理签证，而因私出国持普通护照出入国境的中国公民必须办理签证。

（2）因公出国的人员前往国家的签证，可到前往国驻我国大使馆或领事馆直接联系申办签证；或是委托前往国家的洽商公司到前往国家的使（领）馆办理；也可以交纳一定的费用，委托专门的机构（如旅行社）办理。

（3）办理签证时要交护照并填写一份签证表。

（4）取得签证后，注意签证的有效期及证明机关是否签字盖章；注意签证上持有人的姓名的拼音、签证种类是否正确。

小提示：签证的有效期

各国颁发护照和签证的机关，对不同的签证，规定了不同的有效期限。签证的有效期不得超过护照的有效期。签证的有效期一般为1个月、3个月、半年或1年以上，也有的签证有效期不足1个月；过境签证的有效期一般较短，大多在1周以内。持证人必须在签证规定的期间内入境、出境或过境。若签证过期，则必须重新申办。

四、办理《国际预防接种证书》

为了防止牛痘、霍乱、黄热病等疾病的传染，在进出海关时，要按世界卫生组织的要求提供《国际预防接种证书》（俗称“黄皮书”）。

我国的黄皮书由各省市卫生检疫站负责签发，初次出国者申请办理黄皮书，须向卫生检疫机关提供的证件材料有：

（1）本人护照、出境登记卡、身份证、工作证。

（2）所在单位或街道办事处（乡政府）等开具的介绍信。

（3）身体患病者，须提供医院的诊断证明，以作为能否接种的参考。

（4）本人照片。

已有黄皮书的复种者可凭黄皮书复种。证书必须有医生签字，并盖有检疫站公章。

五、办理出境登记卡

出境登记卡是公民出境登记的一种卡片，是护照的重要组成部分，发照机关在发照的同时，将出境登记卡加订在护照备注页上。若持照人是初次出境，则必须同时持护照和出境登记卡，才能办理与前往国家（地区）相一致的入境签证和途经国的过境签证手续。

出境登记卡的内容包括：姓名、性别、出生日期、护照号码、发照日期、出境事由、目的地、同行人数、发照机关（印章）和发照地。上述内容和持照人护照内的内容是完全一致的。如果发现有不一致的地方，持照人则必须在领取护照时当即向发照机关提出，以便迅速更正。

在办妥上述各项手续后，秘书需携带出国人员的护照、户口簿、居民身份证办理临时出国登记手续。

小提示：出境登记卡的作用

在办妥前往国入境或过境签证手续后，须到户口所在地的派出所办理户口注销或登记手续，方能凭有效护照、有效签证和出境登记卡顺利离境。离境时，边防人员除查验前往国签证外，还需查验出境登记卡并将其收回。持照人离境后，出境登记卡的作用即告结束。

六、订购机、船、车票

因公出国者（申请办理因公普通护照）在办理好以上五项手续后，秘书应根据领导的具体行程，负责订购机、船、车票。

1. 订购机票

我国公民出国，大多数人都乘飞机前往。秘书可在国内各航空公司及其售票代理点办理购票手续，也可在外国航空公司驻我国的办事处购买。在购买机票时，须在中国民航所属的售票处先填写旅客订座单，待所需航班的机票订妥后，开票，然后按约定时间，持护照和票款（国际机票用外汇）取票。

秘书在填订座单时，如果上司已选好航班、座舱等级，并确定了出发日期，那就按计划好的填写，如果事先没有计划好，秘书可先填写出国人员姓名、年龄、性别、国籍、护照号码、航班、座舱等级，其余项目可讲明要求，然后请售票处人员帮助填写。

秘书取得机票后，应仔细核对。核对的程序一般是：查验每张乘机联上的姓名，姓名的拼音要正确，要与护照、签证和黄皮书一致；每张乘机联的右上角都应有出票航空公司的印章和开票人的签字及出票日期；全部航程的每班航班是否都有乘机联，每一联的黑粗线框内是否与原旅行计划相一致；每个航班的起飞和降落时间，机场名称；在“订座情况”一项中，“OK”字样表示机座已订妥，“RQ”则表示不被确认，遇此情况时，秘书或更换航班，或继续争取；核对票价，看计算是否有误；机票上是否有涂改或填写不清楚的地方。如果售票处在开票时书写有误，应请其重开，否则应在涂改处盖公章，并注说明。

2. 订购车票

如果上司需乘坐国际列车前往国外，秘书应携带上司及其他出国人员的护照、签证、黄皮书等证件到中国国际旅行社办理购票手续。票买好后便可按票上指定的日期、车次、车厢号上车。

3. 订购船票

如果上司需坐船出国，秘书可携带上司及其他出国人员的护照、签证、黄皮书等证件到中国外轮代理公司所属分公司办理购票手续。出国人员凭有效船票乘船。船票只适用于本船票上所注明的船名、航次的班轮。无论什么原因，一旦误船，船票作废，而且不退票款，所以秘书要提醒上司或其他人员尽量不要误船。

小提示：通知接待方

如果所到国有接待，订好票以后就可以发出通知，最好以书面形式通知接待方。通知内容包括航班、船名、航次或火车的车次、启程地点、前往的人数等。

七、办理保险

作为必要的保障措施，在上司出国之前秘书应帮助上司办理相应的保险。购买时，秘书应注意了解保险产品的保险内容、保险金额及保险条款，以确保投保的产品符合上司的需要。

八、办理出境检查

任何国家（地区）对出入境人员均实行严格的检查手续，无论在机场、海港或车站，都设有边防和海关，出国人员必须办妥边防、海关等手续，方能获准出入境。

1. 边防检查

出入境人员要填写出入境登记卡，交验护照（有的国家还要登机卡）及签证。边防人员确认无误后，在护照内页盖上注明出入境口岸和日期的验讫章。有的国家要求出入境人员在入境时就填好一式两份的出入境卡，入境时收走一份，另一份夹在护照内，等办理出境手续时再收走。有的国家免办过境签证，允许入境者出机场后到市内参观，只是要求入境者将其护照留在边防站以领取过境卡片，返回时再换回护照。

2. 海关检查

我国海关规定，出境者必须先办完海关手续，然后才被允许办理机票手续。入境者的海关检查手续是：如实填写海关申报表，包括姓名、性别、职业、国籍、护照号、发照日期、入境口岸、入境日期、逗留地址、行李件数以及所带物品的数量，大多数申报表还要填写携带的外币、旅行支票、信用卡的数量，然后将自己携带的全部行李连同申报表一起交到海关处结关。海关人员根据申报表进行口头询问后，再视情况或免验放行，或开箱检查。

3. 安全检查

所有外交人员和普通旅客，不分男女、国籍和等级，都必须经过安全检查。主要禁止携带武器、凶器、爆炸物和剧毒物等。目前，我国机场严格规定了禁止旅客随身携带或者托运的物品的种类以及禁止旅客随身携带但可以作为行李托运的物品。所以在准备行李、礼品时应避免携带违规违禁物品，以减少不必要的麻烦。

4. 健康检疫

健康检疫即交验黄皮书。交验黄皮书一般是入境者应办理的第一道手续，尤其是对疫情地区的入境者的检疫非常严格。对未进行必要接种的入境者，责令对其采取隔离、强制接种措施，经健康检查合格者，才允许其入境。

案例分析

案例一

一日，某单位办公室秘书接到一份市政府的函件。市政府将组织一批农业部门的领导、专家赴台湾地区考察，考察农产品开发项目的有关问题。该单位的主管领导为考察团中的成员，经领导班子研究同意后，秘书按照领导的意见，向主管本单位的上级部门拟写了“关于×××同志出境考察的请示”。几天以后，秘书接到了上级主管部门的“因公出境人员审查批件”。秘书将批件内容告知上司的同时，电话告知组织本次活动的市政府相关部门，并将此批件复印一份存档，随后将准备好的出境人员基本情况和相关资料（包括批件复印件）一并交给市政府相关部门。由组织本次活动的市政府相关部门到外事部门及公安部门集体办理相关手续。

分析：一般来说，由政府或上级部门组织的因公考察团的出国（境）手续，相对比较简单一些。欲出国的上司所属单位如果有上级直属单位，秘书首先应该做的就是向上级直属单位申请，得到上级直属单位的同意后，才可将欲出国（境）的上司的基本情况和相关资料递交给组织此次考察活动的部门，关于出国（境）方面的相关手续，全部由组织部门统一办理。

案例二

北京日欣公司的张明经理打算到美国洽谈业务，护照办下来以后，由张秘书陪同，一起来到了领事馆办理签证手续。在办理签证的窗口，工作人员认真地问询，并详细地做着记录。当问到“是否第一次去美国”时，张经理犹豫了，因为他也记不起来十几年前去的是美国还是英国了，他不确定的目光投向了张秘书，张秘书建议道：“既然您都记不起来了，谁还能记得这些，反正也无所谓的，就算第一次去吧！”十天以后，张秘书接到领事馆的电话通知：美国方面拒签！原因是申请出国的人员所提供的信息不属实。张秘书马上前往领事馆问个究竟，工作人员给予的答复是：张明先生本次是第二次去美国，其在申请过程中提供了虚假的信息。

分析：秘书在为上司申请办理出国（境）的各项手续时，需要提交很多材料，要求秘书所提供的信息资料必须准确、翔实。办理签证时，领事馆将申请人所提供的信息发给美国，由美国出入境管理部门核实，内容属实才能通过。我国于2007年1月1日起开始实行了《中华人民共和国护照法》，规定有下列情形之一的，为不准出境人员，即护照签发机关不予签发护照：(1) 不具有中华人民共和国国籍的；(2) 无法证明身份的；(3) 在申请过程中弄虚作假的；(4) 被判处刑罚正在服刑的；(5) 人民法院通知有未了结的民事案件不能出境的；(6) 属于刑事案件被告人或者犯罪嫌疑人的；(7) 国务院有关主管部门认为出境后将对国家安全造成危害或者对国家利益造成重大损失的。

案例三

总经理办公室的赵秘书最近忙得不可开交，有关上司赴欧洲考察的事宜，上级主管部门的批件已于昨天批复下来了。今天还有一个重要会议需要筹备，于是赵秘书就把到出入境管理局填写出国申请表的任务交给了办公室的文员小张。小张带着上司的必备资料来到了出入境管理局的办事窗口，领到申请表后，拿出准备好的碳素笔按照各种资料上的数据认真填写起来，表格上包括上司的基本情况（姓名、性别、身份证号码、学历、学位、职称等）；出国原因；若干个审批栏。工作人员提醒小张把表格拿回单位认真填写，各栏目都要经过相关部门审批，加盖公章。

小张忙活两天后，各项表格都已经填好，各审批栏也都加盖了公章。小张如释重负地来到出入境管理局。小张将申请表从窗口递给工作人员，工作人员对表格各项一一进行核对后，将申请表退给了小张，原因是身份证号码不正确，小张又仔细核对了一下，的确填错了一位数字，于是小张马上拿笔划掉，重新填写了正确的数字，再次递给工作人员时，工作人员又将申请表退回来，原因是有勾抹的痕迹。小张与窗口人员争辩：“一个申请表，至于连个数字都不能改吗?”工作人员请他认真阅读“填表须知”，小张无奈地又领回一张空表。

分析：出国申请表的内容包括出国人员的基本情况、出国原因及若干个审批栏。秘书人员认真填写完申请表后，须经过各相关部门的审批，才能拿到出入境管理局审核办理，每个环节都很严格。在填写各种申请表时，要求使用蓝黑色或黑色墨水笔，字迹要清楚，不准涂改；申请人姓名、出生日期须与户口簿、身份证相符，填表用标准简化汉字。

案例四

为进一步拓展供销企业在欧洲的市场份额，提高企业国际市场的竞争能力，扩大进出口贸易，应德国汉堡州经济部外经局和英国国际商务协会的邀请，××市拟组织部分优秀中小企业于××××年××月下旬派遣贸易考察访问团组，赴英国和德国进行贸易考察和访问。某企业领导系此考察访问团组的成员。办公室王秘书接到此通知后，按照通知的内容及领导的要求，向上级主管部门起草了一份请示：“××总公司：××市政府拟于××××年××月下旬组织考察访问团组赴欧洲进行为期15天的考察，并邀请我公司××同志参加。经我公司党委研究，拟同意××同志随团组赴欧洲考察。妥否，请批示。”王秘书写完后，认为该请示不应该只以电子邮件的形式发给上级主管部门，最好是亲自送去，而且还需要把详细情况和政府的具体活动安排一并向上级主管部门做个汇报，让上级机关的受理人员详细了解情况。

分析：从王秘书亲自送交文件的细节上，足以看出其做事的认真态度。书面语言要求精练，而对于上司出国考察的事由及15天的行程安排，上级主管部门在批示前，需要详细了解以后才能给予批复。而出国考察的相关事宜，口头语言表述要比书面语言说明得更详尽，便于上级主管部门了解情况，做到及时批复。因此，秘书在为上司向上级部门办理申请时，有必要通过电话或者直接面谈的方式对详细情况加以介绍，便于上级单位掌握更多的情况。

实训项目

1. 美国B公司邀请公司总经理到美国商谈合作项目，时间在11月份，总经理需要在美国停留10天，请你为总经理向集团主管部门写一份请示；再以集团主管部门的名义，拟写一份审查批件。

2. 请根据本节介绍的相关知识，绘制一份办理出国手续的流程图。

3. 上司打算到美国纽约与外商进行商务谈判，谈判拟定于当地时间2014年10月5日上午9:30开始，请你以格林威治时间为标准时间，计算出此时是北京时间几点几分。

4. 情景教学：签证办理的过程。组织两组学生，一组为出国申请人员，另一组为签证处受理人员，请两组同学就签证办理的相关事宜进行问答训练。

第三节　上司出差期间的工作

案例导入

王良今天依然很早就来到了办公室。虽然梁行长已于昨天随考察团赴美国考察，但作为银行的办公室秘书，王良每天仍然有很多事务性工作要做。梁行长临走前将近期的主要工作安排给了徐副行长，今天王良需要找时间询问徐副行长关于下乡调研的工作安排。

上班的时间刚到，王良就接到一份市政府的会议通知，其主要内容是市政府与银行“关于发展畜牧业专项贷款”的对接会议，参加人员是涉农银行的主要领导。秘书看完通知后，立即拿着此通知去找主持工作的徐副行长。徐副行长看完通知后，说：“梁行长下周才能回来，我先代替他去开会，去听听政府领导的意见。在会上，我向主持会议的领导说明情况，具体方案还是需要梁行长决策，我将会议精神和主要材料带回来，如果上面要求的时间很紧的话，晚上你再跟梁行长联系，征求他的意见。”

徐副行长在会上说明了主要领导外出的情况，表明了银行积极支持的态度，主持会议的领导同意延迟方案上报的时间。徐副行长将会议的材料交给王良，王良把会议通知及相关材料装订好，在“文件传阅单”的“处理结果”一栏上标注：徐副行长参加会议；带回三份会议材料：××市畜牧业发展规划、市长讲话、养殖户名单。随后，王良打开了秘书工作日志，将此事详细做好记录，以备提醒梁行长回来后及时处理。

任务

如果秘书没有随上司一起出差，而是留在单位，仍要处理大量日常工作。例如，每天都会有电话打进来，每天都会收到信函，办公室每天都会有访客，而且还有上司交代的工作需要完成，并要为暂时代理上司分管业务的上司服务。那么，秘书该如何顺利完成这些工作呢？

理论知识

在上司出差期间，公司会有大量的事务要进行处理，秘书要在上司临行前，请示某些工作如何安排，由谁暂时代理其分管业务，以及紧急信件如何处理等。然后，依据指示，协助上司的授权人处理公司的日常事务，遇到紧急事务可打电话向上司请示。此期间公司内发生的重要事情，秘书都应一一做好记录，让上司回来后即可了解，以掌握全局。

一、动身之前，检查上司是否有遗漏的东西

在上司动身之前，秘书应检查上司是否还有遗漏的东西，如果发现办公桌上还有一份文件是明天上司和对方签订协议时使用的。此时，秘书千万不能惊慌失措，而是要想办法给上司送去。

二、启程之后，通知受访单位

秘书在上司启程后，尚未到达目的地的时候，要用电话通知受访单位，以便对方派人派车接站。特别是在改变原定的车次或航班的情况下，一定要将新的车次或航班告诉对方。秘书依据旅行日程表，估计上司已到达下榻处后，要主动与上司取得联系，了解上司到达后的相关情况。

三、信件的处理

在上司出差期间，秘书应使用一个“待阅文件”的专用文件夹，按日期顺序保管好上司出差期间收到的文件和信件；如果秘书收到一些紧急的信件，上司又让秘书尽快给他寄过去，就可采用特快专递等方式寄过去，并在信封上写上“亲启”等字样；如果没有特别的交代，一般只寄复印件，把原件收好；如果上司出差的地方收快件不方便，可通过传真、电话口头汇报、电子邮件等方式向上司汇报。

四、电话的处理

在上司出差期间，如果有找上司的电话，秘书要认真做好电话记录，把电话的时间和内容记录下来。

（1）如果事情比较重要的话，就直接打上司的手机汇报。

（2）如果这时上司正在开会或与客户会谈，无法接听电话，秘书则可以把电话打到宾馆，让宾馆接电话的人写张纸条，让上司晚上回宾馆后再等秘书的电话，或者给秘书回电话。如果事情不具有保密性，也可以把事情的大致情况告诉宾馆接电话的人，请他直接转告上司。

（3）如果事情不急，就等上司回来后再说。

（4）在上司出差之前，最好能与上司约定好，每天在一个固定的时间通电话，向他汇报公司里的工作或者收到的重要信函和接到的重要电话。秘书应把要汇报的事项和需要请示上司的事项一一记录在笔记本上。

五、与上司的授权人沟通

上司出差期间，秘书的工作日程中应安排一些时间与上司的授权人进行沟通和交流。不要认为上司不在时，秘书就可以自我行事，要多与代理上司职责的领导沟通，按照代理领导的要求完成工作，辅助代理领导处理好公司的各项事务。

六、迎接准备

秘书宜在上司归来的前一天，先打电话与上司联系，了解他乘坐的交通工具及班（车）次、抵达时间，然后安排车辆，前往迎接。

秘书接站不单纯是因为上司出差劳累帮上司搬搬东西，更重要的是可以加深彼此之间的感情，还可以及时向上司汇报工作。有的上司责任心很强，虽然身在外地，却依然挂念单位的事情，回来后急于得知自己不在单位期间所发生的一切，特别是出差之前悬而未决的一些问题的处理结果。

小提示：给自己“充电”

秘书平时虽然也有一些空闲时间，但上司可能会随时交代一些新的工作，所以给自己“充电”的时间就非常有限。上司出差之后，秘书应当把这段时间充分利用起来，努力充实自己。

案例分析

案例一

某日，秘书韩燕接到上级部门批转的一封“关于离退休干部的待遇问题”的上访信件。作为在总经理秘书这个岗位上工作了六个年头的她，意识到了此事的重要性。而且批转的内容中特别标注："请陶总阅处，并于三天之内反馈结果。"此时，陶总正在外地出差，四天以后才能回来。韩燕想：我已经与总经理约定好了，每天晚上八点给他打电话，向他汇报工作，我先把情况了解清楚吧。于是，韩燕立即会同人事部门进行调查，请人事部门拟写出调查报告。随后，组织相关部门的领导集体商议，对此事的处理结果形成了初步的意见。

晚上，韩燕在给总经理打电话汇报工作时，介绍了此事的基本情况以及相关部门的处理意见，陶总对此处理意见无任何异议，表示同意执行。韩燕在接到信件的第三天，将处理结果及时上报给了上级部门。

分析：在上司出差期间，秘书如果收到一些必须马上处理的紧急信件时，一定要将详细情况调查清楚，听取有关部门的意见和建议，然后形成初步意见，找合适时间向出差在外的上司汇报。汇报前应把要汇报的事项和需要问清楚的问题一一列在笔记本上，有时也可以把初步意见提出来，供上司参考，最后按照上司的指示完成工作。

案例二

这段时间，公司正在做网络平台的建设项目，全体员工经常加班加点工作。一日，信息处王磊在输入数据时突然晕倒，同事们及时将其送往医院救治。总经理秘书高洁闻讯后，立即打电话询问，当得知王磊病情稳定后，利用午休时间给出差在外的总经理打电话汇报此事。总经理表示，先让秘书高洁带鲜花和慰问品代表他去慰问，叮嘱王磊安心养病，帮助他的家属解决临时困难。高洁与总经理通话结束后，按照总经理的吩咐，买了鲜花和慰问品去看望王磊。

此时，王磊在家人的陪护下，正躺在病床上打吊针，看到高秘书来探望，有些激动。高洁关切地询问完病情以后说："总经理在深圳出差，我把你的情况向总经理汇报了，总经理很着急，他下周才能回来，委托我先来看看，看你现在还有什么困难，如果有，就请提出来，公司出面帮助解决。总经理让我转告你，一定要安心养病，祝你早日康复！"王磊连声说谢谢领导和同事的关心，给领导添麻烦了，一定配合医生的治疗，争取早日回到工作岗位上。

分析：当上司外出不在单位时，秘书常常作为上司的授权人处理相关事务。案例中的秘书高洁在上司与职工之间发挥了很好的桥梁作用。高洁及时了解职工的病情，并向上司汇报，为上司的慰问工作争取了主动。另外，在传达上司的心意时，语言运用要适度，让职工时刻感受到领导和员工所给予的温暖，使公司上下的人际关系更加和谐。

案例三

正值年底，许总受美国纽约 MTM 公司的邀请，参加国际时装订货会。许总临行前，刘秘书通过电信部门为许总的手机开通了国际漫游服务，因此，许总刚到纽约入住某酒店后，秘书就通过电话了解了许总到达后的情况，记下了许总所住酒店总台的电话号码。

某日午饭后，主管销售的李鹏经理来找刘秘书，说总公司要求明天提交下一年的销售计划，希望刘秘书联系许总，征求许总的意见。刘秘书看了一下时间，美国纽约时间和北京时间差十几个小时，此时正是美国的深夜，不便打扰许总休息。于是，刘秘书先给许总发了一条短信：李鹏经理有重要事情找您，方便时请您回电话，或者我另找时间给您打电话。刘秘书担心许总不在第一时间开机，于是给酒店的总台留言，请总台在许总早上用餐时告知许总方便时给公司回电话。

分析：上司如果到国外出差，秘书欲与其联系时，一定要注意时差的问题。另外，如果有急事找上司，在找不到上司或者上司不方便接电话的情况下，可以采用案例中刘秘书的做法，给上司所住酒店的总台留言，请上司方便时回电话。

案例四

王艳做办公室秘书工作已经一年了，这一年来，她感觉自己每天都神经绷得紧紧的，总有干不完的活儿。近日，经理出差了，需要十天左右才能回来。经理临走前，给她安排了很多工作，叮嘱她一定要把本季度销售任务完成情况的调研工作做好，因为这将涉及明年的销售任务要求和目标的确定。尽管有这么多工作等着她去做，但王艳还是想利用这几天好好放松一下。

时间过得很快，直到经理来电话，通知秘书王艳第二天中午安排司机到机场接机，王艳这才意识到经理要回来了。于是，她立即开始下基层调研，利用一个下午的时间召开座谈会、进行个别访谈、电话问询等，了解到了一些基本情况后，晚上进行了简单的材料汇总，熬到半夜，总算完成任务了。

经理回到公司后，没有来得及休息，就把王艳叫到办公室，询问关于调研的详细情况，听了王艳简单的汇报后，经理问："经过调查，××区域的消费群体构成是怎样的?"王艳不好意思地说："这个，我没问……"经理接着问："××分理处连续两个季度的销售额都排在最后，主要原因是什么?"王艳把头低下了："这个，我还没有来得及分析……"总经理的脸色变了："你到底用了多长时间？都调查到了什么？我不在的时候，你都在干什么?"

分析：上司出差之后，秘书不要以为自己没有什么事可做了，或者拖延某些应该按时完成的工作，而让自己放松。如果上司没有给秘书安排具体工作，秘书可以在正常处理日常事务的同时，听从主管上司的具体安排；如果上司在出差期间给秘书安排了很多工作，秘书一定要参照"待做工作表"，认真完成上司布置的每项工作。

实训项目

1. 公司董事长到深圳出差拜访客户去了，假设你是董事长办公室的秘书，当领导不在时，你应当怎样对待和处理突发事件?

2. 公司王总出差已有半个月，明天将回公司。这期间公司发生了很多事情，有很多文件、信函以及电话需要王总处理。在总经理即将回来时，请你把需要向总经理汇报的工作列成提纲。

3. 公司副董事长到珠海分公司视察工作去了，在他出差的第二天，公司营销部的秦部长和财务部李部长因为 VIP 客户的接待问题发生了争执，他们来找主管财务和市场的副董事长评理，见副董事长不在，他们要求董事长办公室秘书向副董事长汇报。如果你是这位秘书，你该怎么做?

4. 对于近期学校里发生的事情，选择一至两件向老师做简要汇报。

5. 在秘书工作的学习中，你认为秘书平时需要在哪些方面给自己“充电”? 请你为自己做一个利用业余时间学习专业知识的计划。

第四节 随从事务

案例导入

爱达公司总经理一行四人（包括行政主管、业务部主管、秘书）预计下周到天津荣成贸易有限公司进行商务会谈。总经理的随从李秘书接到通知后，根据领导的指示拟订了出访方案，组织公司所有人员参加预备会，听取领导关于预备工作的指示。李秘书一边着手准备相关资料，一边开始订购机票。当机票确定以后，李秘书通过电话与荣成贸易有限公司取得联系，商定双方会谈的相关事宜，定于到达后的第二天上午九点在荣成贸易有限公司总部会议室会谈。

入住宾馆以后，李秘书首先询问了宾馆与荣成贸易有限公司之间的距离，如果不发生交通堵塞，最多是20分钟的车程，但是考虑到途中路况不好或交通堵塞会影响车速，因此，提醒司机提前1个小时开车前往，以防耽误了会谈的时间。

双方达成合作意向后，李秘书与荣成贸易有限公司的总经理秘书就晚宴的相关事宜进行了磋商，程序确定以后，李秘书向总经理作了简单的汇报，按照总经理的提示，他立即为总经理草拟晚宴上的致辞。晚宴上领导们谈笑风生，在和谐融洽的气氛中交流。

两天后，爱达公司总经理一行四人顺利返回公司。李秘书首先打电话给荣成贸易有限公司，对其盛情款待表示感谢，同时发出友好邀请。接着，将本次会谈的材料进行复印，整理成项目纪要，一份存档，一份交有关部门传阅并执行。

任务

秘书随从领导外出工作，既是对自己综合能力的锻炼，也是展示自己、获得进一步发展的机会。在陪同上司出差的整个过程中，秘书应该竭尽全力为上司服务，以便上司更好地决策。那么，秘书在随从领导外出工作时，怎样才能做到充分协调、精心安排、及时联络、合理休闲呢? 在随从工作结束时，秘书又有哪些工作需要妥善安排呢?

理论知识

随从事务是指秘书跟随领导外出，为领导做流动服务工作。随从工作是一项传统的秘书业务。传说中的黄帝、尧、舜等部落联盟首长出巡时，就带有随从史官；封建帝王出京巡视时也带有大批随从人员为其服务。随着近代社会交通的不断发达，无论是各级行政机关领导，还是企事业单位领导、部门主管，其公务旅行都越来越频繁，而且重要公务旅行一般都有秘书随行。

良好周到的随从工作不仅可以提高领导公务活动的效率，而且有利于树立组织的公关形象，更是对秘书的综合协调能力、交际沟通能力、随机应变能力、具体办事能力、快速撰文能力等综合素质的提高和检验。

一、随从工作的特点

领导的外出活动一般分为两类：一类是到所管辖的地区或下级单位调查研究、布置任务、检查工作、处理问题等；另一类是到外地去出席会议、观摩考察、接洽业务等。由于外出活动的内容复杂多样，所以给随从服务带来了全面性、高效性、复杂性等特点。

1. 全面性

一般情况下，领导进行商务旅行只带一名秘书，因此秘书不但要为领导的各项工作提供服务，而且要负责安排领导的吃住行和安全警卫等相关事宜。随从服务的全面性特点要求随从秘书必须是一个多面手，即精明强干，只有这样，才能胜任随从秘书工作。

2. 高效性

大多数领导一般都具备较强的工作能力和较高的办事效率。商务旅行的日程安排基本上都是一项紧接着一项，各项活动安排之间很少留有弹性。随从服务的高效性特点，要求秘书不但要全程参加领导的所有外出活动，而且在领导休息后要做好下一步的准备工作，实现商务目的是秘书随从事务的终极目标。

3. 复杂性

商务旅行时面对的工作环境比较陌生，不仅人际关系比较复杂，而且外地的气候等自然环境与本单位所在地不同。由于环境的改变，原来未曾预料到的情况随时都可能出现，原先的计划也很有可能被打乱，在觥筹交错之际，可能隐含着某种谋划，各种鲜花礼品也可能给领导出了很大的难题，等等。秘书要有充分的思想准备，保持清醒的头脑，冷静、机灵地处理各种复杂敏感的问题。

二、随从工作的程序

1. 准备阶段

（1）思想准备。秘书要了解商务出访的意图、目的；出访的内容和重点、难点；邀请单位和对象；参加出访的有关人员；出访的大致日程安排；希望邀请单位做哪些准备工作等。

（2）组织准备。秘书要做好如下工作：根据领导的指示拟订出访方案；通知有关部门确定参加出访的随从人员名单，并进行编组和分工；组织所有人员参加预备会，听取领导关于预备工作的指示，学习有关文件，布置具体任务；印发出访方案和日程安排；与出访单位联系，使其有所准备。

（3）资料准备。秘书要收集以下资料：被访问单位的背景资料；与出访工作相关的领导指示政策，法规性文件；与出访内容相关的理论和典型经验方面的资料；出访地区的地理条件、气候条件、交通情况以及风土人情方面的资料。

（4）物质准备。秘书要携带以下物品：办公用具、常用药物、照相机、录音笔等。

2. 出访阶段

（1）充分协调。秘书要与邀请企业进行充分的、行之有效的协调，避免因为考虑不周而影响考察效果。

（2）精心安排。领导进行商务出访时，免不了有察看商品生产现场、召开座谈会或个别访问等活动，这就要求随从秘书为这些活动安排好时间、地点和有关人员。无论哪种活动，随从秘书都要做好记录，以便事后分析、研究。秘书看到、听到的情况要及时、准确地向领导汇报。

（3）及时联络。在随从领导出访期间，秘书要同本企业及时联络。如将领导的外出活动情况及时告知企业，使企业的留守领导掌握外出领导的状态。同时，秘书也要从企业内部获取信息，使外出领导及时了解上级领导的重要指示以及本企业的工作动向，保证外出领导消息灵通。

（4）合理休闲。随从秘书要主动处理日常的事务工作，在组织安排中碰到人事、时间、地点等方面的矛盾，要主动协调，尽量提高工作效率。秘书还要尽可能保证上司的休息时间，使上司身心健康、精力充沛地投入工作。

小提示：酒店的选择

如果事先预订的酒店会给外出工作带来不便，秘书要请示上司，得到上司允许后，重新选择酒店。一旦在酒店住下后，秘书应迅速了解酒店周围的交通、邮电、医院等情况，以备不时之需。一切安排妥当之后，秘书要将上司所住的酒店及其联系方式等告知公司和上司的家属，以便取得联系。

3. 结束阶段

（1）安排返程。在商务出访的结束阶段，秘书应联系安排好返程的交通工具，预订好车、船、机票，安排好途中食宿，确保领导的安全。

（2）整理资料。回到企业后，秘书要对出访中发现的问题进行整理归纳，提出改进工作、解决问题的建议。

（3）落实承诺。出访期间领导给予他人的承诺，回企业后秘书要及时通知、督促有关部门抓紧落实，做到言而有信、件件有着落、事事有回音。

（4）报销费用。随从秘书要协助领导结算开支、报销差旅费、退还预借款。

（5）回顾总结。随从秘书要对自己跟随领导出访期间的工作进行回顾总结，主动征求领导的批评意见，这对秘书自身能力的提高不失为一种有效的办法。

三、对随从工作的要求

秘书陪同领导外出调查研究、参加谈判等，要按照每项工作的要求提供相应的随从服务。这里主要从旅行服务的角度提出以下三点特殊要求：

1. 考虑周到，做好记录

随从工作涉及领导在外地商务活动中的方方面面，无论是准备阶段还是出访阶段，秘书需要将每个细节都考虑得很周到。例如，各项工作都要首先拟订初步计划；明确相关人员的基本分工；及时与相关人员进行信息沟通等。同时，在每项活动过程中，秘书都要密切注意领导的言行，详细记录会谈要点、双方观点、分歧点与共同点，领导的意图、指示，所布置的工作等。如果秘书在随从阶段的工作经常出现纰漏，不但不能为领导提供服务，反而需要领导随时提醒自己，那不仅会影响出差任务的顺利完成，而且会给领导留下深刻的负面印象。

2. 服务主动，反应灵活

秘书在接到陪同领导出差的任务后，就要主动与领导沟通，了解本次出差的主要目的和领导的想法，这样才能做到心里有数。整个差旅过程中，绝对不能什么事情都等着领导吩咐，从领导主要公务活动的提前准备，到注意天气变化等生活小事，秘书都要主动为领导提供服务。

出差在外难免会遇到难以预料的情况，如不可抗拒的自然条件的变化；他人纠缠领导的情况；领导个人一时出现言语失误等，这就要求秘书反应灵活、随机应变，在不影响领导完成主要公务活动和维护领导威信的前提下变通处理。

3. 谨言慎行，注意礼节

秘书在随从工作中，无论是在正式场合还是在宴会、休闲活动中，都要注意说话谨慎，不要轻易向外人透露领导对某问题的看法和意图，以免造成工作被动。秘书更不能跟领导开玩笑，甚至顶撞领导。尽管领导与秘书关系很好，秘书也不能随便动用领导的用具。

秘书在整个跟随领导外出的活动期间，要时刻注意维护领导的威信，遵守纪律，谦虚谨慎，平易近人，为领导、自身树立良好的形象。

小提示：注意礼节

外出活动之余，作为一名随从秘书，也代表着公司的形象。因此秘书必须在穿着打扮、行为举止上多加注意，要像在办公室和其他社交场合一样正式。若是在外国进行商务旅行，应尊重当地的风俗习惯并讲究礼仪。

案例分析

案例一

华南化工股份有限公司程总去法国考察，欲与法国某公司签订出口某化工产品的意向书，此产品科技含量很高，法国公司的总经理提出要了解华南公司建厂几十年的发展情况以及近几年积极创新、改善管理、树立质量与品牌意识，以及在市场营销等方面的情况。这些材料均要用准确、全面的数据来加以说明。程总立即叫来随从秘书，由于时间紧、任务重，程总提出："要不要跟公司联系，找人帮忙收集相关数据？"袁秘书表示不需要。

袁秘书在陪同总经理来法国前，已经准备了公司的各种资料，包括化工行业的资料以及本公司的各种统计数据，并将这些资料和数据都保存在了手提电脑中。所以，接到任务后，袁秘书在电脑中查找到所需资料，很快便完成了草拟初稿的工作。

分析：秘书应该在日常工作与生活中，细心收集与工作相关的信息资料，并对其分门别类、装订成册，平时可经常翻阅，最好将重要的信息烂熟于心，一旦需要的时候，能够做到信手拈来。案例中的袁秘书是个工作中的有心人，因为她平时注意收集公司各方面的信息。尤其是当领导确定出访后，在出发前已经做好了充分的资料准备，而且特意将其存在手提电脑中，使组织材料工作得心应手，使随从工作处于主动。

案例二

某食品有限公司与韩国客商达成了出口泡菜的协议，第二天就要签字了。韩国客商很礼貌地邀请该食品有限公司的汪总及其随从刘秘书到公司参观，在参观储存室时，刘秘书感觉嗓子发痒，随口向储存室的墙角吐了一口痰，然后用鞋底蹭了一下。这一幕永远留在了韩国公司的监控录像中。第二天韩国客商让翻译给汪总送去一封信，信中写到：“恕我直言，一个单位领导的随行人员代表着一个单位的形象，我们今后要合作的是食品生意，贵国经常提到一句话：病从口入。很抱歉无法与您进一步合作……”一项马上要谈成的项目，就这样告吹了。

分析：随从人员的一举一动都代表本人及企业的形象，因此，随从人员的言行举止是十分重要的。举止规范的基本原则就是保持端庄、文静、温和的形象，使对方产生尊重和信赖。从案例中刘秘书随地吐痰的行为可以看出，此人不讲究礼仪，不注意自身的形象。作为随从人员，在咳嗽、打喷嚏时，应该用手帕捂住口鼻，面向一旁，避免发出较大的声音。

案例三

受金融危机的影响，某公司产品的出口量被大幅度削减，总裁秘书小陈陪同总裁到外省与公司的下游合作企业就适当削减产量、降低产品加工费用等事宜进行协商。秘书小陈事先没有与该企业进行沟通，对企业情况掌握得不够，到达该企业后，总裁一行受到企业所在地市委书记的亲自接待，总裁在第一餐宴会就因为不胜酒力而住院，匆忙中，随行的副总裁代表公司与企业进行商务谈判，结果因无法说服该企业，只能无功而返。

分析：秘书的随从准备必须充分，否则必然影响商务活动的最终结果，从而损害公司利益；在陪同领导赴宴时，应当保护领导，努力避免领导因过度饮酒而伤害身体，以及影响本人及公司的形象。

案例四

几天来，上海天鹏公司与杭州宏利公司的洽谈都很顺利，作为总经理的随从秘书张宏总算稍稍松了口气。明天是最后一天，明天晚上即可返回上海。

晚饭后，张宏送总经理回房间休息，离开总经理房间前，他将第二天的行程安排向总经理作了汇报：“按照计划，我们明天上午参观生产线，预计要两个小时的时间，明天晚上返回上海。明天下午暂时没做安排，您看还需要做些什么？”总经理让张宏也先考虑考虑，明早用餐时再定。张宏回到自己的房间后，开始查找地图，打电话咨询当地旅行社。考虑到总经理是文科出身，喜欢名胜古迹，张宏认为可以利用第二天下午的时间去绍兴参观鲁迅故居。于是，张宏咨询了去绍兴的车程和参观内容，并作出了详细的计划。第二天吃早饭时，张宏向总经理汇报了这一计划，总经理非常同意去绍兴参观的建议，张宏于是开始联系旅行社，决定下午包车去绍兴。

分析： 随从秘书要主动处理日常事务工作。出访的日程安排可根据具体情况作出调整，主要事项完成以后，一般会留出一天或者半天自由支配的时间。这时，秘书可以结合上司的兴趣爱好，向上司提出进行游览参观等休闲活动的合理化建议。

实训项目

1. 公司总经理月底要到天津出差，此次出差的事务较多，总经理要求专职秘书小刘陪同自己一起前往天津。公司一位有经验的老秘书向刘秘书介绍陪同上司出差应做的工作。（要求：将班级学生分成若干小组，每组 3 人，1 人扮演总经理，1 人扮演小刘，1 人扮演老秘书，并做好记录。）

2. 秘书陪同领导抵达目的地后，如果无人接站，秘书应该做哪些工作？如果抵达目的地之后，对方公司派人接站，秘书要注意哪些礼节？

3. 随从杨秘书利用午休时间给公司行政部门打电话，了解陪同总经理出差期间公司的情况，行政主管说总公司要求近几天把明年的销售计划报上去，详细的数据需要总经理定夺。杨秘书请示总经理以后，通过打电话将总经理的意图传达给了行政部门主管。（要求：将班级学生分成若干个小组，每组 3 人，1 人扮演总经理，1 人扮演杨秘书，1 人扮演行政部门主管。）

4. 廖经理与王秘书返回上海后，廖经理要求王秘书对于他们在香港停留期间，香港华润公司的盛情款待和协助表示感谢。请你代王秘书给香港华润公司的总经理写一封感谢函。

5. 正确填写以下“××公司差旅费报销单”。

××公司差旅费报销单

<table>
<tr><td colspan="6">出差人及职务职称：</td><td colspan="4">工作部门：</td><td colspan="3">领导审批：</td></tr>
<tr><td colspan="6">出差事由：</td><td colspan="7">出差地点：</td></tr>
<tr><td>年</td><td>月</td><td>日</td><td>起止地点或说明</td><td>单据张数</td><td>车船费</td><td>住宿费</td><td>住宿奖励</td><td>行李费</td><td>市内交通费</td><td>会务费及会议资料费</td><td>伙食补助</td><td>备注</td></tr>
<tr><td></td><td></td><td></td><td></td><td></td><td></td><td></td><td></td><td></td><td></td><td></td><td></td><td></td></tr>
<tr><td></td><td></td><td></td><td></td><td></td><td></td><td></td><td></td><td></td><td></td><td></td><td></td><td></td></tr>
<tr><td></td><td></td><td></td><td></td><td></td><td></td><td></td><td></td><td></td><td></td><td></td><td></td><td></td></tr>
<tr><td></td><td></td><td></td><td></td><td></td><td></td><td></td><td></td><td></td><td></td><td></td><td></td><td></td></tr>
<tr><td></td><td></td><td></td><td></td><td></td><td></td><td></td><td></td><td></td><td></td><td></td><td></td><td></td></tr>
<tr><td colspan="4">小 计</td><td></td><td></td><td></td><td></td><td></td><td></td><td></td><td></td><td></td></tr>
<tr><td colspan="10">共计金额（大写）：</td><td colspan="3">¥</td></tr>
</table>

财务审核：　　　　报销人：　　　　年　月　日

第八章

调查研究

学习目标

● **知识目标**

1. 了解调查方案的内容；
2. 熟悉调查研究的内容；
3. 掌握常用的调查方法。

● **能力目标**

1. 能够制定与撰拟调查方案；
2. 能够根据调查目的熟练地使用恰当的调查方法进行调查；
3. 能够对调查资料进行综合整理，得到符合客观实际的结论。

第一节　调查方案的设计

案例导入

北京某汽车制造公司，为了了解客户对汽车各项性能及外观设计方面的需求倾向，及时把握市场对汽车需求的整体走向，从而为设计新款汽车提供参考，使本公司在市场竞争中处于有利的地位，于是决定由综合办公室负责对市场开展调研。综合办公室主任将设计调查方案的任务交给了王秘书，王秘书接到任务后，向相关领导详细地介绍了本次调查的目的和相关内容，以及调查的对象与范围、调查的时间与地点、调查的方法等。随后，王秘书结合本公司的实际情况，制定了一份条理清晰、内容翔实、实施性强的调查方案。

任务	秘书要经常协助领导处理日常事务及领导临时交办的各项事务，而秘书在处理一些事务之前，要对相关情况有所了解，这就需要对相关事宜进行调查研究。由于各个公司的实际情况及调查的目的和内容不同，这就决定了调查方法与具体实施方案的不同。那么，在实施调查研究之前，应该如何制定调查方案呢？

理论知识

为了保证调查研究的顺利开展与实施，并能够收到实际效果，就需要在实施调查研究之前制定翔实的调查方案。

一、调查方案的内容

1. 调查的背景

在调查的背景中，要介绍调查的缘起、调查的依据、调查的意义等内容，说明调查是在什么样的情况下开展的，本次调查是依据哪些法规政策或单位的哪些规定与要求，调查具有什么样的现实意义。

> **小提示：调查背景的具体写作**
>
> 在实际的写作中，调查的背景并不要求将调查的缘起、依据和意义全都提及，只要根据实际情况写明需要写的内容即可，如只写调查的缘起，或只写调查的依据或意义，或写明其中任意两项内容。

2. 调查的目的

调查的目的是指调查的灵魂、基础和前提。调查的具体实施是围绕调查目的而开展的，如果没有明确的调查目的，调查就无法有效地开展，也就没有必要开展，调查方案也就无法制定。因而，在制定调查方案时，必须要对调查的目的清楚明了，确定本次调查的主要目的和次要目的，从而使调查具有灵魂。

3. 调查的内容

调查的内容即调查的主题，是每次调查的核心。调查相关资料的内容设计要围绕调查内容来确定，如果调查内容不明确，也就不能设计出符合要求的调查资料，也就无法达到我们设定的调查目的，从而出现南辕北辙、驴唇不对马嘴的情况。因而，在设计调查方案时，一定要内容明确、主题突出。

4. 调查的对象与范围

调查的对象与范围需要明确。调查对象是指被调查的具体人群，可以是某个阶层，或是某个年龄段、职业的群体；调查范围是指调查的区域范围，即向某个地区进行调查，在撰拟调查方案时一定要写明确。调查对象与调查范围的确定，是由调查目的与调查内容所确定的，因而在确定调查对象与范围时，我们要依据调查目的和内容。

5. 调查的时间与地点

调查的时间是指调查研究开始实施与结束的时间，即调查的具体期限；调查的地点是指确定登记资料的地点。

小提示：调查的时间与地点的具体写作

在实际的写作中，调查的时间与地点也可以不作为单独的一项内容来写，而是与调查的进度安排合为一项，写在调查进度安排中。

6. 调查的方式与方法

调查的方式即调查具体实施的方式，包括普查、重点调查、典型调查、抽样调查、统计报表制度等方式；调查方法即调查使用的方法，包括访问法、观察法、报告法、座谈法等。一般来讲，一次调查可以采用一种方式与方法，也可以在不同地区根据实际情况的不同，而采用不同的方式与方法。但总体上来讲，为了保证所调查资料的可比对性，最好统一一次调查所采用的方式与方法。

7. 调查人员的规定与培训

在调查之前，一定要明确调查实施的人员，实施调查的人员一般由两部分人员组成，一部分是调查发起部门的人员，另一部分是专门向社会招募的调查人员。如果某项调查涉及的对象与范围都比较小，调查人员可以由调查发起部门的人员充当；当某项调查涉及的对象与范围都比较大，调查发起部门的人员不够用时，就需要专门向社会招募调查人员。但无论是由社会人员还是由调查发起部门的人员充当调查人员，都要根据某项调查的实际需要对调查人员提出相应的规定，并对调查人员进行相关的培训。

小提示：调查人员应满足的基本要求及培训的方法

（1）调查人员一般应满足的基本要求是：仪表端庄、大方；举止谈吐得体；态度亲和、热情；具有认真负责、积极向上的工作精神及职业热情；具有把握谈话气氛的能力；对调查主题的基本知识有所了解。

（2）调查人员培训的方法：办培训班，集中授课。

8. 调查问卷及样本分布表的制作

根据调查的目的与内容，制作调查问卷及样本分布表。在制作调查问卷时，一定要将需要调查的内容分成小项，放到制作的调查问卷当中去。将我们制作好的调查问卷作为样本，确定每一个地区发放的样本份数，并对每一地区的样本分别进行编号，制作样本分布表（见表8—1）。

表 8—1 样本分布表

编号	地区名称	样本量
01	鹤城区	1 200
02	洪江区	200
03	洪江市	400
04	中方县	200
05	溆浦县	500
06	辰溪县	300
07	沅陵县	500
08	麻阳县	300
09	芷江县	300
10	新晃县	200
11	会同县	300
12	靖州县	400
13	通道县	200
总计		5 000

9. 调查的进度安排

调查的进度安排大致可分为准备、实施、研究、总结四个阶段。在制定调查进度安排时，可以根据以上四个阶段进行整体划分，确定每一个阶段的具体工作和任务，每一个阶段的具体实施期限（从开始到结束时间），并确定每一个阶段中每一项具体工作与任务的时限。如果有必要，可以写明每一项具体工作与任务的负责人与成员，从而保证调查能够按照进度安排顺利实施。准备阶段一般分为界定调研问题、设计调研方案、设计调研问卷或调研提纲三个部分；实施阶段即根据调研要求，采用多种形式，由调研人员广泛地收集与调查活动有关的信息；研究阶段即将收集的信息进行汇总、归纳、整理和分析；总结阶段即将调研结果通过书面形式——调研报告表述出来，并进行评估。

小提示：按照调研的实施程序，可以分为以下七个小项进行进度安排（时间仅供参考）

调研方案、调查材料设计 …… 2周左右

调研方案、调查材料修改、确认 …… 1周

项目准备阶段（人员培训、安排） …… 1周

实地访问阶段 …… 1周

数据统计分析阶段 …… 1周

撰写调研报告阶段 …… 1周

论证阶段 …… 1周

10. 调查经费的预算

调查经费即某项具体调查所要花费的经费，一般包括：策划费、交通费、调查人员培训费、调查人员工资、公关费、访谈费、调查资料费及使用的调查工具费、统计费、报告费、其他费用。每一项调查开始之前，都要作出详细的调查经费预算，在勤俭节约的基础上，要留出一定的预算余地，以防出现事先没有预料到的开支。

11. 附录

调查方案涉及的其他事项，如调查应该注意的事项、调查方案涉及的人员安排、相关联系方式等内容，都可以写在附录当中。

二、调查方案的设计原则

1. 可行性原则

可行性原则即调查方案要从实际出发，企事业单位应根据自身的能力选择适当的调查课题，确定调查的范围和地点。

2. 完整性原则

完整性原则即调查方案的设计要尽量做到面面俱到，对调查过程中可能出现的问题要有所预料，并能事先提出预防措施和解决问题的方法。调查过程中的点滴疏忽，都会给调查带来困难，并会影响调查结论的正确性。

3. 时效性原则

时效性原则即调查方案的设计必须充分考虑时效性，尤其是一些应用性很强的调查课题，更要注意其时效性。

4. 经济性原则

经济性原则即设计调查方案时必须努力节约人力、物力、财力和时间，力争用最少的人力、物力、财力和时间取得最大的效果。

5. 留有余地原则

任何调查方案都是一种事前的设想和安排。它与客观现实之间总会存在或大或小的距离，在实际调查过程中，又常常会遇到一些意想不到的新情况、新问题。因此，在设计调查方案时，一定要留有余地，保持一定的弹性。只有这种具有一定弹性空间的调查方案，才是科学实用的调查方案。

三、调查方案与调查提纲的区别

调查方案是对整个调研工作的全面安排，它既有调查目标任务的总体部署，也有具体工作的全面布置，内容涉及调查的指导思想、目的要求以及具体的调查对象、调查范围、调查步骤、调查方法、调查人员分工、调查经费的预算等。而调查提纲主要是根据调查的总任务内容而拟订的，它所反映的是调查者了解事物的范围和深度，围绕调研目标调查者需要了解什么、了解到什么程度、从哪些角度进行调查等。调查者应首先拟订出调查提纲，这样便于从不同角度、不同层次充分展开调查、收集资料，也为下一步的分析研究打下基础。

案例分析

案例一

一日，公司领导与秘书李浩闲谈的时候，说到公司想要研发一款新型号的商用汽车，希望能够满足市场消费者的需求，但对于新款汽车具体应该在哪些方面进行加强与改进，研发人员与公司领导层还没有一个确切、统一的认识。李浩听说这个事情之后，就开始收集相关信息，了解汽车发展的趋势，并构思了一个调查方案，即主要调查中国消费者对汽车性能、外观与价格的关注度。与此同时，确定了调查资料的大体内容。不久，公司领导决定对汽车的市场需求状况进行调研，并把撰写调查方案的任务交给了李浩。李浩接到任务后，高效及时、保质保量地完成了调查方案的撰拟，得到了公司领导的赞赏。

分析：秘书在写调查方案前，应该多注意领导平时的一些言谈与意向，能够预先想到领导可能会布置的相关任务，并收集相关资料，这样就可以在领导布置任务时，做到心中有数，不慌不忙，及时地完成调查方案的撰拟。

案例二

北京新丰有限公司准备开展一次市场调研，需要一份调查方案，办公室主任将此项工作任务交给了办公室秘书王丽，王丽接到任务后，很快就草拟了一份调查方案。但她对本次调查的目的，一直不是很清楚。办公室主任在向其传达时，也没有表述清楚。她几次向办公室主任询问这件事情，办公室主任都没有说得太明白。办公室主任让她向公司的李副总询问，但王丽觉得虽然本次调查的目的不是很清楚，但经过这几次的询问，也能够知道个大概，就没有必要再麻烦李副总了。她把调查方案交上去之后不久，就被李副总叫到办公室狠狠地批评了一顿。

分析：对一次调查来讲，调查目的一定要写得清楚明白，如果一次调查有几个目的，并且这几个目的有主次之分，一定要写明白哪些是主要目的、哪些是次要目的，如果没有主次之分，也要把这几个目的写明确，不能似是而非，一知半解。如果对调查的目的不明确，一定要和领导反复沟通，明确了调查的目的之后，再撰拟调查方案，这样才能避免调查达不到实际效果。

案例三

某集团公司召开股东大会，在会议上制定了公司下个五年发展的计划和目标，根据这个五年目标，公司要开拓新的领域，在开展新业务之前，需要对市场进行调查研究。公司领导让秘书李龙起草一个调查方案，李龙在起草时，在调查方案的前言中写明了本次调查的背景和意义，但没有写本次调研的依据。李龙把调查方案写完之后，交给了办公室主任，让办公室主任给点建议。办公室主任认真地看了之后，认为在调查方案的前言部分还要交代清楚本次调研的依据。李龙按照办公室主任的建议，认真地进行了修改，并交给公司相关领导，得到了领导的肯定。

分析：调查方案的每一部分具体应该写什么，取决于调查的背景、目的和内容，它不像我们想象得那么简单，只要把有些内容一字不差地全写上就可以了，而是要根据实际情况进行增减或合并，从而保证调查能够按照既定方案顺利实施。

案例四

上海某公司需要开展某项市场调研，但缺少调研人员，公司领导把确定调研人员与招募调研人员的任务交给了马秘书。马秘书接到任务后，把公司所有有空闲的人员都安排为调研人员，并在人才市场进行招聘，来一个要一个，很快就凑齐了调研人员。但在实际调研过程中，调研进行得并不顺利，有许多调研人员不能很好地与被调研人员进行交流，导致得到的信息不确切，还有的调研人员无法完成调研任务。公司不得不重新招募调研人员，并对其进行培训，进行了第二次调研，才使调研工作顺利完成。

分析：秘书一定要根据调研的实际需要，招募符合相关要求的人员，对于不符合要求的人员，一律不能作为调研人员使用。一般来说，调研人员要符合以下要求：仪表端庄、大方；举止谈吐得体；态度亲和、热情；具有认真负责、积极向上的工作精神及职业热情；具有把握谈话气氛的能力；对本次调查主题的基本知识有所了解。此外，调研人员应经过培训，了解本次调研的目的、内容、采用的方法，对具体的安排也要有所了解，从而使得调研保持高效。

实训项目

1. 北京东光集团要开展某项调研，准备在北京的每一个区县发放样本500份，大概需要发放样本共4 500份，每份样本的成本为3元。该集团招募兼职调查员40名，开展为期2天的培训，每人每天的培训费用为50元；调查时间为30天，每人每天的工资为100元，每人每天有交通补贴8元。40名调查员共分为8组，每组5人，每组配录音机一部，每部150元；每人3支签字笔，每支2元。预计公关费用为3万元，统计费用为1万元，报告费用为5 000元。请你为该项调研做一个预算。

2. 某山东啤酒公司准备推出一款新型啤酒，想把它投放到华北市场，可对华北市场消费者的啤酒消费倾向不甚了解，公司准备对此进行调研。公司决定在北京投放样本10 000份，在天津投放样本8 000份，在河北投放样本15 000份，在山东投放样本25 000份。请你制作一个样本投放分布表，并分析一下各地样本的投放数量是否合理，以及这其中的利害关系。

3. 某调查机构准备对我国大学生的消费状况进行调查，预计调查的时间为两个月，请你按照调研的实施程序安排一下每项工作的具体时限。

4. 某婚庆礼品公司准备对婚庆礼品的市场需求状况进行调研，假设你是这个公司的秘书，由你制定调研方案，你认为调研的对象应该在什么年龄段？应该采用哪种调研方式？

5. 北京腾龙有限公司主要生产数码相机，公司准备开拓西北市场，需要对西北市场对数码相机的需求状况进行调研，主要了解西北市场消费者对数码相机的需求程度、能够承受的价格水平，以及对数码相机的性能要求等。假设你是北京腾龙有限公司的秘书，请你为此次调研制定一份调查方案。

第二节　调查研究的内容与程序

案例导入

李强原是某集团公司总部的一名普通秘书，在工作岗位上，他兢兢业业、任劳任怨，出色地完成了公司领导交代的各项工作任务，得到了同事与领导的一致好评。两年后，他被调到集团下属的分公司任办公室主任。到任后，他认真调查与了解分公司的组织机构、生产设施、工艺流程、固定资产、流动资金、原材料、能源动力，以及职工的人数、文化程度、技术水平、技术等级，还有产品的生产、销售、质量、生产成本等基本内容，从而对分公司的基本情况有了全面而深入的了解，很快就适应了新的工作岗位。

任务　调查研究是秘书处理事务与了解情况的一种基本方法，事务性质与内容的不同，就决定了秘书进行调查研究的内容不同，而调查内容的不同，又决定了调查方法与方式的不同。那么，调查内容包括哪些呢？

理论知识

在市场经济条件下，随着各行各业市场竞争的加剧，调查研究受到越来越多的企事业单位的重视，它已经成为领导决策的一个重要依据。为了使调研科学有效，除了需要制定完备的调查方案，还要根据调查内容确定调查研究的过程。

一、调查研究的内容

调查研究的内容，即调查研究的主题，是调查研究开展的核心，调查研究要围绕着调查的内容来进行。调查内容按照其性质划分，可以分为以下四种：

1. 基本情况调查

基本情况调查，是指秘书人员为了便于开展工作，全面地了解与掌握本地区、本机关、本单位的基本情况而对本地区、本机关、本单位所做的调查研究。按照秘书所在的单位的不同，其所要做的基本情况调查也会有所不同。

（1）国家机关及事业单位的秘书要做的基本情况调查。

作为国家机关及事业单位的秘书，其所要做的基本情况调查包括两部分内容：一是本机关所在地区的基本情况调查，包括山川地貌、土地面积、资源分布、历史、人口、工农业生产、卫生、交通、风土人情等基本情况。这些情况的调查要和本机关所主管的业务密切相关，越是相关的情况就越应该重点调查，对于相关度低的基本情况，可以做简单了解，或者不做调查。二是本机关的基本情况调查，包括行政机构、党团组织、干部配备、人员状况、主要工作、规章制度等基本情况的调查。

（2）工商企业的秘书要做的基本情况调查。

作为工商企业的秘书，其所要做的基本情况调查包括三部分内容：一是本单位的基本情况，如公司的结构与运作流程、公司的员工状况、公司的管理及科技人员状况、公司产品的销售、公司产品的研发、公司的工资与福利待遇、公司的规章制度。二是本公司所在的市场状况，如市场对产品的需求、市场对产品的革新取向、市场对价格的影响等。三是竞争对手的基本情况，如市场的占有率、主打产品、经济实力、对本公司产品的影响等。

小提示：基本情况调查所采用的方式及时间安排

调查方式：实地观察、个别访问、查阅书刊、查阅文件、查阅档案、查阅统计报表等。

调查时间安排：利用平时工作之便或工作之余，分散进行调查。

2. 专题性调查

相对于基本情况调查而言，专题性调查是针对某一专门事务而展开的调查，整个调查紧紧围绕一个主题展开。这种调查常常是上级机关或本级领导交办的，或配合中心工作进行的对某个专题的调查。按照秘书所在的单位不同，其所开展的专题性调查也各不相同。

（1）国家机关及事业单位的秘书要做的专题性调查。

作为国家机关及事业单位的秘书，其所要做的专题性调查，常常是与自己主管的业务密切相关的。此类专题性调查包括两部分内容：一是政策性调查，主要调研人们对法规、政策的反映；二是社会性调查，主要调研社会性问题，如知识分子状况、青少年教育状况、住房状况等调查。

（2）工商企业的秘书要做的专题性调查。

作为工商企业的秘书，其所做的专题性调查常常围绕公司的日常商务运行展开，其所进行的调查与公司的产品、市场密切相关，如产品质量调查、市场供求状况调查、市场行情调查等。

小提示：专题性调查所采用的方式及时间安排

调查方式：座谈会、个别访谈、查阅资料、书面问卷等。

调查时间安排：短时间内集中力量完成调查。

3. 经验性调查

经验性调查一般是指为了介绍与推广先进经验而展开的调查研究，一般需要对某个单位、部门、个人的工作或生产经验进行深入的调查与总结，以便于下一步宣传和推广工作能更好地开展。无论是国家机关、事业单位的秘书还是工商企业的秘书，都要进行经验性调查，目的是为本单位与部门树立学习的榜样。经验性调查要选准调查对象，一般应该是先进单位或先进个人，因为其经验应该比较成熟，具有一定的代表性与可推广性。

小提示：经验性调查所采用的方式及时间安排

调查方式：访问单位、部门负责人，听取介绍，采访当事人，召开群众座谈会听取群众意见等。

调查时间安排：短时间内集中力量完成调查。

4. 突发事件或事故调查

国家机关及事业单位、工商企业，经常会由于自然因素和人为因素造成突发性事件或事故。由于这类事件和事故有着极强的偶然性，会在短时间内对事件或事故的发生地（即各机关、单位与部门）带来重大影响，需要尽快处理。这就需要秘书对此类事件与事故展开调查，这类事故或是政治性的，或是经济性的，或是生产性的，或是技术性的，或是发生在集体身上，或是发生在个人身上，都要求秘书能够迅速地查明事实真相、原因及后果，分清责任，并尽可能提出处理办法，以便于领导在处理事件时进行参考。

小提示：突发事件或事故调查采用的方式及时间安排

调查方式：现场察看、访问当事人与知情人、查阅技术资料和档案。重大事件、事故的调查，往往需要秘书配合保卫部门与公安部门共同进行。

调查时间安排：尽量在短时间内集中精力完成调查。

二、调查研究的程序

调查研究是了解问题、分析问题和解决问题的过程，有很强的逻辑性和条理性。调查研究的过程大体可分为四个阶段：准备阶段、调查阶段、研究阶段、总结阶段。

1. 准备阶段

准备阶段的主要任务是确定调查任务、设计调查方案、组织调查人员。秘书人员首先要对调查任务做一些概括和规定，包括调研的对象、范围和目的；其次是设计调查方案，包括调研目的、调研内容、调研对象、调研地区与范围、调研方法、调研步骤、调研的具体时间安排、调研人员的组织和经费、物质的调配等；最后是组织调查人员，在此项工作中应做到精心选择、恰当安排、合理搭配，如果是一些大型的调查，最好还能进行有针对性的培训。

2. 调查阶段

调查阶段的主要任务是根据调查方案中确定的调查方法，以及调查设计的具体要求，进入调查现场收集各方面资料。这是调查方案的执行阶段，也是秘书调研的最重要阶段。

3. 研究阶段

在调查结束后，需要对新收集的资料进行整理和分析。在这一阶段，秘书的工作首先是鉴别材料、去伪存真，对收集到的资料的可行性和准确性做具体的分析。其次，需要按一定的标准对所收集的材料进行分类整理。最后，运用统计学的原理和方法，对所获得的调查资料进行全面系统的研究分析，从中找到领导决策时所需要的数据。

4. 总结阶段

总结阶段的主要任务是撰写调查报告、总结调查工作、评估结果，这是调查研究成果的集中体现。秘书不仅要在调查报告中对调查过程、调查方法进行系统的叙述和说明，而且要侧重说明调查结果和研究结论，同时提出建议和意见。

调查过程基本完成后，秘书要做的最后一项工作是对调查工作进行回顾与总结，包括整个调查工作的总结和每个参与者的总结，为今后进行类似的调查研究提供必要的经验教训。

案例分析

案例一

王丽从秘书专业毕业之后，到上海的一家外贸公司工作。到了工作岗位之后，她对这家公司的基本情况进行了深入的调查研究，对公司的基本业务流程、公司的产品类型、公司的业务状况、公司部门与人员构成等情况都有了深入的了解，并对市场基本状况进行调研，了解本公司产品在市场上的优势与劣势，使自己很快融入到公司的日常工作中。一次，公司领导和王丽闲谈，发现王丽在这么短的时间内居然对公司和市场行情了解得如此透彻，很快，王丽就升职了。

分析：当秘书刚刚入职或者被调到一个陌生的地区、机关、部门工作时，首先应该对本单位和单位业务的基本情况进行调查，熟悉并掌握这些基本情况，这是秘书快速融入团队、开展工作的基础，也是秘书不断提高自身业务能力与业务素质的有效途径。

案例二

北京大华公司要开拓东北市场，需要对东北市场的情况进行调查，公司派秘书李萌到东北做专题性调查。李萌采用了实地观察、个别访问，以及查阅书刊、文件、档案、统计报表等方式进行调查，但调查的最终结果却不尽如人意。

分析：一般来讲，专题性调查常采用的调查方式是座谈会、个别访谈、查阅资料和书面问卷等方式。而李萌采用的调查方式比较适合基本情况调查。

案例三

上海良友有限公司长春分公司在产品营销中形成了一套行之有效的营销方式与团队管理方式，在全公司每年的产品营销销售榜中都名列前茅，总公司决定把长春分公司的营销经验与管理方式在全公司内部进行宣传与推广。总公司派秘书张力到长春分公司进行调查研究，总结相关经验。张力到达长春分公司后，听取分公司领导的经验介绍，召开经验介绍座谈会，访问长春分公司的优秀员工，跟随长春分公司的销售员进行现场观摩。张力最终总结出了长春分公司的销售与管理经验，并在全公司范围内推广，使公司的业绩得到了飞跃式的提高。

分析：进行经验性调查的目的是总结先进的经验和方法，在单位或部门内部进行宣传与推广，提高单位或部门的工作效率。张力接到任务后，采用了恰当的调查方式，保证了任务的顺利完成。

案例四

上海腾龙置业有限公司的办公地址位于浦东新区的繁华地段，一天，当大家正在办公时，有一群五六十岁的老年人，围住了公司的大门口，不让公司办理业务的人员进出，要求公司的主要领导出面，要和公司领导进行谈判。公司领导出面，要求对方选出三个代表与公司进行谈判，其他人员离开。在僵持了三十分钟之后，对方答应选派代表与公司进行协商，其他人员陆续离开。在协商时，代表提出腾龙置业有限公司楼盘的绿化面积没有达到当初承诺的要求，许多空地没有绿化，小区的一些路面没有铺设水泥，下雨天非常泥泞，使得许多老年人出行困难，即使是晴天，也不方便锻炼。公司领导了解情况后，迅速让秘书王辉对此事进行调查。王辉当天下午即赶到小区进行了实地考察，拜访了一些业主，并听取了物业公司相关人员的汇报。了解到物业公司经理将大量的物业费挪为已用，导致经费紧张，使得绿化和道路建设没有按照卖房时的承诺完工，从而导致了这次突发事件。王辉迅速把自己了解的情况汇报给公司主要领导。公司领导决定解除与物业公司的合同，并把相关情况反映到政府部门，对原物业公司领导采取法律措施，追回损失；暂时由公司代管物业，并注入资金对小区进行绿化和修路。公司把相关调查情况和处理办法向小区业主进行通报，得到小区业主的理解与赞赏，很快便平息了这场风波。

分析：突发性事件或事故常是由人为因素或自然因素造成。在对突发性事件或事故进行调查时，一定要及时迅速，要弄明白事情的真相，弄明白事情的原因和结果，能够分清事情的责任，并提出合理的解决办法。秘书王辉在对突发事件进行调查时，做到了这些要求，很好地解决了突发性事件，使得公司很快就消除了负面影响。

实训项目

1. 国家机关或事业单位的秘书在做基本情况调查时，要调查哪些内容？
2. 工商企业的秘书在做专题性调查时，常会涉及哪些内容？
3. 突发性事件或事故调查常采用的调查方式是什么？

4. 经验性调查的对象应该具备怎样的特征?

5. 请你用表格的形式说明调查内容四大类之间的差别。

第三节　调查方法

案例导入

上海飞龙体育用品专卖公司准备在武汉开设一家门面店,公司经理让秘书赵丽娜就选择店面位置这一事宜进行调查。赵丽娜到武汉之后,听取了公司先遣人员预先选定的几个门面店的汇报,对每一个门面店的位置、商业氛围、客流量、基础设施、租赁价格有了大致了解。然后她亲自到所选定的几个门面店门口,选择一个特殊的时间段,对客流量进行观察,对每个门面店所在位置的商业氛围进行了考察,并对附近类似的门面店的经营者进行了访问,以了解经营状况。赵丽娜还和租赁方进行了协商,考察他们承诺的服务,以及开出的租赁价格,最后草拟了一份调查报告,确定了其中两个门面店作为选址的首选,并将调查报告递交公司领导,由领导做最后决定。

任务　秘书在进行调查时,由于调查的目的和内容不同,所采用的调查方法也会有所不同,秘书只有灵活地采用调查方法,才能高效、及时地完成领导布置的调查任务。那么,秘书该如何利用这些调查方法进行调查呢?

理论知识

调查方法是指调查者在进行调查时所采用的方法。调查方法可以分为两大类型,根据每次调查所采用的整体方法与手段来区分的调查方法我们称之为宏观调查法,根据每次调查所采用的手段来区分的调查方法我们称之为微观调查法。

一、宏观调查法

宏观调查法是由每次调查的具体目标与任务决定的,受到调查部门人力、物力、财力的限制。宏观调查法包括以下几种类型:

1. 普遍性调查

普遍性调查,简称普查,它是指对总体调查对象中的每个具体的单位无一例外地进行调查。普遍性调查适用于重大的基本情况调查,如人口、土地、资源等方面的基本情况调查,它一般由国家政府部门实施,所需要的人力、物力、财力巨大,普查的范围广、对象多、工作量大。普查的资料内容一般比较全面、客观、精确,但不够生动与具体。

小提示:普遍性调查所采用的方法与时间安排

(1) 调查方法:书面问卷、数学统计。

(2) 调查时间安排:统一时间限度完成。

2. 典型性调查

典型性调查，就是从总体或不同类型的调查对象中选择个别有代表性的单位进行调查。典型性调查适用于经验性调查，以便于宣传和推广，各种机关单位与工商企业经常采用这种调查方式，可以用较少的人力、物力、财力完成。典型性调查的调查对象少，调查资料的内容比较集中、深入、生动、具体，但受到选定对象个人因素的限制。

小提示：典型性调查的具体适用性

典型性调查比较适合思想品质、道德方面的调查，而不适合工农业生产、科技或商业活动等方面的调查。

3. 个案调查

个案调查，就是对个别对象进行调查。它有较强的针对性，突发事件或事故比较适合采用这种调查方式。它一般要求实事求是、迅速准确，具体问题具体分析。但在调查时也要注意历史因素与社会因素对被调查者的影响。

4. 重点调查

重点调查，就是对调查对象总体中部分起主要作用或决定性作用的单位进行调查，再用其结果推断其他一般单位。重点调查的方式是多种多样的，能使用较少的人力、物力、财力取得较好的效果。但被调查的单位之间的差别不大，也不能硬性拔高。

5. 抽样调查

抽样调查，就是从调查对象总体中抽取部分样本进行调查，用其结果推断总体。它是重点调查与典型调查的放大，是普查的缩小，是介于这两者之间的一种调查方式，它适用于对调查对象做一般了解的调查。抽样调查又分随机抽样和非随机抽样。随机抽样是对调查对象总体采用同样的“概率”（各个体单位机会均等）抽取样本。非随机抽样又称立意抽样，是调查人根据需要确立不同的意图，如选择不同地区、范围、时间，或先将调查对象总体分类，然后对不同类型的对象采用不同概率抽取样本。

二、微观调查法

微观调查法是指每次实地调查所采用的具体方法。它一般包括：观察法、访问法、文献法、问卷法等。

1. 观察法

观察法，就是调查者直接凭肉眼或借助于工具、仪器（放大镜、照相机、摄像机、望远镜等）对调查对象（人、事、物、环境、场所等）的状态、变化进行观察、记录。它侧重于了解调查对象的外观、形态、动作或变化过程。

观察法分为参与性观察（局内观察）与非参与性观察（局外观察），对于一些可以预计的事情可以采用参与性观察，如了解人物的先进事迹；而对于突发性事件则只能采用非参与性观察。

小提示：观察者要注意的事项

（1）确定观察重点。

（2）要专注。

（3）认真记录，事后研究。

（4）要懂行。

2. 访问法

访问法是访问者与被访问者（通常是事件的当事或知情个体人或群体人）进行访问、交流、讨论，以了解情况的一种调查方法。

根据提问的直接程度和明确程度，可以把访问法分为三种类型：一是结构式访问，指调查者根据事先拟订的提纲或问题直截了当地提出问题。一般适用于比较熟悉或有了一定基础的被访者，适用于与被访者没有直接利害关系的问题，被访者可以毫无顾忌地直接、明确回答。二是无结构式访问，指调查者将问题采用委婉的方式提出，或以聊家常的形式交谈。这种方式可以使被访者少些顾忌，适用于比较生疏的被访者或是比较敏感的问题。三是半结构式访问，介于前两者之间。

访问法的优点是访问者可以与被访者面对面交谈，可以追问、讨论，所了解的情况更全面、深入。通过边看边问、察言观色，容易辨别真伪。访问法的缺点是费时费力，很难做大规模调查，提出的问题很难有科学、统一的标准，不利于做定量分析。

访问者在对被访问者进行访问调查时，要注意以下事项：一是要和被访者建立信任合作关系；二是访问者进行访问时态度要诚恳、和蔼、谦虚；三是要讲究访问策略，不要问及被访者的隐私或不幸的事，如无意问及，要立即道歉；四是要采用合理的访问方法，一般可以用个别访谈或座谈的形式。座谈会的人数不宜过多，一般以三五人，至多十来人为宜。访问者要善于聆听与引导，不要打断被访者的发言，机密内容一般不宜在座谈会上说。

3. 文献法

文献法是指调查者通过查阅有关书面资料，如报纸杂志、文件档案、照片、录像、影片、录音等内容，以获取所需要的文献。

文献按加工程度可以分为一次文献、二次文献、三次文献。一次文献是最原始的文献，是最真实、可靠、准确的，使用价值也最大。二次文献是指通过对一次文献进行加工、转引、摘录、摘要、编译而成的文献，如教科书、简报、文摘、综述等。它重点突出，容易阅读，但不全面。三次文献是在一次、二次文献基础上经综合分析、高度概括并整理有序的文献，如辞典、百科全书、年鉴、索引等。它覆盖面广，内容简明，适于了解各种基本知识与信息，但不宜作为重要依据。一般查阅文献应该先查三次文献，然后再查二次文献，最后查一次文献，以保证文献的可靠性。

搜集文献一般是按照某一主题，按照先近后远、先小后大、先具体后抽象、先简单后复杂、先当代后古代、先正面后反面的顺序进行。搜集文献的具体方法可以采用做摘录笔记或卡片，写内容提要，对重点页面复印、翻拍照片，对重点内容录音或录像等。

文献搜集法的优点是资料丰富、时间与空间跨度大，搜集观察中受到的制约少，花费低；缺点是信息滞后于现实，缺乏生动性与具体性。

4. 问卷法

问卷法是调查者把需要了解的情况设计成不同类型的题目并组合成书面问卷，由被调查者做书面答案。

问卷一般由三部分构成：一是前言部分，要写明调查对象、范围、背景、依据、目的，而且要向被调查者表示感谢。一般在前言部分，调查的目的和向被调查者表示感谢是必不可少的，其他内容可以根据实际情况进行省略。二是主体部分，要依据调查的目的和主题设计相应的题目，一般由两类问题构成，一类是封闭式问题，另一类是开放式问题。封闭式问题的题型是选择题和是非题，被调查者只能在有限的范围内选择答案，做肯定或否定判断。开放式问题是填空题和问答题，由被访者填写或回答，一般不受限制。三是附录部分，要对被调查者的基本情况进行了解，在实际操作中，也常把附录部分放到主体中，把它作为封闭式问题放置在前面。

问卷法可以进行大规模调查，可以省时省力，但要注意问卷设计的题目不宜过多，让被访者回答的时间不要超过二十分钟，题目要与调查主题和调查目的密切相关，一份调查问卷的封闭式题目要多一些，而开放式问题不宜过多，一般问答题不要超过三个，题目要由浅入深、逐渐深入。

例文

关于举行第一届长春电影博览会调查问卷

长春市作为新中国电影的发源地，与中国电影结下了不解之缘，为了促进长春市电影事业的发展，提高长春市的知名度，丰富长春市人民的文化生活，长春市人民政府、长春电影制片厂和长春腾龙文化发展有限公司准备于9月份在长影世纪城举办第一届长春电影博览会。下面的问卷调查能够决定本次博览会是否如期举行，感谢广大市民的积极参与。

1. 你觉得长春市有没有必要举办这次博览会？

A. 有必要　　B. 没有必要　　C. 不清楚

2. 如果在9月份举办，你会不会参加？

A. 一定会参加　　B. 不会参加　　C. 视情况而定

3. 你觉得在长影世纪城举办是否合适？

A. 合适　　B. 不合适　　C. 说不清楚

4. 你觉得博览会的票价为多少你能够接受?

A. 200～300 元　　B. 100～200 元

C. 50～100 元　　D. 50 元以下

5. 你比较喜欢哪一个博览板块?

A. 电影发展的历史　　B. 华语电影新片　　C. 长春市与电影的关系

6. 如果你觉得时间与地点都不合适，你会选择在什么时间和地点？为什么？

7. 谈谈你对长春电影博览会的构想。

附录

1. 你的性别：A. 男　B. 女

2. 你的年龄：A. 25 岁以下　B. 25～34 岁　C. 35～44 岁　D. 45～60 岁　E. 60 岁以上

3. 你的工资水平：A. 10 000 元以上　B. 5 000～10 000 元　C. 2 000～5 000 元　D. 1 000～2 000 元　E. 1 000 元以下

4. 你的教育程度：A. 硕士研究生以上　B. 本科　C. 专科　D. 高中　E. 初中

5. 你的职业：

小提示：调查阶段的“三勤”

在调查阶段，不管采取哪种调查方法，秘书都应该做到“三勤”，即勤问、勤看、勤记，尽可能多的掌握第一手材料，掌握的材料越多，对下一个阶段的分析研究就越有利。

案例分析

案例一

刘楠在某中型钢铁企业做秘书，公司最近准备转产，生产新型钢材，可对其他钢铁企业生产的趋势不太清楚，公司领导把调查的任务交给了刘楠。刘楠接到任务后，认为现在市场上钢铁企业生产的趋势受到几家大型钢铁企业的重要影响，于是她选择对几家大型钢铁企业的生产趋势进行调查。她首先考察这几家大型钢铁企业的主打品牌，访问客户对这些钢铁企业品牌的意见和看法，并发放调查问卷，了解客户对钢铁的需求，通过查阅文献了解这几家公司的生产资料与产品研发的倾向等。通过对比分析，刘楠写了一份调查报告，确定了钢铁市场产品生产的倾向性，为研发新型产品提供了有益的参考。

分析：秘书人员作调查时，应该把调查目的、主题、项目、方式、方法结合起来。根据调查目的、内容、性质、范围、对象以及项目等确定调查方式，再由调查方式确定调查方法。对于此项调查，刘楠先确定了调查方式，采用重点调查，然后又使用了访问法、问卷法、文献法，得到了钢铁市场的真实情况。

案例二

浙江朝华有限公司准备在全国范围内进行一次产品质量的客户反映情况调查，公司把此项任务交给了秘书小李。小李经过分析，发现本公司的产品在全国各地都有销售，但主要销售地区为浙江、上海、江苏与山东，其他省份由东到西、由南到北呈递减的趋势。于是他决定采用抽样调查中的立意调查，使以上重点地区的抽取概率高于其他地区，抽取概率由东到西、由南到北呈递减趋势。最终通过对调查样本的分析，得到了客户的整体反映状况。

分析：调查所选用的方式是由调查主题决定的，本次调查的主题是产品质量的客户反映情况，由于调查范围较广，调查对象较多，而公司的财力、物力、人力都有限，所以不适合普查，只要采取抽样调查就可以了，又由于公司产品在不同地区的销售量不一样，就不可能在不同地区采取同样的概率抽取调查对象，只有按照销售量来确定各地区的抽取概率，销售量越高抽取的概率就越高，反之则越低，这样才能反映销售的实际情况，真正掌握客户对产品质量的反映。

案例三

某公司秘书小王要对一件突发事件进行调查，他邀请了当事人进行访谈。在正式访问之前，他拟订好了提纲，其中有这样的问题："你觉得发生这样的事情，主要是不是你自身的原因造成的?"秘书小王在对当事人进行访问时，由于这个问题，引发了当事人的强烈不满，造成了访谈不欢而散。

分析：小王访谈时，没有注意到访谈的策略，对于与当事人有直接利害关系的问题，不应该直接提及。特别是对于陌生的访谈者，更是如此，小王应该采用委婉的方式提出，这样才能保证访谈顺利进行。

案例四

浙江春熙有限公司准备与内蒙古一家乳制品厂洽谈一项业务，并顺便到另一家乳制品厂去考察。秘书小刘很快和这两家公司取得了联系，说明了意图。小刘所在公司要顺便考察的另一家乳制品厂因在此期间有可能停产进行技术升级，要求小刘一行到内蒙古之后再联系。秘书小刘通过查看企业年鉴，获得了需要考察的乳制品厂地址。到达内蒙古后，被考察的乳制品厂打来电话，告诉他们可以按预先约定的时间进行考察。到了考察那一天，小刘一行按照查到的地址到达考察现场，但只看到一片废弃的厂房。小刘打电话与该厂联系，对方告诉小刘，一年前他们就搬了厂房。最后，小刘一行急匆匆赶去，考察在仓促中结束。

分析：秘书小刘在搜集相关材料时考虑不周，他使用的是三次文献，由于时间或者编著的原因，都可能导致搜集的材料已经过时，不再具有可信度。所以，一定要掌握一次文献，秘书小刘应该和厂家进行确认，只有一次文献才是最可靠的。

实训项目

1. 作为调查人员，在对调查对象进行观察时，应该注意哪些问题？

2. 随着年底的临近，公司要选出一批优秀的代表进行表彰，重点要评出一位先进工作者，作为公司全体员工学习的榜样，公司领导准备从三名候选人中选出一位，经理派秘书小冯前去调查，你觉得小冯应采用哪种调查方式和调查方法？

3. 珠海阳光公司最近发生了一起突发事件，公司领导派秘书王浩前去调查情况，王浩邀请事件的目击者与当事人进行座谈，了解情况。如果你是王浩，你认为在座谈时应该注意哪些问题？

4. 浙江华阳公司是一家生产手机的企业，该公司准备对市场上手机需求的倾向性做问卷调查，主要了解手机的外观、价格与性能方面。如果你是华阳公司的秘书，你应该如何设计这个调查问卷？

第四节 综合整理

案例导入

杭州田阳有限公司是一家做厨具的企业，其主打产品是抽油烟机，经过多年的经营，其抽油烟机在我国市场的占有率居同行业的首位，但最近一两年其品牌在市场上的占有率呈逐年下降的趋势，公司领导决定对其中的原因进行调研。公司负责此次调研的王副总将中国市场分成了东北、华北、华东、华南、西北、西南和中部几个区域，进行大规模的调研，通过调研收集了大量的原始资料。王副总将这些调研资料的综合整理工作交给了秘书江涛。江涛根据本次调研的目的，对调研的资料进行核实、筛选、分类、誊清、分析研究，得到了最终的统计结论，根据统计结论，他写出了一份内容翔实的调查报告，提出了自己的建议。

任务	调查研究工作是一项复杂的工作，从调查方案的确定到实际执行，都需要秘书本着严肃认真、一丝不苟的精神。当现场调查完成之后，并不意味着万事大吉了，它还需要秘书人员对调查的资料进行分析与整理，以便得到调查的结论，找到解决问题的方法。那么秘书人员应该如何对调查获得的资料进行综合整理呢？

理论知识

当现场调查完成之后，就需要秘书对调查资料进行综合整理，包括对资料进行核实、筛选、分类、誊清、分析研究，以及撰拟调查报告。

一、核实

调查资料的核实是确保调查资料真实可靠的重要手段，具体说来，使用的调查方法与调查手段的不同，也就决定了核实的方法与方式的不同。对调查资料的核实，主要指核实人名、地名、时间、数据、重要内容。核实的方法有：可以将调查记录的内容与录音的内容或录像的内容进行比照；对于重要内容，可以向当事人核实，特别是对于突发性事件或事故的调查，记录的重要调查内容需要向当事人核实；对于有些特殊的并且非常重要的调查资料，还可以通过实地考察与走访的方式进行核实。

二、筛选

当核实工作完成之后，就需要对调查的资料进行筛选。要将符合调查目的和调查主题的材料，以及记录或者填写完整与规范的材料挑选出来，把那些填写不规范、不完整、不符合要求、内容不真实、无意义的材料舍弃。

三、分类

将符合要求的材料进行分类整理，将类别相同的材料放到一起，以便于誊清、分析研究。对调查资料进行分类可以采用以下一些方法：一是按记录材质进行归类，将纸质资料、影像资料、声音资料以及数码资料分别放在一起；二是按照调查的地区进行分类，将属于同一地区的所有调查资料放在一起；三是按照事件归类，即将反映同一类事件的调查资料放在一起；四是按照时间归类，将调查资料按照调查时间的先后归类排列；五是按照部门归类，将属于同一部门的材料放在一起。

小提示：实际操作中的分类

在实际操作中，往往不会使用单一的分类方法，而是几种方法综合使用，这是由操作的实际需要决定的。

四、誊清

调查资料的誊清包括：将调查资料中一些字迹不够清晰的记录或其他材料进行重新誊写，使其内容清晰；将内容进行编目、命名，并编写调查材料的目录表，形成一次调查资料的清单；明确调查资料的名字、编号、内容摘要、调查资料的形式，调查资料的份数及页数等内容，为下一步对调查资料进行分析研究提供便利。

五、分析研究

将调查资料誊清之后，就需要对调查资料进行分析研究。对调查资料的分析研究可以按照调查资料的形式，采用机器或者手工的方式进行相应的分析研究。现在有专门的分析统计软件，计算机安装上相关软件之后，将调查的相关数据输入到软件当中，由软件进行统计和分析，但是由软件所作的分析和统计，秘书应该认真核对。对于大量的调查资料，软件无法进行分析，这就需要人工分析。对调查资料进行分析的主要方法如下所述：

1. 归纳法

归纳法就是将多件同类的个别事物放在一起，从中概括出共同属性或特征以加深认识的研究方法，是常用的逻辑方法之一。将对同一类事情的调查放在一起，看被调查的同一类事情在某一方面人们的认识所占的比例，然后按照所占比例的大小顺序排列，再作进一步分析，找到人们形成认识的原因，这就是运用了归纳法。

2. 综合法

综合法就是将众多零散事物进行横向组合或纵向串联，视为一个整体进行研究。综合法需要我们对众多调查资料进行组合、串联、比较、筛选，区分其内在的联系，既要看到事物之间的相互影响，也要看到事物发展前后的相互影响，从中找出规律。

3. 统计法

统计法就是运用统计数据来描绘社会经济现象的状况和变化，认识社会经济规律的方法。通过对调查资料进行数量上的统计和分析，得到调查主题的社会现实。

4. 比较法

比较法就是把两个或两个以上既同类又有不同之处的事物放在一起比较、分析，从而更深刻地认识各自的特征。使用比较法时，比较对象之间应该具备某一方面或某些方面的共性，共性越高，比较就越能成立。比较对象还应具有可分解性和可度量性。运用比较法，必须从客观、逻辑、历史、辩证、总体的角度看问题，才能抓住问题的实质。我们对具有某些相同性质的材料进行横向与纵向的比较，发现其共同点与不同点，进行深入分析，找到其内部规律与原因。

5. 分析法

分析法就是将复杂的事物进行分解，联系其他有关因素，从而辨析、认识事物的本质和规律。

6. 演绎法

演绎法是逻辑推理的方法之一。它以公理为大前提，以求证的事物为小前提，如果小前提符合大前提的前项，那么小前提的结论必然符合大前提的后项。例如，大前提：两点之间直线最短；小前提：线段 L 是点 A 到点 B 之间的直线；结论：线段 L 是点 A 到点 B 之间的最短线段。

六、撰拟调查报告

对调查资料进行分析研究，得到客观情况，寻找到其内部规律及原因之后，就需要撰拟一份调查报告。对于秘书而言，如何将调查研究的成果借助准确、简洁、严谨、条理清楚的书面文字表述出来，以供领导或者决策者参考，是调查研究之后的一项关键性工作。因此，我们不仅要充分认识调查研究的重要性，而且要重视调查报告的写作。调查报告的格式及写作要求如下所述：

1. 标题

（1）公文式标题由事由＋文种构成，如“海南会展经济调查报告”。

（2）新闻式标题多用于报纸、杂志等新闻媒体，可分为陈述式、提问式、正副题式。陈述式，如“跑线黑车屡禁不止”；提问式，如“电动玩具为何热销福州市场”；正副题式，如“生育观大转变——白山地区计划生育调查”。

2. 正文

正文由三部分构成，即前言、主体和结尾。

（1）前言。

前言要精练概括，直奔主题。前言的常见写法有：写明调研的起因、目的、时间和地点、对象和范围、经过与方法以及人员组成等调查本身的情况，以及从中引出的中心问题或基本结论；写明调研对象的历史背景、大致发展经过、现实状况、主要成绩、突出问题等基本情况，进而提出中心问题或主要观点；直接概括出调研的结果，如肯定做法、指出问题、揭示影响、说明中心内容等。

（2）主体。

主体是调查报告最主要的部分，这部分详述调查研究的基本情况、做法、经验，分析调查研究所取得的材料中得出的各种具体认识、观点和基本结论。一般可以从三个方面来写：一是基本情况，即调查对象过去和现在的客观情况，如发展历史、市场布局、销售情况等；二是分析与结论，即对调查所收集的材料进行科学的分析，从中得出结论性意见；三是措施与建议，即根据调查结论，提出相应的措施和建议。

（3）结尾。

结尾的写法很多，可以提出解决问题的方法、对策或下一步改进工作的建议；或总结全文的主要观点，进一步深化主题；或提出问题，引发人们的进一步思考；或展望前景，发出号召。

3. 落款

调查报告的最后一项内容为署名，即签上调查组名称或个人名称和写作日期。若在标题下署名，则文后不再署名。

小提示：撰拟调查报告的注意事项

（1）要做好调查研究工作。

（2）要实事求是，尊重客观事实。

（3）写作中心突出，条理清楚。

例文

海南会展经济调查报告

海南省会展协会

会展经济是通过举办各种形式的会议和展览展销，带来直接或间接经济效益和社会效益的经济现象和经济行为，也叫会展产业。其涉及服务、交通、旅游、广告、装饰、边检、海关、房地产以及餐饮、通信和住宿等诸多行业和部门，带来大量的物流、人流、资金流、信息流、文化流，经济带动功能非常显著。据有关专家测算，展览业的产业带动系数为“1∶9”，即展览场馆的收入如果为1，相关的社会收入为9，这样高的产业关联度使得会展经济成为带动城市和区域经济发展的新增长点。为全面了解海南省会展业的现状，经海南省人民政府同意，中国贸促会海南分会会同国家统计局海南调查总队、海南省会展协会在全省范围内开展了会展业调查。调查通过问卷调查的形式对全省3星级以上的178家酒店进行摸底调查，同时重点调查8家具有一定规模及代表性的展览企业。

一、海南会展经济发展基本情况

海南省的会展经济发展较快。例如，2006—2008年这3年中，会议与展览的收入分别为3.69亿元、5.07亿元和5.79亿元，其中，会议经济比重占绝大多数，2006—2008年的会议收入分别占会展总收入的98.1%、97%和96%。其主要原因如下所述：

(1) 海南省会议收入迅速增长，会议经营主体竞争力较强。

(2) 展览收入规模小但成长迅猛。

二、海南会展经济发展中存在的问题

(1) 对会展经济发展的重视程度不够。

(2) 经营中存在问题。

(3) 会展的规模存在差距。

(4) 缺乏会展人才。

(5) 会展企业规模小，会展法律法规不健全，会展行业缺乏自律。

(6) 信息不畅。

三、加快海南会展经济发展的建议

(1) 制定科学的长远发展规划和总体发展目标。

(2) 明确政府职能，继续完善市场化运作机制。

(3) 加快制定和完善地方性行业法规。

(4) 扶持一批龙头会展企业。

(5) 加快会展特色建设，打造会展经济品牌。

(6) 加大对外宣传促销的力度。

(7) 积极发挥行业协会的作用。

(8) 加快人才培养，全面提高会展从业人员的整体素质。

(9) 加强会展场馆和配套设施的建设。

(10) 推进会展业的信息化建设。

(11) 加强与国内外会展业的交流与合作。

案例分析

案例一

广东腾达有限责任公司最近对市场作了一次深入的调研，收集了一大批调研资料。公司领导将资料交给秘书李龙整理。李龙在整理资料时，并没有对资料进行认真核对，而是直接对资料进行筛选、分类、誊清，然后分析研究，根据研究的结果写了一份调查报告，并提出了自己的建议。公司根据调查结果，按照李龙的建议调整了产品的生产，并将新生产的产品投放到市场，但并没有取得预期的销售效果，产品大量积压，给公司带来巨大损失。

分析：秘书对调查资料进行整理时，首先应该对调查资料进行核对，保证调查资料的可靠性与可信度，这样才能保证最后分析统计的结果是符合实际的。该案例中的秘书李龙，忽略了对调查资料的核对，从而导致了最后的结果与实际情况有很大的出入，造成了公司领导决策的失败。

案例二

某机械公司对市场进行了大规模的调查，收集了大量的调查资料，办公室主任让秘书小王对资料进行整理。小王在整理的过程中，首先对调查资料进行了核对，发现工作量很大，就省略了筛选环节，直接进行分类和誊清。然后把整理出来的调查资料转交给分析人员，分析人员对资料进行分析研究时，发现有大量的调查资料是不规范、不完整、不符合分析与研究要求的，只能重新进行了资料的筛选工作，耽误了工作的进度。

分析：调查资料的综合整理工作是一项系统的工作，秘书应该对每一个环节都认真负责地完成，不能因为工作量的缘故，就随意地省略某些环节，这会给后续的分析研究带来麻烦。

案例三

某公司在进行市场调研时，采用的是问卷调查法，问卷中的大量题目都是封闭式题目。调查完成之后，公司领导将调查分析的工作交给了秘书小刘，要求他在一个星期之内分析出结果。小刘接到任务之后，用人工的方式夜以继日地进行统计分析，还是没有按时完成任务。秘书小刘被公司领导狠狠地批评了一顿。

分析：秘书对调查资料进行统计分析的时候，应该善于使用计算机统计分析软件对资料进行分析，这样可以节省大量的时间与人力，提高工作效率。

案例四

李浩是某公司的办公室秘书，有一次公司领导将一批整理好的调查资料交给李浩进行分析研究。李浩接到任务之后，认真翻阅了一遍调查资料，可是他却不知道应该从哪入手，应该采用什么方法，愁眉苦脸地思考了好几天，也没有一点眉目。于是李浩就向领导反映，说自己没有办法完成此项工作，请领导把此项工作交给其他秘书。此后，领导在交代工作时，很少再让李浩插手。

分析：秘书人员应该对分析研究材料的方法做到心中有数，应该知道什么样的材料应采用什么方法来进行分析研究，这样才能保证日常工作的顺利完成。

实训项目

1. 由于调查资料在很多时候都是浩繁和多样的，特别是一些大规模的调查，更是如此，调查资料的综合整理，往往是由多组工作人员共同完成的。把学生分成核实、筛选、分类、誊清和分析研究组，请每一个组讨论一下，自己这个组的工作应该如何来做，应该注意什么。

2. 秘书对调查资料要进行分析研究，这就需要采用一些方法，请你谈谈你对每一种方法的认识。

3. 浙江宏达公司最近发生了一起突发事件，通过对事件进行调查，收集了大量的调查资料，秘书小冯在对资料进行整理的过程中，觉得有些记录内容的出入较大，如果你是小冯，你会怎么做？

4. 江苏天龙有限公司准备在沈阳开一家门面店，通过问卷调查、实地观察和走访的方式，对门面店的选址与当地的商业环境进行了调查。请你虚拟一下调查的时间和调查得到的结果，写一份调查报告。

5. 北京天山有限公司要对同类的不同个别事物的调查资料进行分析，以找到它们之间的共同属性。如果你是该公司的秘书，你会采用哪种分析方法？

第九章

会务工作

学习目标

● 知识目标

1. 掌握会务工作的一般流程；

2. 熟悉会前筹备的主要内容，掌握会议筹备方案的制作要求以及会议文书的拟写要求；

3. 熟悉会中服务工作的主要环节，掌握会场内外的服务技巧；

4. 熟悉会后总结与落实的内容，掌握会议文件文书的立卷归档要求。

● 能力目标

1. 掌握相关会议文件的写作技巧；

2. 能够做好会前筹备、会中服务，以及会后总结与落实等实际工作；

3. 具备相应的协调能力，能使会议圆满成功。

第一节　会前筹备

案例导入

刚刚大学毕业的小安应聘到康达电子公司做行政秘书。一天，领导告诉他公司准备召开一次大型的新产品推介会，让他做好会议的筹备工作。从来没有组织过会议的小安一时感到无从下手。于是，小安虚心地向办公室经验丰富的张秘书请教，张秘书告诉他做好会务工作是秘书的一项日常而又重要的工作。会议种类很多，不同的会议有不同的组织方法，但一般大型会议的会务工作都包括会前筹备、会中服务和会后总结与落实三个环节。其中会前筹备是保证会议顺利召开的基础，秘书人员要尽量准备充分，策划周密。

张秘书为小安详细讲解了会议筹备工作的主要内容及各环节的注意事项。小安听后茅塞顿开，高高兴兴地去筹备会议了。

任务

会务工作是秘书部门一项重要的日常工作。秘书人员作为领导的参谋和助手，熟悉会务工作的内容，掌握会务工作的组织技巧是很有必要的。在整个会务工作中，充分的会前筹备是会议取得成功的前提条件。那么，秘书应该如何做好会前筹备工作呢？

理论知识

由于各种会议的内容不同、规模各异，会议的筹备工作也因此而不同。以大中型会议筹备工作的基本程序为例，一般说来，会前的筹备工作主要包括以下环节：

一、制定会议筹备方案

筹备方案也可称为会议预案，就是为顺利召开会议而预先制定的计划或方案。大中型会议的召开是一项很复杂的组织工作，在会议召开之前，秘书必须制定细致、周密的会议工作方案，并报请领导审批，然后才能进行筹备。

筹备方案在一定程度上是为会议工作人员制定的，目的是在组织或准备会议时有据可循。因此秘书人员应当认真设计筹备方案，要使其具体、可操作性强。会议筹备方案主要包括以下几方面的基本内容：

1. 确定会议的主题和议题

会议主题是指会议要研究的问题、达到的目的。会议议题则是对会议主题的细化。

2. 确定会议名称

会议名称应根据会议的主题或议题来确定。一般来说，会议名称由三部分组成：会议主办单位的名称、会议的主题、会议的类型。如“××大学教职工代表大会”等。

3. 确定会议的时间、会期和地点

（1）确定会议的时间和会期。

确定会议召开的时间要考虑两个方面的因素：一是会议的主持人和主办单位的主要领导及被邀请的主要领导或贵宾是否能够出席会议；二是主要领导是否正在出差、旅行中。

会议的会期是指召开会议的时间的长短，也就是会议的起止时间。会议的会期要根据会议的内容来确定。

（2）确定会议地点。

确定会议地点时，要根据参加会议的人数和会议内容进行综合考虑。

1）远近适当。确定会议地点必须遵循方便领导和与会者前往的原则。临时召开的会议，或一两个小时即散的会议，要考虑把会场定在与会人员较集中的地方；超过一天的会议，会场要尽可能离与会者的住所近一点，免得与会者劳碌奔波。

2）大小适当。会场的大小应与会议规模相符。如果会场太大，人数太少，空座位太多，会给人一种松松散散的感觉；会场太小，人数过多，与会者挤在一起，又会显得小气。一般来说，平均每人有2～3平方米的活动空间比较适宜。同时应考虑会议时间的长短，时间长的会议，场地不妨大些。

3）设备齐全。会场要配有良好的设备，桌椅家具、通风设备、照明设备、空调设备、音像设备要尽量齐全。同时应该根据会议的需要考虑是否应准备特殊设备，如演示板、电子白板、放映设备、音像设备、录音笔、投影仪、计算机、麦克风等。

4. 确定会议的议程与日程

（1）会议议程的拟订。

会议议程是会议议题的载体，是会议各项议题进行的先后顺序，是安排会议日程的前提和基础。它的主要作用是使人们特别是与会人员对会议的主要内容做到心中有数，事先做好准备。会议议程的拟订应当简明，并冠以序号的方式清晰地表达出来。当然并不是所有的会议都必须拟订书面的会议议程，但要让与会者事先了解会议议题或会议的主要讨论事项，以便有所准备。

例文

××省高职高专院（校）长联席会成立大会会议议程

（2014年××月××日）

1. 宣布××省高职高专院（校）长联席会成立大会开幕。
2. 奏国歌（全体起立）。
3. 介绍主席团就座人员和出席会议的人员。
4. 致欢迎词。
5. 宣布××省高职高专院（校）长联席会成立。
6. ××省教育厅领导致贺词。
7. 联席会筹备委员会作关于成立××省高职高专院（校）长联席会的筹备报告。
8. 通过《××省高职高专院（校）长联席会章程》。
9. 选举××省高职高专院（校）长联席会第一届理事会理事、主席、副主席、秘书长。
10. ××省高职高专院（校）长联席会主席讲话。
11. 宣布××省高职高专院（校）长联席会成立大会闭幕。

（2）会议日程的编制。

会议日程是会议的各项议题和有关活动在会期以内每一天中的具体安排。在会议日程中，会议的各项活动按上午、下午、晚上逐项列出，使会议的所有活动与时间一一对应。会议日程是会议组织者对会议实施组织、与会人员参加会议活动和了解会议情况的重要依据。制作会议日程时可使用文字形式，也可使用表格形式。

例文

××省高职高专院（校）长联席会成立大会日程安排

（2014年10月16—18日）

日期	时间		活动内容	参加人员	地点	负责人	备注
10月16日	上午 下午	全天	报到	全体代表	宾馆大堂	大会 秘书组	
	晚上	18:30	晚餐	全体代表	餐厅	* * *	
		20:00～21:00	大会 预备会	全体代表	综合会议厅 （餐厅二楼）	* * *	
10月17日	上午	7:00～8:30	早餐	全体代表	餐厅	* * *	
		9:00～11:30	成立大会	全体代表	综合会议厅 （餐厅二楼）	* * *	
	下午	12:00	午餐	全体代表	餐厅	* * *	
		14:30～18:00	考察	全体代表	×××景区	* * *	
	晚上	18:30	晚餐	全体代表	餐厅	* * *	
10月18日	上午	7:00～8:30	早餐	全体代表	餐厅	* * *	
			离会	全体代表		* * *	

小提示：拟订会议议程、日程应注意的问题

（1）会议议程的拟订应在前，议程一旦确定，则不应轻易改变。会议日程在时间、地点、人员等方面如遇到一些变化，可作相应调整。

（2）会议议程与日程的安排必须吻合。

（3）会议议程、日程制定后，必须经主管领导审核方可实施。

5. 确定参会人员

确定参会人员时，必须根据会议主题综合考虑与会人员的层级、人数、分组的大小、食宿安排的人数等问题，不要邀请与会议主题无关的人员参加。

6. 编制会议经费预算

对会议经费的把关不可太松，否则会造成浪费；也不可太紧，否则会影响会议质量。会议经费在使用前要逐项审核，在使用中要采取监督和控制。

会议经费的预算包括文件资料费、邮电通信费、会议设备和用品费、会议场所租用

费、宣传交际费、食宿费、交通费、其他临时费用。

7. 确定会议筹备机构

若是大型会议，还应成立会议筹备机构，明确人员分工，做到人有专职、事有专人，既分工负责，又协同配合。一般来说，大中型会议的筹备机构通常有：

（1）会务组：负责会务组织、会场布置、会议接待等工作。

（2）秘书组：负责撰写会议方案，准备会议文件和资料，做好会议记录，编写会议纪要、会议简报等文字工作，以及领导在会议期间交办的其他工作。

（3）后勤组：负责会间食宿、生活服务、车辆使用、交通疏导、医疗服务以及购买返程票等后勤保障工作。

（4）宣传组：负责会议的录音、录像、照相、娱乐活动和对外宣传报道。

（5）财务组：负责会议经费的统筹使用和收费、付账工作。

（6）保卫组：负责防火、防盗、人身安全和保密工作。

例文

××省高职高专院（校）长联席会成立大会筹备方案

一、会议的主要任务

成立××省高职高专院（校）长联席会，加强省内高职高专院校之间的交流，共同推进××省高职高专教育持续高效发展，为××省建设沿海经济强省发展战略的实施提供人才和智力支持。

二、会议时间

2014年×月×日，会期一天。

三、会议地点

×××宾馆。

四、会议出席人员

邀请××部、××厅领导，以及××省各高职高专院（校）长（或院级领导）一人出席。

五、会议的主要议程

（一）大会预备会议

（1）通过××省高职高专院（校）长联席会成立大会议程；

（2）通过××省高职高专院（校）长联席会成立大会主席团名单；

（3）通过××省高职高专院（校）长联席会理事会理事、理事长、副理事长、秘书长候选人名单。

（二）大会

（1）宣布××省高职高专院（校）长联席会成立；

(2) 作关于成立××省高职高专院（校）长联席会的筹备报告；

(3) 通过《××省高职高专院（校）长联席会章程》；

(4) 选举××省高职高专院（校）长联席会理事会理事、理事长、副理事长、秘书长；

(5) 出席会议领导讲话。

（三）第一届理事会第一次会议

研究第一届理事会工作。

六、会务分工

会务工作由办公室牵头，办公室主任×××总负责，并成立四个小组，具体分工如下：

(1) 秘书组：负责起草会议文件材料、报送有关领导审阅、印制材料，并做好会议记录，编写会议纪要。组长由×××担任，成员为×××、×××。

(2) 会务组：负责会议通知、会场布置、会议接待、安排娱乐活动、会议经费的统筹等工作。组长由×××担任，成员为×××、×××。

(3) 后勤组：负责会间食宿、生活服务、车辆使用、医疗服务、会议安全以及购买返程票等工作。组长由×××担任，成员为×××、×××。

(4) 宣传组：负责会议的录音、录像、照相和对内对外宣传报道。组长由×××担任，成员为×××、×××。

七、会议预算

(1) 宾馆租金 6 000 元；

(2) 用餐按照 10 人一桌，每桌每天 750 元的标准：750×10＝7 500 元；

(3) 礼品费用 5 000 元；

(4) 邀请新闻媒体的宣传费用 1 000 元；

(5) 其他临时费用 2 000 元。

总计：21 500 元

2014 年×月×日

二、制发会议通知

会议筹备方案批准后，秘书要向有关单位下发会议通知。通知可以采取口头通知、邮件通知、电话通知等方式。有的会议还要向来宾发请柬或邀请书。但一般来说，大中型会议应采用书面通知，或书面通知结合电话通知或口头通知，尽量不要仅采用口头通知或电话通知一种方式。不管采取哪种方式，都要做到及时、准确、明晰、简要，防止重发、错发或漏发。

书面的会议通知要写明会议名称、议题、会期、与会人员范围、报到时间与地点、开会时间与地点、接站及行车路线、需携带的材料、会议主办单位及其他要求等事项。对于一些区域性、全国性乃至国际性会议，需要安排与会人员的食宿和回程的，还要在发送会议通知的同时附上会议通知回执，以便会务人员安排接站和订购车票、机票。

例文

关于召开××省高职高专院（校）长联席会成立大会的通知

各高职高专院校：

近年来，我省高等职业教育蓬勃发展，为现代化建设培养了大量高素质技能型专门人才，对我省高等教育发展作出了重要贡献。为加强高职高专院校之间的信息交流和经验借鉴，共同推进我省高职高专教育持续高效发展，办好人民群众满意的高职高专教育，发挥高职高专院校人才培养的特色优势，更好地为××省建设沿海经济强省发展战略的实施提供人才和智力支持。经××省教育厅同意，正式成立××省高职高专院（校）长联席会。现就召开××省高职高专院（校）长联席会成立大会的有关事宜通知如下：

一、主要内容

（一）××省高职高专院（校）长联席会预备会议

（1）通过××省高职高专院（校）长联席会成立大会议程；

（2）通过××省高职高专院（校）长联席会主席团名单；

（3）通过××省高职高专院（校）长联席会理事会理事、主席、副主席、秘书长候选人名单。

（二）××省高职高专院（校）长联席会成立大会

（1）宣布××省高职高专院（校）长联席会成立；

（2）作关于成立××省高职高专院（校）长联席会的筹备报告；

（3）通过《××省高职高专院（校）长联席会章程》；

（4）选举××省高职高专院（校）长联席会理事会理事、主席、副主席、秘书长；

（5）××省高职高专院（校）长联席会主席讲话；

（6）××厅领导讲话。

（三）××省高职高专院（校）长联席会第一届理事会第一次会议

二、出席人员

××厅领导、××省各高职高专院（校）长（或院级领导）一人。

三、时间

会议时间：2014年×月×日（星期×），会期一天。

报到时间：2014年×月×日（星期×）全天。

四、地点

×××宾馆。

五、参会须知

(1) 参会院校人员食宿由大会统一安排，费用自理。

(2) 各参会院校请务必于2014年×月×日前，将参会回执传真至大会筹备处（办公室）。联系人：×××；电话：0312—×××××××；传真：0312—×××××××；手机：×××××××××××；通信地址：××省××市×××路×号）。

(3) 乘车路线：（略）

××省高职高专院（校）长联席会筹委会

2014年×月×日

参会回执

院校名称（盖章）：

姓名	性别	职务/职称	联系电话	通信地址

三、准备会议文件资料

会议文件资料大体上可以分为两种：一种是直接反映和表现具体的会议议题的材料，如开幕词、闭幕词、领导讲话稿、主题报告、专题报告、交流材料、待审议文件草案等；另一种是反映会议程式特征的资料，对各类会议均普遍适用，如会议通知、会议议程、会议日程安排、会议须知等。

规模较大、内容重要的会议，须提前准备各种会议文件资料并装入文件袋，以便在与会人员报到或入场时发到与会人员手中，需要注意的是重要文件和保密文件还要登记、回收。

小提示：如何编制会议须知

会议须知是大型会议用来指导与会者活动的印刷品，其项目包括大会各级工作机构、一般情况介绍、分组情况、大会日程表、各项活动时刻表、会场及分会场平面图等。

四、准备会议所需用品和设备

会议所需用品包括必备用品和特殊用品两种。

必备用品是指各类会议都需要的用品和设备，包括文具、桌椅、茶具、扩音设备、照明设备、空调设备、音响设备等。

特殊用品是指一些特殊类型的会议所需的特殊用品和设备。例如，谈判会议、庆典会议、展览会议、表彰会议等需要准备好签字用具、宣传画、花卉、充气模型、巨型屏幕、展台展板、证书、托盘等。

五、布置会场

会场是会议目标的“代言人”，因此精心布置会场，能够为会议目标的实现起到烘托气氛的作用。座位安排包括会场内的基本格局、主席台的座次、场内人员座次及区域划分。

1. 布置会场的基本原则

布置会场的基本原则是庄重、美观、朴素、大方，体现出会议的主题和气氛，同时要考虑会议的性质、规格、规模等因素，以满足会议的需要。例如，代表大会要布置得庄严、隆重；庆祝会议要布置得热烈、喜庆；报告会要布置得简朴；座谈会要布置得融洽；追悼、追思会要布置得肃穆。

2. 会场的整体布局

会场的整体布局应根据会议的类型、人数等情况，进行综合考虑，可布置成正方形、长方形、马蹄形、椭圆形、圆形、U 字形、山字形、六角形、八角形等。

（1）较大型会议会场的布局。

较大型的会议一般在礼堂、会堂、体育场馆举行，会场形式或形状基本固定；还可采取大小方形和半圆形，大小方形适用于大型的代表会议、纪念性会议、布置工作会议等，其中小方形中就座的是领导，大方形中就座的是与会人员。

（2）中小型会议会场的布局。

一些中小型的办公会、专题会、研讨会一般在会议室、会议厅或临时设置的会客室进行，可摆放成方拱形、半月形、椭圆形、圆形、长方形、回字形、T 字形等，这些形状的会场可使与会人员坐得比较紧凑，便于讨论和发言。

无论选择哪种类型的会场，布置的时候都应该注意以下事项：

第一，尽量聚拢一点，一方面有利于表现和谐的气氛，另一方面也宜于讨论问题；

第二，要尽量避免普通与会人员和领导向背的现象；

第三，会议室里不要摆出多余的椅子，如果椅子过多，可能导致与会人员争着坐在后排，会场会因此而显得分散，不利于聚集会场气氛，也有碍于会议交流。

3. 布置会场的主要内容

布置会场包括主席台的设置及座次安排、会场的内外装饰及会场设备的调试等内容。

（1）主席台的设置及座次安排。

大中型会议的会场应设立正式主席台，主席台上要摆放桌椅并铺放桌布，同时要排座次、放座次牌，以便领导对号入座。除一些特殊性会议需要在主席台布置多排座位以外，一般在主席台只布置一排座位。

主席台的座次以与会人员的职务或社会地位、名望高低排列，职务最高者排在主席台第一排的正中间，其余按与会人员的职务高低顺序，以正中间座位为起点，面向会场，按照左为上、右为下的原则，先左后右、由前至后的顺序交叉排列。在安排座次时应注意以下事项：

1）领导人数为单数时，主要领导居中，2 号领导在 1 号领导的左手边，3 号领导在 1 号领导的右手边，其他领导依次类推；领导人数为双数时，1、2 号领导同时居中，2 号领导依然在 1 号领导的左手边，3 号领导依然在 1 号领导的右手边，其他领导依次类推。主席台座次排列具体如图 9—1 和图 9—2 所示。

图 9—1 主席台人数为单数时的座次排列

图 9—2 主席台人数为双数时的座次排列

2）对上主席台的领导能否届时出席会议，在开会前务必逐一落实。如主席台人数很多，还应准备座位图。如临时有变化，应及时调整座次、座次牌，防止主席台上出现座次牌差错或领导空缺。

3）在主席台每个座位的左侧放置姓名台签。

4）主席台需要单独设立报告席、发言席的，应注意其位置。对于一般的工作会议，发言席可设在主席台第一排，也可设在主席台第一排的右前方；对于一些非常庄重、严肃的会议，报告席一般应当设立在主席台第一排的右前方，或者设在主席台正前方低于主席台但高于会场地面的平台上。

如果会议是在小型会议室或会客厅内举行，在安排领导座次时，要分清上下座，一般离会场的入口处远、离会议主持人近的座位为上座，反之，为下座。如果会议有上级领导参加，则以正门为准，主方领导占背门一侧，或进门后的左侧，上级领导席面向正门，或在门的右侧。小型会议室的领导座次安排如图 9—3 所示。

（2）场内其他人员的座次安排。

大中型会议会场内其他人员的座次一般有三种安排方法：

1）横排法。横排法是指将参加会议人员按姓氏笔画或单位名称笔画为序，从左至右

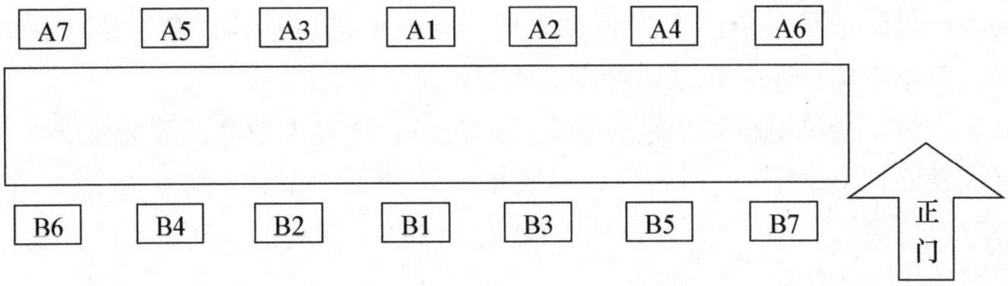

图 9—3 小型会议室的领导座次安排

注：A 为上级领导，B 为主方领导。

横向依次排列座次的方法。

2）竖排法。竖排法是指将各代表团或各单位成员按既定次序或按姓氏笔画为序从前至后纵向依次排列座次的方法。

3）左右排列法。左右排列法是指以参加会议人员的姓氏笔画或单位名称笔画为序，以会场主席台中心为基点，向左右两边交错扩展排列座位的方法。选择这种方法时应注意人数，如果一个代表团或一个单位的成员人数是双数，那么排在第一、第二位的两位成员应居中，以保持两边人数的均衡。

（3）会场内外的装饰。

布置会场还要讲究“气氛”，这就要求秘书人员要做好会场内外气氛的渲染。为了突出会议气氛，可在会场内悬挂会标、徽记、台幕、标语、旗帜等。大型或重要会议还可适量摆放花卉、盆景，达到衬托会场的效果。会标应悬挂在会场内的突出位置，一般悬挂在主席台上方正中间的位置。会标常用红底白字或黄字，字体应庄重、醒目。

另外，大型会议可在会场门口设置导引牌，为参会人员提供方便。

会场外一般不作专门布置，主要是保持整洁的环境。召开大型会议或一些特殊会议时，为营造会议气氛，可在会场外适量悬挂气球标语、拱形门标语，摆放花草、彩旗等。

（4）会场设备的调试。

秘书人员要在开会前调试各种设备，如音响、话筒、灯光、空调、电源、投影仪、录音和录像设备等，确保各种设备安全可靠，运行状况良好。

此外，会场的布置还包括场地的划分以及进场、退场的路线。人数很多的大型会议，如在体育场、露天广场上召开的会议，应有会场平面布置图。要特别注意做好大型集会与会人员退场时的交通疏导工作，确保道路通畅，避免发生人群拥挤践踏事件。

六、编排分组

一些大型会议还要对与会人员进行编排分组，以便于分组讨论或召开小组会议。编组的方法主要有按地区编组，按专业编组，按职务、职称、层次编组等几种方法。编组时还要明确小组召集人、讨论地点等。

七、制作会议名册及各种证件

大型会议还要制作会议名册（通讯录）及各种证件。

与会人员名册是联系与会者的必要工具，应尽早进行编印。名册应包括姓名、性别、年龄、工作单位、职务、电话号码、通信地址、房间号等。

会议证件便于会议组织者识别参会人员的身份、统计人数和保障会议安全。会议证件一般有代表证（出席证）、列席证、嘉宾证、签到证、工作证、记者证、出入证等。会议证件应包括会议名称、与会者单位、姓名、职务、证件号码等。有些重要证件还应贴上本人照片，加盖印章。

八、做好后勤服务

秘书人员还要做好会议的后勤服务，主要包括安排与会人员的食宿、医疗保障、文娱活动、车辆使用等。

会议饮食应本着“卫生第一、保证营养、适合口味、方便节约”的原则，秘书人员应做好伙食预算和伙食搭配与烹调工作，对少数民族和身体有疾病的与会者可给予特殊照顾。为了做好会议就餐的管理，可以制作餐券作为就餐凭证。餐券样式如图 9—4 所示。

××省高职高专院（校）长联席会

午 餐 券

二〇一四年×月×日

图 9—4 餐券样式

会议住宿安排工作一定要做细，可按照规定标准，尽可能满足与会人员在住宿方面的要求，防止出现厚此薄彼的现象。为了便于统计和管理会议住宿情况，秘书人员应根据与会人员名单，提前编制住宿表。住宿表样式如表 9—1 所示。

表 9—1 ××省高职高专院（校）长联席会住宿表

房间号	姓名		备注
8200			会务专用
8201			会务专用
8202			
8203			
8204			
8205			
8206			

会议组织者还要做好医疗保障工作，对饮食、饮水、住宿及环境卫生进行认真检查；要配备有经验的应急医务人员，准备必要的急救药品，保证在必要时能够提供应急医疗服务。

如果会期较长，秘书人员还要在会议的业余时间安排一些文娱活动，以丰富与会人员的生活，这需要秘书人员提前做好时间、内容、交通等方面的安排。

此外，如果会场与住宿宾馆相距较远，应安排好会议用车，为会议提供完备的交通服务。

九、做好会前检查

会议正式召开之前，会议负责人应对各项准备工作进行全面、认真、细致的检查，以保证会议的顺利召开。会前检查的重点是会议文件、会场布置、食宿安排、安全保密等方面。如发现问题，应及时纠正；如未准备好，应督促有关人员抓紧准备。

十、热情迎接与会者

会议的性质与规模不同，接待的要求、程序和规范也就不同。大中型会议的参加人数较多，应及时做好接站、报到工作，时刻做到热情接待、服务细致。在与会人员报到时，可将准备好的会议文件、用品发放给与会者，并引导其到住宿房间，告知会议各项活动的时间、地点。

案例分析

案例一

某高校决定召开一次重要的紧急会议，校领导让校长办室秘书小张通知所有中层干部下午5:00参加会议，并强调该会议非常重要，任何人不得请假。小张接到任务后，逐一给每位中层领导打了电话，通知会议的有关事项，并特别强调了会议很重要，不得请假。电话通知完后，为了保险起见，小张又在学校办公网上发了一个通知，因为学校要求所有教职工每天都必须上办公网查看学校的通知。虽然会议召开得非常紧急，但是所有应到会人员在下午5:00之前都按时到达了会场，会议如期举行。

分析：对于秘书人员来说，制发会议通知是会务工作中非常重要的一个环节，尤其是比较重要的会议，如果通知不到位，就会影响会议的正常进行，有时还会给工作带来损失。本案例中的秘书小张认识到了会议通知的重要性，不仅通知了与会者本人，强调了会议的要求，而且采取了电话通知和网上通知两种方式，确保了会议的顺利召开。这也充分体现出了小张较强的工作能力。在会议筹备过程中，秘书人员必须亲自落实会议通知，重要的会议最好采用两种以上方式通知与会者，而且通知要及时、准确、明晰、简要，避免错发或漏发，这样就会万无一失。

案例二

元旦前夕，某单位工会决定于12月29日下午3:00在本单位礼堂举行迎新年联欢晚会，工会汪主席让工会干事小林制作请柬，邀请本单位所有领导及其他有业务往来的单位领导作为嘉宾光临。小林马上购买了请柬并认真填写了晚会召开的时间、地点等相关内容，以最快的速度送至汪主席确定的领导手中。

12 月 29 日下午，接到请柬的各单位领导来到礼堂，却发现礼堂里一点儿迎新年的气氛都没有，礼堂大门上贴着一个紧急通知，大意是：因场地问题，某单位的联欢会推迟到 30 日举行。看到通知，接到请柬的几位嘉宾怏怏不乐地回去了。

第二天一大早，汪主席与小林逐一登门道歉，原来汪主席与小林想当然地认为自己单位的礼堂肯定没问题，因此没有预订，就直接发了请柬，然后就开始忙着筹备晚会。直到当天上午，要去布置会场时，才得知礼堂已经租给其他单位了。汪主席和小林一下子乱了手脚，赶快联系其他会议地点，想尽量弥补这个错误，两人忙到中午也没有联系好。由于参加晚会的领导、演员及观众人数比较多，已经来不及一一通知，万般无奈之下，就在礼堂门口贴了一个晚会推迟的紧急通知。因为这个失误给单位造成了非常不好的影响，两人受到了单位领导的严厉批评。

分析：确定会议地点是会议筹备过程中的一个重要环节。会场必须在发布会议通知之前确定好，否则就有可能出现本案例中的意外情况，不仅不能保证会议的正常进行，给参会者带来麻烦，而且会损坏会议组织者的形象。由此可见，在发会议通知之前确定会议地点并提前预订会场的重要性。汪主席和小林的失误也启示我们，细节决定成败，在会议筹备的过程中，一定要重视每一个环节，哪怕是一个很小的细节都要考虑周到，绝不能有丝毫马虎，这样才有可能避免失误发生。

案例三

某家电企业准备召开优秀员工表彰大会，秘书张华负责会议的筹备工作。接到任务后，张华首先制定细致、周密的筹备方案，并报请领导审批。筹备方案批准后，张华开始认真筹备会议，制发会议通知，准备领导讲话，准备表彰大会需要的证书、托盘、奖品，联系颁奖礼仪人员并确定其出场顺序，布置会场，安排座次，调试灯光、音响等会场设备，联系录像、摄影人员……一切准备就绪后，张华仍不放心，他让同事王秘书和他一起对各项准备工作进行了一次认真、细致的检查，经过检查，确定各个环节都没有问题，张华这才稍稍松了一口气。

分析：从张华筹备会议的过程中我们可以看出，准备工作充分是保证会议成功的关键。另外，会前检查是会议准备过程的重要一环。在会议正式开始之前，对各项准备工作进行认真的检查，能够防止工作中出现纰漏。一旦发现问题，可以及时纠正或采取补救措施，避免会议开始后再发现问题就无法补救的被动局面。因此，秘书人员在认真筹备会议的过程中，一定要重视会前检查这个环节。

案例四

某县委县政府出台了一项有关会议改革的新规定：凡有开会条件的单位或部门，一律不得在宾馆或酒店租用场所开会；一般会议不印发资料、摆放花草等。此外，对会议的时间、与会领导和人数、发言时间等方面作了严格限制。如部门召开的业务会议，时间不得超过 1 个半小时；领导讲话要在 40 分钟以内，一般发言要在 10 分钟以内，内容相近的会议，一律精简。单项性的工作会议，原则上县委县政府的主要领导都不参加，由分管领导部署安排，不安排过多的领导就坐主席台；涉及的参会人员比较多，范围比较广的会议，可采用电视电话会议或网络视频会议等。

分析：召开会议是非常必要的，它是发扬民主、集思广益、沟通信息、促进工作、解决问题的一种重要手段。但是如果会议过多，每事必会，形成“会海”，就会使会议贬值，影响会议质量。目前在我国，会议过多、会风不正的问题普遍存在。因此，精简会议是党和政府的一贯主张。精简会议不能仅停留在一般号召上，而是必须建立健全必要的规章制度，严格会议纪律，压缩会议费用，还可以创新会议形式，利用先进快捷的信息手段，促进会议的现代化，真正提高会议的质量和效果。

实训项目

1. 某企业拟召开一次年终总结暨表彰大会，请根据会议组织筹备的有关要求，完成以下项目：

（1）拟写会议筹备方案；

（2）根据会议的内容制作会议议程表；

（3）拟写会议通知；

（4）请根据本节介绍的基本知识，画一幅会议筹备工作流程图。

要求：会议筹备方案的设计要合理、完整，会议通知要符合规范，会议议程要符合要求并且安排合情合理。

2. 某企业成立 50 周年之际，决定举办一系列纪念活动，一方面回顾企业 50 年来走过的历程，继承和发扬当年艰苦创业的优良传统，另一方面，研究确定企业下一步发展战略，寻求新的发展机遇。在系列纪念活动中，安排了 3 次会议：

（1）庆典大会。邀请市领导、行业协会领导、新闻记者、有关专家、客户代表、退休老职工，以及企业员工代表约 100 人出席。根据会议方案，主席台将安排 1 位市领导、1 位行业协会领导、2 位专家、1 位客户代表、1 位退休老职工和 1 位企业总经理、1 位副总经理共 8 人就座。

（2）报告会。请 2 位专家讲授新技术及行业的发展现状等。会议规模为 100 人。

（3）劳动模范座谈会。拟邀请企业内各级劳动模范 10 人，与企业 4 位党政领导及工会主席进行座谈，听取企业劳模对企业发展的意见和建议。

根据公司的安排，3 次会议的会场布置均由公司办公室秘书小刘负责。如果你是小刘，你将如何布置这 3 个会场？请你绘制会场布置图。

3. 某单位召开新产品技术研讨会，内容包括组织专家讲座和技术演示等，由单位办公室秘书小宋负责此次研讨会的经费预算，秘书小宋拟写的此次会议经费预算应包括哪些内容？请你帮他制定会议经费的预算。

4. 某公司准备召开一次科技成果汇报会，出席人员约为 30 人，会期三天。会上，有 6 家单位做汇报，并有公司领导讲话及与会人员座谈等内容，请你为该公司拟订会议日程。

5. 情景模拟：优秀毕业生表彰大会。

背景：2014 年 6 月 30 日，2014 届毕业生离校前夕，×××学院拟召开优秀毕业生表彰大会，学院 6 位院领导及 200 名师生代表参加大会，50 名优秀毕业生受到表彰，学院领导为其颁发证书，会上，院长×××发表讲话，随后一名优秀毕业生发言。

根据以上情景，请同学们分组模拟演示此次表彰大会的筹备工作。

第二节　会中服务

案例导入

某省信息产业行业协会的年会于 2014 年 2 月 20—22 日召开，省信息产业厅、省政府信息化办公室、省工业经济联合会领导和协会名誉会长、顾问等应邀出席会议。全省近百家理事单位和会员单位的有关领导也参加了本次会议。会议内容主要包括以下四项：

第一，总结 2013 年协会工作，组织安排 2014 年协会活动；

第二，表彰全省信息产业创新先进单位；

第三，大会研讨、交流信息产业创新经验；

第四，协会理事会换届。

由于会议内容比较多，为了保证会议的各项任务圆满完成，会议筹备委员会进行了精心准备，特别对会议期间的各个环节进行了周密的安排：小李和小刘负责会议签到和座位引导，确保与会人员入场的整齐、有序，同时负责会议期间一些意外事件的处理；小张和小王负责会议记录；小齐和小孟负责照相；小郑和小许负责摄像；小杨和小赵负责组织颁奖嘉宾、受表彰单位和礼仪人员的上场并引导其有序退场；小吴和小齐负责换届选举活动选票的发放及回收等工作。除此之外，筹备委员会对会议期间的安全保卫及食宿安排等工作也都进行了精心安排。会议期间，由于分工明确、安排周密，所有工作人员各司其职，本次年会取得了圆满成功。

任务

会议期间是秘书人员工作最繁忙的阶段。这期间，秘书人员要按照会议的议程，根据具体分工，协助会议主持人对会议进行指挥和控制，掌握会议动态，并通过精心的组织和周到的服务，使会议沿着既定的目标进行。那么，会议期间秘书人员主要应做好哪些工作呢？

理论知识

一、签到和座位引导

1. 签到

签到是与会人员到会时的第一道必要手续，也是会场管理的一项重要内容。负责签到的工作人员应提前到岗，热情礼貌地接待与会人员。

依据签到情况，秘书人员可以统计到会人数和缺席情况，这对于代表大会等法定性会议非常重要，因为到会人数是否达到法定人数，决定着选举的结果和通过的决议是否有效。

会议签到的方式有簿式签到、证卡签到、电子签到、秘书代签等。

簿式签到是目前比较常用的一种签到方式，它是指代表入场时在工作人员准备好的签到簿上签署自己的姓名和其他信息，表示到会。为方便签到，应准备好签到的登记簿、签字笔等用品。必要时，可准备嘉宾留言簿。

大中型会议还可用签到证或签到卡签到，是指将印制好的证件或卡片预先发给代表，代表签上自己的姓名，入场时上交即可。

大型会议还可将签到卡和电子签到机配合使用，与会者只需将自己的电子签到卡送入签到机插口，有关数据即传入会议组织中心。

人数较少的小型会议，可由秘书按照事先确定的到会人员名单逐一进行签到，来一人划一人，便于迅速掌握到会者的情况。

2. 座位引导

为了方便与会者尽快就座和保持会场秩序，工作人员要热情、主动地迎接与会者，并按礼仪规范引导其入场。内部会议，与会者一般都有自己的习惯座位。大中型会议，一般应事先制作好各种座次标识用品（如主席台或会议桌上的名签卡片、座次图表、指示牌等），采取对号入座的方式，或是将会场划分为若干区域，以部门或地区为单位集中就座。

二、分发会议文件

会议期间，要根据会议进程把事先印制好的文件分发下去。如果是一般性的文件资料，也可在会场的每个座位上摆放一份，或在参会人员报到或入场时，发给参会人员。分发会议文件必须及时，分发时要注意准确性、保密性，同时要保证登记手续完整无误。

三、做好会议记录

不论会议规模大小，都应做会议记录。会议记录是会议情况最原始、最全面、最真实的反映，是会议内容和过程的重要凭证，也是检查会议决定事项执行情况的依据和凭证，并为撰写会议简报、会议纪要提供素材。

1. 会议记录的方法

（1）摘要记录。

摘要记录即提纲挈领地作重点记录，简明地反映会议的要点。对于会议情况，应着重记录议题、议程、决议，而不反映一般进程；对于与会者的发言，应着重记录中心意思、发言要点。这就要求秘书人员一边听发言，一边分析并判断哪些该记、哪些不该记。

（2）详细记录。

详细记录即要求把会议的全部情况，包括每个人发言的原话都尽可能地记录下来，特别重要的发言，不仅要求完整地记录发言内容，而且要求记下发言者的语气、姿态，会场的情绪、气氛以及会议中间的重要插话和主持人的提示、引导语等。

2．会议记录的结构

（1）标题。

标题由单位名称、会议名称、文体名称组成。有的标题还体现会议举办的年度和届次。如果使用专用的会议记录本做会议记录，单位名称和“记录”二字也可省略，只写会议名称即可。

（2）开头。

会议记录的开头主要是记录会议的概况，一般包括会议时间、地点、出席者、缺席者、主持人的姓名与职务、记录人的姓名。这些项目都应该在会议召开前详细、清楚地填好，经常性的例会可以制成表格。

（3）主体。

会议记录的主体部分主要记录会议内容，包括会议的议题、宗旨、目的，会议议程，会议报告和讲话，会议讨论和发言，会议的表决情况，会议决定和决议，会议的遗留问题等。这部分内容按会议议程和各项活动的先后次序记录，随着会议的进展一步一步完成。

做好会议记录是秘书的主要职责，对于重要会议的讲话、发言，有时还要进行录音、录像，以便会后整理、印发与存档。

小提示：做会议记录时应注意的问题

（1）会议议题：如有多个议题，要在前面标识序号。

（2）发言人及发言内容：记录每人的发言时都要另起一行，要将发言人的姓名写全，然后加冒号。

（3）会议决议：决议事项应分条列出，有表决程序的要记录表决的方式（如口头表决、鼓掌表决、无记名书面表决）和结果（同意、反对、弃权的票数）。

（4）记录尾部。

记录尾部要另起行，写明“散会”并注明散会时间。主持人和记录人对记录进行认真校核后，在记录的右下方分别签上姓名，以示对此负责。

3．会议记录的要求

会议记录要力求快速完整、准确真实。

（1）快速完整：秘书人员在做会议记录时注意力要集中，反应要快、判断要准确，以提高会议记录的质量和效率。同时，必须完整记录会议的主要内容，不能遗漏。

（2）准确真实：负责会议记录的秘书应该具有高度的责任心，忠实地记录会议的全貌，不得进行加工、提炼、增添、删减，更不能移花接木、张冠李戴，或将个人的主观臆想和感情好恶掺入会议记录中。会议记录样式如图 9—5 所示。

××公司办公会议记录

时间：2014 年 3 月 20 日
地点：公司会议室
出席人：各部门经理
缺席人：××× ××× ×××
主持人：王××（副总经理）
记录人：李××（办公室秘书）
一、主持人讲话：今天主要讨论一下×××××××××问题。
二、发言：
技术部刘经理：（略）
市场部张经理：（略）
生产部王经理：（略）
三、主持人总结
散会。

主持人：（签名）
记录人：（签名）

图 9—5 会议记录样式

4. 进行信息沟通和会间调度

秘书人员要及时掌握会议进行中的信息和动态，收集与会者的意见、建议，并及时做好信息的传递反馈工作，协助领导使会议按计划进行。秘书要随时注意收集外界舆论和新闻媒体对会议的报道，为领导提供参考。

秘书人员还要具有会间调度的能力。会间调度是指会议进行期间对会议程序、内容以及会场服务等所作的调整和安排。秘书人员要及时掌握会议进行的情况和与会者的意见、建议，协助领导履行会议议程和任务。特别是在特殊情况或意外情况下，应沉着冷静、灵活应变，做好对会议程序、内容以及会场服务的临时调度工作，确保会议顺利进行。

5. 编发会议简报

大型会议在进行期间，一般都要印发会议简报，及时报道会议情况。

简报是国家机关、企事业单位、社会团体为汇报工作、交流经验、反映情况、沟通信息、报道动态而编发的内部常用事务文书。

会议简报是会议期间为反映会议进展情况、会议发言中的意见和建议、会议议决事项等内容而编写的简报。一些规模较大的重要会议，会议代表并不能了解会议的整体情况，譬如分组讨论时的重要发言和有价值的提案等，这就需要依靠简报来了解会议的基本面貌。会议简报一般由会议秘书处或主持单位编写。

会议简报大致有三种编写方式：

（1）综合式：通过对发言内容进行综合分析，梳理归纳成几个问题来编写。

（2）报道式：采用新闻报道的形式，先将要反映的内容用几句话概括成一段导语，然后再逐段从不同侧面报道有关内容。一般可按重要程度依次排列。

（3）摘要式：将发言人的发言摘要整理成简报，可一期摘发一个人的发言，也可同时摘发几个人的发言。

小提示：会议简报的基本要求

会议简报的基本要求是“简、准、新、快”。

（1）简：即文字简练，篇幅简短。简报一般应限制在1 000字以内，最长不要超过2 000字。

（2）准：即内容真实、准确。简报反映的观点材料必须是与会人员讲的，要忠实于讲话人的原意，一些关键的词句甚至要求是原话。

（3）新：即编写简报要提出新情况、新问题和新经验。

（4）快：即编写和印发的速度要快，否则就会失去简报的现实意义。一般要求当天的情况当天整理、当天发出，最迟也要当天整理，第二天发出。大型会议一般每天要发出一至两期简报。

6. 会议值班、保卫工作

大中型会议期间，会务秘书要遵守24小时值班制度，以保证会议顺利进行，并随时应对各种突发事件。此外，秘书要做好会议的保卫工作，及时杜绝各种隐患，确保与会者的人身和财产安全、重要文件的安全、场地和驻地的安全、会议设备的安全。

小提示：如何处理会中突发事件

会议中有时会出现一些意想不到的情况，如发言人或关键代表缺席，发言人行为不当，或突发火灾等各种灾害，或参会人员患上传染性疾病等。遇到这些突发事件时，秘书人员应当按照以下程序进行处理：向领导报告—启动会议应急方案—实施应急方案—必要时向公共应急机构请求支援—善后工作（向受害者及其家属进行安抚、与媒体沟通）。

7. 会议保密工作

对于秘密会议或不宜公开的内部会议，还要注意做好保密工作。保密工作主要包括以下内容：

（1）会议召开时间、地点、与会人员范围等的保密；

（2）会议议题、内容、活动日程安排等的保密；

（3）会议文件资料的保密；

（4）会议记录、纪要、简报等的保密；

（5）尚未公开的领导同志在会议上的讲话、谈话等的保密；

(6) 会议照片、录音、录像等的保密。

8. 会议的后勤保障工作

秘书人员还要做好会议的后勤保障工作，包括安排好住宿、伙食、交通、医疗卫生和业余文化生活、参观访问、组织照相等事宜，以便为与会者提供优良的生活服务。

案例分析

案例一

某企业召开一次关于生产管理的经验交流会，办公室冯秘书负责参会人员的签到工作。会议开始之前半小时，冯秘书就到了会场，将打印好的一份会议签到簿和签字笔放在了会场签到席上。与会人员陆续到达了会场，签到工作起初还很顺利，但随着到达会场的人员越来越多，等候签到的人就都挤在了门口，场面很混乱。这时参会领导也陆续到达了会场并已在主席台坐好。会议开始的时间已经到了，主持人想开始会议，但看到很多参会人员还没有就位，只好无奈地等着，而主席台上的各位领导明显露出了不满的表情。

分析：冯秘书的失误就在于他的签到准备工作做得不扎实，对于签到过程中可能出现的问题缺乏科学的认识。签到是秘书人员在组织管理会议过程中的一个重要环节。在实际会议中，很多参会人员会集中在会议开始前的十几分钟到达会场，因此如果采用会议签到簿形式进行签到，最好多打印几份签到表，或多设几个签到席，将参会人员分成几个组分别进行签到，这样就可以避免由于参会人员等候签到而造成的会场拥挤或秩序混乱的问题。如果是大中型会议，则采用签到卡、签到证或电子签到的方式会更好一些。

案例二

某软件企业邀请了国内某著名专家做软件前沿技术的报告。由于专家的报告对公司来说非常重要，公司领导安排秘书小徐负责会议的录音工作。小徐对录音笔提前进行了调试，觉得没有什么问题，便放到了专家旁边。开会时，小徐放心地做其他的事情去了。会议结束后，小徐取回录音笔，发现录音笔显示屏上闪烁着“FULL”的警告，心里便有些不祥的预兆，怀疑录音笔出了问题。这时，经理走过来告诉小徐把录音整理出来，传到公司内网上供大家下载学习。回到办公室，小徐将录音传到电脑上，发现只录了报告开头的一小部分，其他内容却由于录音笔的存储卡已满而没有录上。小徐这才想起，会前自己只是检查了录音笔是否能正常工作，却忘了查看录音笔的存储空间还有多少，会议中间也没有及时发现录音笔的提示，结果造成了录音没有录全。

分析：小徐的经历充分说明了会议准备工作细致、周密的重要性。如果小徐在会前把录音笔的每个细节都考虑到，提前准备好足够的存储空间，或是准备两套录音设备，就可以避免失误发生。可见，在会议筹备过程中，秘书人员只有把每个细节都考虑清楚，才有可能避免在会议进行中出现问题。此外，在会议进行期间，秘书人员应该留在会场，做好会议期间的各项组织和服务工作，并及时应对会议期间可能出现的各种意外情况。小徐因相信录音笔没有问题就去做其他事情，没有及时发现录音笔存储已满的提示，结果造成了最终的失误。这也启示我们，在会议没有结束前，秘书人员要时刻保持井然有序的工作状态，一切工作都要以保证会议顺利进行为原则。

案例三

某军区装甲旅修理连士官刘某，向蹲点的机关干部反映一件事情：一个月前，本班战士小王被确定为党员发展对象。小刘认为小王在综合素质方面离党员要求还有一定差距，所以还不适合发展为预备党员。尽管两人平时关系不错，但在支委会研究时，小刘还是如实说出了自己的看法。没想到会后第二天，小刘明显感觉到小王对自己的态度发生了变化，言行举止间流露出不满，小刘感到很疑惑。经调查，原来是负责会议记录的秘书小张向小王谈起了大家对他的看法，泄露了会议内容。

分析：小张作为秘书人员，犯了一个非常严重的错误：没有做好会议保密工作。这也是秘书人员在工作中的大忌。保密会议的内容具有机密性，如果泄密，会损害国家、社会的安全和利益，一些重要会议有时也会涉及重要机密问题，如果泄密，就会影响本单位正常的工作秩序。因此，秘书人员一定要遵守保密制度，不随意扩散、大肆宣扬会议内容，做到不失密、不泄密，这既是做好会务工作的基本要求，也是秘书人员的基本职责。

案例四

某企业组织一次大型培训会议，会期5天，参会人员来自全国各地。张秘书负责会议的后期服务工作。会议第一天午饭时，张秘书发现一位参会人员没吃几口饭就离开了餐厅。经打听才知道，这位参会人员是少数民族。小张突然发现，在安排会议用餐时，把这个常识性的问题给忽略了。他马上把这一情况报告给有关领导，并按照领导的有关要求通知餐厅，每天都要安排不同民族风味的饭菜，这一举动使参会人员非常满意。

分析：案例中涉及的问题也是由于会议准备不细致造成的，虽说问题不大，但处理不好也会造成一定的影响。幸亏张秘书发现及时，尽早地解决了问题，才没有造成不良影响。这个案例也启示我们，秘书人员在安排会议食宿时，一定要坚持以人为本，考虑周到，使参会人员有“宾至如归”的感觉。同时要及时掌握会议进行中的各种信息和动态，发现问题及时报告、及时解决。

实训项目

1. 根据本节知识，请你绘制秘书人员会中的组织与服务工作流程图。

2. 某电子公司在全国设有200多家代理商，为了让代理商充分了解公司的发展，研究如何扩大产品销售等问题，同时展示公司即将推向市场的新产品的优势及性能，公司领导决定于2014年12月10—12日在××市×××大酒店召开一次全国代理商会议，由公司总经理介绍企业的基本概况及发展远景；研发部经理介绍、演示新产品；销售部总监介绍公司产品的销售情况；选择三位销售代表介绍各自的工作经验；最后表彰20

家优秀代理商。会议期间，还要组织与会代表参观企业，利用一个晚上的时间举办一场联欢晚会，安排代理商游览×××市内的几个旅游景点。

为保证会议的成功举行，公司抽调 10 人组成大会筹备处。总经理特别强调，要在保证会议隆重、热烈、节俭的前提下，尽量让代理商们吃好、住好、玩好。如果你是该公司负责后勤服务工作的秘书，你将如何做好会议期间的各项后期保障工作？

3. 某企业召开新技术论证会，会议中的有关内容及文件需要保密，如果你是会议筹备组人员，你将如何做好会议的保密工作？

4. 情景模拟：学习长江大学英雄集体座谈会

背景：2009 年 10 月 24 日，长江大学陈及时、何东旭、方招等 15 名同学在长江荆州宝塔湾江段野炊时，因救两名落水儿童，陈及时、何东旭、方招三名同学不幸被江水吞没，献出了年轻的生命。为表彰他们的先进事迹，教育部决定追授陈及时、何东旭、方招同学“全国舍己救人优秀大学生”荣誉称号。为了学习他们的先进事迹，××××院党委宣传部于 2009 年 11 月 24 日召开学生座谈会，10 名学生代表参加并发言。党委副书记×××参加。党委宣传部部长×××主持会议。

根据以上背景材料，请同学们分组模拟演示座谈会期间的组织与服务工作：

(1) 会议开始前的签到、座位引导工作。

(2) 会间奉送茶水等服务工作。

(3) 会议记录等工作。

5. 根据上题有关背景材料，拟写一篇会议简报。

第三节　会后的总结与落实

案例导入

虽然某省信息产业行业协会 2013 年年会圆满结束了，但会议筹备委员会各小组的工作人员依然忙碌着：会务组人员及时清扫、整理会场，将已预订好的返程票送到每个参会人员的房间，并协助与会者及时结清会议期间的各种账目、开具发票、清退房间；秘书组及时撰写会议纪要和会议简报，整理会议记录、有关领导讲话、大会交流发言等有关文字材料并归档。最后，全体工作人员召开座谈会，对会议的总体情况进行了总结。

任务	会议结束并不意味着会务工作已完成，秘书人员还有许多工作要做，还有许多事项需要落实。那么，会议结束后，秘书还需要做哪些工作呢？

理论知识

会后的总结与落实工作，主要有两种情况：一是指整个会议结束后的工作，如撰写会议纪要、报道会议情况、尽快落实会议有关事项等；二是指会场以外的事务性工作，如代表的离会安排、会场清理、物品清点、财务结算等。秘书人员要善始善终，认真负责地做好这些收尾工作，以体现出会议的圆满成功。

一、合理安排与会人员返程

会议结束后，秘书人员应引导与会人员有组织、有秩序地退场。

同时要认真做好与会人员的返程安排。秘书应根据会期长短、外地与会人数的多少等实际情况，及早安排好外地与会人员的回程事宜，提前预订好飞机票、火车票、汽车票等。最好编制一份与会者离会时间表，安排好车辆送行。

在与会者离会前，秘书应提醒与会者及时归还向主办方或会议驻地单位借用的各种物品；提醒与会者及时与会务组结清各种账目，开好发票收据；帮助与会者检查、清退房间，避免遗忘各种物品；对于个别需要暂留的与会者，则要帮助其安排好食宿等事宜。

二、清理会场和文件

会议结束后，秘书人员要清扫会场，撤除临时布置，将会场搬动过的桌椅恢复原状，确保会场环境的清洁整齐，同时要清点、归位会场的有关设备和用具。

此外，还要清点文件的剩余份数，做到物表相符；对于内部文件、机密文件以及应收回的文件，在代表离会前要一一清点回收。

三、印发会议纪要

会议纪要是指通过对会议记录进行整理、组合和概括，准确反映会议精神和议定事项，以便与会单位共同遵守、执行的公文，具有较强的规定性和约束力。印发会议纪要仅限于日常工作会议，对于大型会议和专业会议，因为都有正式文件和决议，所以一般不再印发会议纪要。

四、搞好会议宣传报道

有的重要会议需要发布新闻报道，召开这类会议时，可邀请新闻单位的记者到会，秘书应及时向新闻记者提供宣传会议精神的要求和建议，根据各种会议的不同情况，或发布新闻消息或进行典型报道。特别重要的大型会议，还可以考虑在发布综合消息时，配发评论和社论。新闻报道稿件可以由记者单独编写，也可以由会议工作人员或新闻记者共同编写。

小提示：会议新闻报道的要求

会议新闻报道的要求有三点：一是要迅速、及时撰写和发布，强调报道的时效性；二是要准确反映会议精神；三是发布前要送有关领导审核。

五、会议文书的立卷归档

会议结束后，要及时做好会议文书的立卷归档工作。

小型会议的文书，大部分在会前就已经收集好，会后只需将会议记录或会议纪要归入卷内，并按会议讨论议题的顺序进行整理即可。卷内文书的排列顺序一般为：会议通知、会议纪要、会议议题及有关文书。

大型会议完整的会议案卷应包括以下一些内容：会议正式文件，如决定、决议、计划、报告等；会议参阅文件；会议发言稿；会议上的讲话记录；其他有关材料。

像小型会议的文书一样，日常工作性会议的文书大部分也在会前就已经收集好，会后只需要将会议记录或会议纪要归入卷内，根据会议讨论议题的顺序进行整理即可。

六、会议的总结

会议结束后，秘书应根据岗位责任制和工作任务书的内容，逐条对照检查，及时进行工作总结。通过总结，可以检查会议目标的实现情况；检查各小组的分工执行情况；积累经验，找出不足，为日后的会议组织与服务工作提供参考。

会议总结内容主要包括会议名称、时间、地点、规模，与会代表人数，主要议题，参加会议的上级领导，会议的主持人，领导报告或讲话的要点，会议的基本评价和贯彻要求，会议的决议情况及今后的工作任务布置等。

会议总结可采取座谈会、表彰会和书面总结等形式。

七、及时开展会后催办和反馈工作

日常工作性会议的决定事项是需要下级单位贯彻执行的，因此，秘书人员要像处理现行文书一样，对会议决定事项的落实及时进行催办，督促有关单位或人员及时贯彻执行，避免将应当及时办理的事情拖延或遗忘。

催办督察工作应形成一定的制度，定期催办、及时落实，直到办完为止。为了确保催办效果，可以安排专人负责会议决定事项的催办工作；或建立会议决定事项催办登记制度，利用催办卡片及时进行催办工作；还可以建立会议决定事项催办落实报告制度，利用催办报告定期向领导报告、反馈会议决定事项的落实情况。

案例分析

案例一

某局召开年度总结表彰大会，秘书小张负责撰写新闻报道并发布到单位网站上。会议结束时恰好是星期天，小张决定先休息半天，星期一再写简报。星期一上午小张写完新闻报道后把稿件交给了办公室主任，办公室主任审核后，让小张送给刘局长审核，不巧的是，刘局长接到稿件后，还没来得及看就去省里开会了。直到星期三刘局长回来签发后，小张才把新闻传到网上。

分析：秘书小张犯了一个错误，即没有注意会议新闻报道的时效性。为了让本单位职工及时了解会议的有关内容，秘书人员必须及时快速地编写和印发新闻报道，否则就会失去新闻报道的现实意义。小张如果在会议结束后马上撰写新闻报道，就不至于使新闻成为旧闻。

案例二

某厂举办的为期两天的全国代理商联谊会圆满结束。一些与会人员到会务组办理手续准备离会时，却与会务组工作人员发生了不愉快。原因是这些参会人员在结清账目，要求会务组开具报销发票时，会务组的发票却不够用了，需要再等一个小时才能送来新的发票。而有些参会人员的返程票已买好，如果再等一个小时，就赶不上车了。在主办单位有关领导的协调下，参会人员最后只好同意由会务组人员随后把发票寄过去。

分析：此案例中的会务组对会议结束后的一些收尾工作准备不足。会议的成功举办，不仅需要会前认真准备，会中顺利进行，还要认真对待会后的收尾工作，这三个环节哪一个环节出了问题，都会影响会议的圆满。因此，秘书人员要善始善终，做好会议的收尾工作，要像前两个环节一样认真准备、周密安排收尾工作，为整个会务工作画上一个圆满的句号。

案例三

某局召开局长办公会议，酝酿单位人事制度的改革方案，秘书小刘做会议记录。由于改革方案不成熟，会议没有通过。会议结束后，小刘回到办公室，恰好有客人来访，他便随手把会议记录本放在办公桌上，与来客攀谈起来，原来客人是要找办公室张主任，小刘便把来人带到了张主任的办公室。这时，其他部门的一位工作人员来办公室办事，看到了办公桌上的会议记录，便好奇地看了起来，结果并没有通过的人事制度改革方案一时成为公司员工议论的焦点，有关改革的消息和各种猜测不胫而走，一时之间，人心惶惶，对公司改革的进一步推进造成了非常不利的影响。

分析：加强会议文件的保密管理既是做好会务工作的重要内容，也是秘书人员的基本职责。会议工作人员一定要严格遵守保密制度和保密纪律，无论是会前、会中还是会后，都要注意涉密文件的保密问题。在发放会议文件时，要做好文件的登记、编号工作，并履行签收手续。会议结束时要及时检查、清点、收回涉密文件，确保文件的安全，防止失密、泄密。会议记录是非常重要的原始档案资料，应当由专人保管，严格保密，任何无关人员未经允许不得翻阅。正是由于小刘在会议结束后没有保管好会议记录，随意放置，才发生了泄密的事情。

案例四

某公司为期5天的2013年产品展示订货会圆满结束了。为了总结本次会议的经验和不足，为明年的订货会打下良好基础，公司办公室立即组织所有工作人员召开了总结会。总结会上，负责本次会议筹备的林副经理认为，这次会议开得很成功。会务筹备处的准备工作做得周密细致，会议的组织接待工作做得也很好，再加上新产品过硬的质量，使会议达到了预期的目的，取得了圆满成功。办公室张主任也发表了讲话，主要指出这次大会上的一些疏漏和不足之处。例如，在会议准备期间，没有及时把餐票发到参会人员手中，虽说是一个小问题，但处理不好也会造成不好的影响。幸亏发现及时，及早解决，才没有影响客户的情绪，使大会能顺利进行。所有工作人员也互相交流了自己在组织这次会议过程中的得与失。总结会上还通报了订货会的收获，80%的与会者都同公司签订了订货合同，超出了预计的数量。为此，公司决定，对大会筹备处的人员每人奖励 1 000 元奖金。

分析：会议总结是会议组织的一项重要内容。会议结束后，会议组织部门应遵循及时性原则，立即着手进行会议总结。若要召开座谈会，一定要安排在大家对本次会议的各环节及有关细节记忆犹新时进行，否则搁置时间长了，大家就会遗忘，总结就有可能不到位。进行会议总结时，要总结出成绩，发现问题，找出规律，必要时还应表彰相关人员。

实训项目

1. 根据本节知识，请绘制秘书人员会后总结与落实工作的流程图。

2. 某科技有限公司拟于 2014 年 12 月 10—11 日召开客户联谊会。如果你是会务组负责组织与会人员返程的工作人员，请思考你将如何做好这项工作，使参会客户满意离会。

3. ××学会××专业委员会于 2013 年 4 月 5 日召开了第二届学术交流会。本市大专院校、科研所、厂矿企业等单位的 60 名代表参加了会议。会议由学会常务理事李某主持。会上，××大学×××系主任赵某、某省社科研究员刘某及某研究院杨研究员作了专题报告；大会还围绕××专业的建设和学会自身发展等问题进行了学术研讨。此次会议还收到论文 40 多篇。

请根据以上背景资料，合理想象，拟写本次会议的会议纪要。

4. 2013 年 10 月 20 日，××省教育厅检查组一行 5 人到×××学院检查学生就业工作。×××学院在学院第一会议室召开汇报座谈会，由学院主管就业工作的刘副院长向检查组汇报工作。学院招生就业办公室牛主任、各系主管就业工作的领导、部分辅导员和学生代表参加。会上，刘副院长致辞并简单介绍学院的就业情况，招生就业办公室主任详细介绍学院就业工作的思路、采取的措施。最后检查组组长进行总结，对学院的就业工作给予肯定并提出建议。

根据以上材料，请起草本次会议筹备阶段、进行阶段及会后总结阶段的有关文字材料，包括会议筹备方案、会议议程和日程、会场布置图、会议通知、主持词、会议记录、会议简报等，并将这些文字材料整理归档。

5. 根据第 4 题的有关背景材料，请同学们分组模拟演练本次汇报座谈会从筹备到结束的整个过程，最后以小组为单位向老师提交会议书面总结。

第十章

文档管理

学习目标

● 知识目标

1. 理解和掌握公文处理的原则、公文处理程序及其各环节的要求；
2. 掌握文书整理归档的基本原则、方法、步骤；
3. 了解档案管理工作的原则；
4. 掌握档案管理的程序；
5. 了解电子档案的特点；
6. 掌握如何管理电子档案。

● 能力目标

1. 具备办公室公文处理的能力；
2. 掌握文书整理归档的方法；
3. 能够对电子档案进行正确的管理。

第一节　公文处理程序

案例导入

某大型国有企业接到市政府安全委员会发来的文件《关于加强安全生产的通知》。公司办公室张秘书签收、核查、登记完文件后，交给了办公室刘主任。刘主任看完文件，批注了拟办意见，并让张秘书交给了主管安全的李经理。李经理当即批示，责成办公室起草一份本公司贯彻落实市政府安全委员会文件精神、加强安全生产的通知，下发给公司各科（室）和车间。根据李经理的批示，刘主任让张秘书马上起草通知，并对她说明了通知中需要涉及的内容及注意事项。

张秘书回到自己的办公室，开始根据领导交代的要点拟写通知。初稿完成后，张秘书将通知交给了刘主任审核，并在刘主任审核无误后，填写发文稿签连同稿件一起交给了李经理。李经理在发文稿上签字同意发文。随后张秘书将此份通知编上发文字号，再次检查无误后拿到文印室，交给打字员小王打印成正稿，并打印出30份。张秘书将打印好的通知从文印室取回，逐一盖章，并在发文登记表上填写好有关内容后，将文件分发到各科（室）和车间。

任务

公文处理的好坏直接关系到一个单位内外事务的处理和工作的进展情况，可以说事关全局，不可小觑。公文的处理具有规范性，作为秘书，只有坚持公文处理工作的规范性，才能使整个文书工作科学、有序、高效地运转。那么，公文处理的具体程序是怎样的呢？

理论知识

公文处理是秘书工作中一项最主要、最大量也是最重要的日常工作。它是机关、企事业单位及社会团体等进行上通下达、左右联系、互相协调的关键环节。公文处理的质量与效率，对国家机关或其他组织的工作成效有直接影响。秘书人员必须按照党和国家有关文书工作的规章、准则来处理公文，以保证公文发挥效用，提高办事效率。

一、公文及公文处理的概念

公文即公务文书，是党政机关、企事业单位、群众团体这些法定的机关与组织为了一定的目的，在社会活动中为处理公务而形成并使用的具有特定格式的应用性的文字材料。

公文的作用是通过公文的处理来实现的。公文处理指公文拟制、办理、管理等一系列相互关联、衔接有序的工作。其中公文办理是公文处理工作的主要内容和关键性阶段，因此我们说的公文处理主要指公文的办理。

公文的办理指文秘部门对文书的收发传递工作，通常由秘书部门负责。因此公文办理是秘书工作中“办文”的具体体现，是秘书应知应会的一项基本工作要求。

二、公文处理的原则及要求

公文处理的程序环环相扣、密不可分，有其内在的运行规律，文秘人员在公文处理的各个环节必须遵守这些规律。根据中共中央办公厅、国务院办公厅2012年4月联合发布的《党政机关公文处理工作条例》的规定，公文处理工作应当坚持实事求是、准确规范、精简高效、安全保密的原则。根据这一原则，在公文处理过程中，文秘人员应做到“及时、准确、安全”。

1. 及时性

及时是对公文处理工作效率的要求，也是公文处理工作特性的具体体现。公文是为指导现实工作、解决现实问题而产生，并在具体运行中发挥效用的。公文在收发、传递、办理过程中，一般都具有在规定时间内必办，在限定的期限内必须办结的明确严格的时限要求。因此，公文的处理必须及时迅速，讲究效率。拖压缓办，超过时限就会错过时机，贻误工作，造成损失。特别是紧急的重要文件，如不及时办理，将会造成不可弥补的重大损失。

此外，随着社会发展节奏的加快，公文处理工作也必须提高自身的适应性，高效、快速地完成办理要求，以使公文更好地发挥效用。因此，秘书人员要增强时间观念、效率观念，努力提高公文处理的及时性，不积压、不拖延、不误事、不影响公文处理各个环节的正常运转。

2. 准确性

准确是对公文处理工作的质量要求，是公文处理工作的生命线和基础，这是由公文的严肃性决定的。秘书人员在公文处理过程中必须做到准确，简单地说就是公文的收发传递等每项工作、每个环节，都必须符合标准、保证质量、周详缜密、准确无误。在公文处理过程中，任何一点随意性，任何一点主观臆断，任何一点粗心大意，都会使工作造成失误，甚至会给党和国家利益造成损失。因此，文秘人员必须具有高度的责任感、严谨的工作作风，认真细致地做好公文处理每一个环节的工作，切实做到准确无误。

3. 安全性

公文的处理还要做到安全、可靠。安全包括两个方面，一方面指在公文处理过程中要保护好公文实体的安全，确保不丢失、不被损坏、不被盗；另一方面指要保护好公文信息的安全，严格执行保密制度，防止失密泄密。公文是党和国家秘密的载体，一旦丢失或泄密就会给工作造成重大影响和损失。因此，文秘人员必须牢固树立保密观念，努力增强保密意识，严格按照文件自身的保密要求和阅知范围办理公文，其最基本的要求是：该发的文件一份不少发，不该发的文件一份不多发；该阅知的文件不少让一人阅知，不该让人阅知的不多让一人阅知，确保每份文件安全保密。

三、公文处理程序

公文处理是一项程序性很强的工作，它从形成到运转处理必须经过一系列环节，这些环节就是公文的处理程序。公文的处理程序使公文从形成、运转、生效到终止，形成一个连续的、动态的过程。公文处理程序的各工作环节相对独立存在，各具特定内容和功能，相互衔接并排列有序，具有一定规范性，均须遵循一定的工作制度，不得随意处理。

1. 公文拟制

公文拟制包括公文的起草、审核、签发等程序。

(1) 起草。

起草是文秘人员按照单位领导或文秘部门负责人的授意拟写公文的过程。起草是公文处理程序的第一个环节，是提高文件质量的关键性基础工作。

起草公文的一般原则为：业务性文稿一般由相关业务处室撰拟，或由业务主管部门代拟；综合性文稿一般由综合处室、秘书处室撰拟或综合部门代拟；重要文稿或特殊文稿，亦可由领导同志指定专人撰拟。

《党政机关公文处理工作条例》第 19 条规定，起草公文还应该注意以下事项：

1）符合党的理论路线方针政策和国家法律法规，完整准确体现发文机关意图，并同现行有关公文相衔接。

2）一切从实际出发，分析问题实事求是，所提政策措施和办法切实可行。

3）内容简洁，主题突出，观点鲜明，结构严谨，表述准确，文字精练。

4）文种正确，格式规范。

5）深入调查研究，充分进行论证，广泛听取意见。

6）公文涉及其他地区或者部门职权范围内的事项，起草单位必须征求相关地区或者部门意见，力求达成一致。

7）机关负责人应当主持、指导重要公文起草工作。

（2）审核。

审核又称核稿，是指拟就的文稿在送交有关领导签发或会议讨论通过之前，由文秘部门对文稿所做的全面检查审定工作。审核工作由文秘部门负责人或经验丰富、素质较高的资深秘书负责。

审核工作是整个公文处理程序中的一个必经关键环节，也是关系到公文质量的关键环节，所以审核工作必须认真负责、全面细致。

审核应从内容和形式两方面着手，《党政机关公文处理工作条例》第 20 条明确了审核的重点：

1）行文理由是否充分，行文依据是否准确。

2）内容是否符合党的理论路线方针政策和国家法律法规；是否完整准确体现发文机关意图；是否同现行有关公文相衔接；所提政策措施和办法是否切实可行。

3）涉及有关地区或者部门职权范围内的事项是否经过充分协商并达成一致意见。

4）文种是否正确，格式是否规范；人名、地名、时间、数字、段落顺序、引文等是否准确；文字、数字、计量单位和标点符号等用法是否规范。

5）其他内容是否符合公文起草的有关要求。

需要发文机关审议的重要公文文稿，审议前由发文机关办公厅（室）进行初核。

经审核不宜发文的公文文稿，应当退回起草单位并说明理由；符合发文条件但内容须作进一步研究和修改的，由起草单位修改后重新报送。

（3）签发。

签发是单位主要领导或分管领导对已经审核的文稿进行最后的审定，在发文稿纸上签署批准发文的意见，并签署自己的姓名和日期的环节。

签发是公文处理过程中最重要的一环。除按有关规定由会议批准的公文外，签发是绝大多数公文生效的法定程序，文稿一经签发即成定稿，成为印制正式文本的标准稿本和向外发出正本的依据。签发后的定稿未经原签发人同意，一般不能再作改动。

《党政机关公文处理工作条例》第22条明确了签发的要求：

1）公文应当经本机关负责人审批签发。重要公文和上行文由机关主要负责人签发。

2）党委、政府的办公厅（室）根据党委、政府授权制发的公文，由受权机关主要负责人签发或者按照有关规定签发。

3）签发人签发公文，应当签署意见、姓名和完整日期；圈阅或者签名的，视为同意。

4）联合发文由所有联署机关的负责人会签。

2. 公文办理

《党政机关公文处理工作条例》第23条明确指出，公文办理包括收文办理、发文办理和整理归档。

（1）收文办理。

收文办理主要指收到送达本单位的文件后，单位内部组织实施文件运转的全过程。收文办理的主要程序包括签收、登记、初审、承办、传阅、催办、答复等程序。

1）签收。

签收是指对收到的公文应当逐件清点，核对无误后签字或者盖章，并注明签收时间。签收是收文办理的第一道程序。签收的目的是明确公文交接双方的责任，保证公文运行的安全。

签收一般包括审核、拆封、清点三个环节。

审核主要指在签收之前要检查封套上所注的收文单位是否是本单位；文件实际件数与回执清单或发文登记数是否一致；封套和封口有无损坏；是否为急件、密件，急件随到随转，密件转机要室。经检查，确认无误后方可在送文单或送文簿上签字。

拆封是指对外来文件进行启封，除写明单位领导亲启的外，一般公务文书可由秘书人员拆封；绝密文件一般由文秘部门负责人拆封。拆封时要注意不能损坏文件，要注意将封内文件取清，发现空封应及时与发文单位联系，查明原因；拆封后的空封筒应集中存放一段时间，以便发现差错及时核对查询。

清点是指拆封后检查正件、附件及文件页码是否齐全完整，有无错送或短少，有无落款、加盖印章、成文日期等。如有以上问题，应及时与发文单位取得联系后妥善处理。

清点无误后，秘书人员方可在投递回执清单或送文簿上签字并加盖收文章。

2）登记。

登记是指对公文的主要信息和办理情况进行详细记载。收文登记是收文处理的基础工作和重要环节，等于为来文建立了“户口簿”，有利于公文的办理、查找、统计、管理及归档等。

登记的原则是方便文件的运转和管理。一般单位都采用专用的“收文登记簿”进行登记，其栏目主要有编号、收文日期、文件标题、来文单位、来文字号、附件、密级、缓急时限、份数、承办单位、复文号、归档日期等，其中前九项记载来文的自然特征，后三项记载收文的运转和处理情况，留备文件处理完毕后再进行登记。收文登记簿如表10—1所示。

表 10—1　　收文登记簿

编号	收文日期	来文单位	来文字号	文件标题	附件	份数	密级	缓急时限	承办单位	签收人	复文号	归档日期

收文登记应注意的事项：

第一，收文数量多的单位可分类登记，如党内文件和行政收文分开登记；也可按发文单位的级别登记，上级机关来文、平级和不相隶属机关来文、下级机关来文；规模较小或收文不多的单位，一般可不分类别，统一进行登记。

第二，登记不必有文必录，一般性的抄送文件，各种公开或内部不属机密的一般性简报，已被综合性文件包括了的文件，事务性的通知、便函、请柬等不必登记。

第三，收文登记完毕后，文秘人员应填写文件处理单，并附在公文前面，随公文运转。

3）初审。

收文单位对收到的公文应当进行初审。《党政机关公文处理工作条例》明确了审核重点：是否应当由本机关办理，是否符合行文规则，文种、格式是否符合要求，涉及其他地区或者部门职权范围内的事项是否已经协商、会签，是否符合公文起草的其他要求。

经初审不符合规定的公文，应当及时退回来文单位并说明理由。

审核环节的增加，增强了秘书在收文处理过程中的权力和责任，也避免了不该办、不必办的公文流入办文环节。

4）承办。

承办是指秘书部门根据来文的内容和要求，承接办理或交送有关职能部门承接办理来文并予以贯彻落实的工作程序。承办分为阅知性公文的承办和批办性公文的承办两种情况。

第一，阅知性公文的承办。

阅知性公文应当根据公文内容、要求和工作需要确定范围后分送。

第二，批办性公文的承办。

批办性公文应当提出拟办意见报本机关负责人批示或者转有关部门办理；需要两个以上部门办理的，应当明确主办部门。紧急公文应当明确办理时限。

5）拟办。

拟办是指由秘书部门对需要办理和答复的收文提出初步办理意见，供领导批办时参考。拟办人一般由文秘部门负责人担任或资深秘书承担。拟办是秘书部门辅助领导决策，发挥参谋助手作用的具体体现，也直接关系到公文的处理质量和处理时效，因此拟办时要注意以下问题：

第一，认真阅读来文，抓住来文主旨，领会文件精神，以便有针对性地提出具体的拟办意见。

第二，熟悉党和国家有关方针政策、法规以及本单位的有关政策，使拟办工作具有明确的政策依据。掌握单位领导分工、部门的职能和职权等情况，这样提出的意见才能合情合理、切实可行。

第三，拟办意见应当简明扼要、明确具体，不要流于形式。

第四，拟办意见应清楚、端正地书写在《文件处理单》的“拟办意见”栏内，并签注拟办人姓名和拟办日期。

批办性公文的承办一般包括办文和办事两个方面的内容，办事是具体落实文件中要求办理执行的相关事项。办文是针对收文的拟稿回复，即办理复文。复文既是收文处理的一个环节，又是发文处理的起始阶段。

承办是收文处理程序的核心环节，也是公文发挥现实效用的基本保证。承而不办或办而不力，都会使公文处理工作前功尽弃，给组织带来损失。因此承办部门接到交办的任务后，应当及时办理，有明确办理时限要求的应当在规定时限内办理完毕。

6）传阅。

传阅是指文秘部门根据领导批示和工作需要将公文及时送达传阅对象阅知或者批示。

传阅中的注意事项：

第一，要随时掌握公文传阅的去向和进度，不得漏传、误传、延误。

第二，要控制公文传阅周期（时间）。

第三，要严格公文传阅范围。

第四，要减轻机关负责人的阅文负担（必要时可以为领导摘编公文内容）。

第五，要确保传阅安全保密。

第六，要适时将已传阅完毕的文件收回归档。

7）催办。

催办是指文秘部门及时了解掌握公文的办理进展情况，督促承办部门按期办结。催办是加速公文运转，提高公文办理效率的有效措施。

催办可以采用电话催办、信函催办、专程面催等方式。紧急公文或者重要公文应当由专人负责催办。

催办工作很重要，但往往被一些秘书人员忽视，以致有些公文交办后杳无音信。为了确保催办工作的效果，文秘部门可采取以下方法：

第一，建立健全催办制度，可以采取文书人员催办一般文件、领导亲自催办重要文件的方法，明确工作职责，使催办工作走向制度化、经常化、规范化，保证催办工作的质量与效果。

第二，制作文件《催办卡》或《催办登记簿》，逐件登记须催办的文件，随时对催办情况进行记录，并定期汇总，向领导汇报，以便于催办工作有序进行。

第三，在催办过程中秘书人员要注意说话态度和方法，切忌“居高临下”、态度生硬。

8）答复。

答复是指公文办理完毕后，应将办理结果及时答复来文单位，并根据需要告知相关单位。

（2）发文办理。

发文办理是指各类社会组织制发公文的过程。发文办理程序包括复核、登记、印制和核发等。

1）复核。

已经发文机关负责人签批的公文，印发前应当对公文的审批手续、内容、文种、格式等进行复核。

复核为文秘部门对公文再次进行审核并确保公文质量又提供了一次机会，因此秘书人员要认真复核。复核有误须作实质性修改的，应当报原签批人复审，文秘人员不能擅自对定稿进行修改。

2）登记。

对复核后的公文，应当确定发文字号、分送范围和印制份数并详细记载。登记的主要作用是便于对发文管理、统计和核查。

发文登记一般采取专用的《发文登记簿》（见表10—2），登记项目一般主要有序号、发文日期、发文字号、文件标题、密级、紧急程度、发送机关、附件、份数、归档情况、备注等。如果是回复对方的公文，还须注明收文编号。

表10—2　　发文登记簿

序号	发文日期	发文字号	文件标题	密级	紧急程度	发送机关	附件	份数	归档情况	备注

3）印制。

印制是将复核没有问题的定稿制作成公文正本并加盖发文单位印章或领导签名章的过程。印制是发文处理过程中的一个重要环节，定稿只有经过印制才会成为规范的正本，才能发挥其效用。因此印制工作要严肃认真，细致准确，清晰规范，确保质量，特别是要注意以下事项：

第一，确保质量。公文印制必须以经过机关负责人签发的定稿为依据。

第二，确保时效。尤其是对于标注特急或要求限时发出的公文，要严格按照时限印制完毕，不得延误。

第三，确保安全保密。涉密公文应当在符合保密要求的场所印制。

第四，公文版面设计要美观大方；用纸、格式、印刷要符合《党政机关公文格式》中的规定；防止出现多页、缺页、倒页问题。

第五，公文加盖印章时必须确保发文单位与印面一致。

第六，用印时位置准确，印文要端正清晰，要严格按照《党政机关公文格式》的规定用印。

第七，根据发文印数核实用印的份数，不得盖空白印。

4）核发。

公文印制完毕，应当对公文的文字、格式和印刷质量进行检查并准确、及时地进行核发。

核发需要注意的事项有：

第一，分发前要清点份数，检查公章有无遗漏或错误；有无缺页、倒页现象；公文内的发送单位是否与封面上的一致，核对无误后再封口。

第二，送往主送、抄送单位的公文以及急件、密件、普通件要分别装封，如有需要还要加盖密级、急件印戳。

第三，分装时封面书写要工整、规范；封口要严实。

第四，文件应及时发送，特别是急件要随到随发。

目前公文发送的主要方式有：普通邮寄、机要投递、专人递送、公文交换站、电信传递等。随着办公自动化的发展、电子政务的应用以及计算机和网络技术的发展，公文也可通过网络、传真机等进行传输，但涉密公文不宜用网络、传真机等传输，应当通过机要交通、邮政机要通信、城市机要文件交换站或者收发件机关机要收发人员进行传递，通过密码电报或者符合国家保密规定的计算机信息系统进行传输。

（3）整理归档。

办理完毕需要归档的公文及有关材料，应当根据有关档案法律法规以及机关档案管理规定，及时收集齐全、整理归档。（本部分内容将在第十章第二节详细介绍，这里不再赘述。）

3. 公文管理

公文管理是指以安全保密和充分发挥公文效用为目标，在公文形成、传递、运转、存储、利用、整理归档、清退销毁等环节中所进行的规划、组织、控制、监督、保管、整理、统计、提供服务的职能活动。公文管理贯穿于公文处理工作全过程，是公文处理工作的重要保障。

《党政机关公文处理工作条例》第28条～第37条明确规定了公文管理的有关要求：

（1）各级党政机关应当建立健全本机关公文管理制度，确保管理严格规范，充分发挥公文效用。

（2）党政机关公文由文秘部门或者专人统一管理。设立党委（党组）的县级以上单位应当建立机要保密室和机要阅文室，并按照有关保密规定配备工作人员和必要的安全保密设施设备。

（3）公文确定密级前，应当按照拟订的密级先行采取保密措施。确定密级后，应当按照所定密级严格管理。绝密级公文应当由专人管理。

公文的密级需要变更或者解除的，由原确定密级的机关或者其上级机关决定。

(4) 公文的印发传达范围应当按照发文机关的要求执行；需要变更的，应当经发文机关批准。

(5) 涉密公文公开发布前应当履行解密程序。公开发布的时间、形式和渠道，由发文机关确定。

经批准公开发布的公文，同发文机关正式印发的公文具有同等效力。

(6) 复制、汇编机密级、秘密级公文，应当符合有关规定并经本机关负责人批准。绝密级公文一般不得复制、汇编，确有工作需要的，应当经发文机关或者其上级机关批准。复制、汇编的公文视同原件管理。

复制件应当加盖复制机关戳记。翻印件应当注明翻印的机关名称、日期。汇编本的密级按照编入公文的最高密级标注。

(7) 公文的撤销和废止，由发文机关、上级机关或者权力机关根据职权范围和有关法律法规决定。公文被撤销的，视为自始无效；公文被废止的，视为自废止之日起失效。

(8) 涉密公文应当按照发文机关的要求和有关规定进行清退或者销毁。

(9) 不具备归档和保存价值的公文，经批准后可以销毁。销毁涉密公文必须严格按照有关规定履行审批登记手续，确保不丢失、不漏销。个人不得私自销毁、留存涉密公文。

(10) 机关合并时，全部公文应当随之合并管理；机关撤销时，需要归档的公文经整理后按照有关规定移交档案管理部门。

工作人员离岗离职时，所在机关应当督促其将暂存、借用的公文按照有关规定移交、清退。

(11) 新设立的机关应当向本级党委、政府的办公厅（室）提出发文立户申请。经审查符合条件的，列为发文单位，机关合并或者撤销时，相应进行调整。

小提示：避免公文制发程序中的“倒流”问题

按规范的公文处理程序，公文文稿应按拟稿、核稿、签发顺序运作。但有的部门不遵守审核程序，拟发的文稿不经文秘部门统一审核，就直接送领导审签，造成了公文“倒流”。公文“倒流”违背了公文处理的工作程序，影响了公文制发的速度和质量。

案例分析

案例一

××大学为配合省教育厅开展的校园安全检查工作，要在学校内部发一份《××大学关于认真做好校园安全检查工作的通知》，校领导责成办公室秘书小王起草该文件。小王写完初稿后，正赶上领导外出开会，几天后才能回来。小王觉得文件内容简单，不会出什么差错，于是就自作主张，将草稿交打字员小李打印。小李与小王关系不错，没有多问，就打印了文件。文件打印好后，小王找办公室张主任盖公章。张主任发现该文件既没有填写发文稿纸，也没有经校领导签发，就没给文件盖印，说等校领导回来后再作处理。

分析：以上案例中小王和小李的做法都是不对的。作为秘书，小王应该严格遵守公文处理的程序，在起草好文件后，应该先送交办公室领导进行审核，这是公文拟制程序中的一个必经环节。审核完毕后再交校领导或校领导授权或委托的其他人员签发。只有签发后的定稿才能成为印制正本的依据，而不能以还不成熟、不完善的草稿为印制依据。此外，未经签发的文件，负责缮印的人员有权拒绝缮印，而打字员小李却忽略了这一点，将没有签发的文件进行了印制，这是不对的。由此我们可以看出，公文办理是一项程序性很强的工作，具有一定的规范性，文秘人员必须严格遵守公文办理程序，不可擅作主张地随意颠倒前后环节或任意删减某个环节，以免造成人为的紊乱、失误和差错。

案例二

2013年，某市出台了《××市委、市政府关于加快发展个体、私营企业的决定》(以下简称《决定》)。《决定》中有这样一句话："市直各部门都要进一步解放思想，大力支持我市个体、私营企业的发展，只要钱不装入个人口袋，怎样干都行。"《决定》下达后，不到半年，这个市的个体、私营企业如雨后春笋，发展很快。但是，也出现了一些市直机关与个体户合股、合资办店、办企业的现象。这些"合作"私营企业中，有少数打着市直机关的招牌，向国有企业要走俏商品做转手买卖，从中获利。市纪检监察部门认为这种做法不符合省纪委第×次全体会议精神，向市委、市政府提出意见，认为《决定》中："只要钱不装入个人口袋，怎样干都行。"这句话是市委的一位领导在一次企业家学习座谈会上讲的，没有公开发表，不能作为《决定》的内容。在市纪委检查委员会和监察局的建议下，此公文最终被停止执行。

分析：校核是公文处理程序中的一个重要环节，负责公文处理的文秘部门必须以高度的责任感，认真做好公文校核工作。本案例《决定》中的那句话，是市委一位领导同志在一个座谈会上即席讲话中的一句，起草者把它引用到公文中是不对的。而负责公文校核的同志也未认真进行校核，领导由于工作繁忙，也未能仔细推敲，就一字不改地签发了，因而出现差错。由此可见，公文的校核是十分重要的。一般来说，一个公文要经过三步校核才能印发：(1) 公文文稿送领导审批之前要由文秘部门负责人进行审核；(2) 已经领导审批过的文稿，在印发之前应再作校核；(3) 在公文正式印发前要进行复核。

案例三

陈言是天地商贸公司新来的秘书，负责文书工作。为保证工作不出错，陈言将所有来文都认真进行登记分类，并一律以三天为一个时间单位，每三天分送一次，结果却因拖拉受到了领导的批评，陈言觉得很委屈。

分析：在收文办理过程中，并不是所有来文都要进行登记，应视其重要程度和单位的实际情况而定。陈言将所有来文都进行登记，这样就使一些没有查考价值和对本单位工作意义不大的公文也登记在册，不利于今后的文件整理归档工作，也影响公文的运转速度。此外，三天才分送一次公文，也违背了公文处理的及时性原则，一些紧急的文件有可能因拖延而贻误。可见，增强时间观念、效率观念，不积压公文，努力提高公文办理的及时性，对秘书人员来说是非常重要的。

案例四

某化工厂办公室秘书小齐签收了一批外来文件，由于当时没仔细看，启封、登记过程中，发现有一份属本市某钢铁厂的机密文件，与普通文件混在了一起。小齐便打开文件大概浏览了一下内容，然后给钢铁厂办公室打电话，让他们来取文件。钢铁厂领导看到文件被打开后，非常气愤，与化工厂的领导进行了交涉。化工厂领导严厉批评了小齐，并要求她向钢铁厂领导道歉。

分析：公文办理是一项程序性很强的工作，文秘人员必须增强公文办理的程序意识，严格按程序操作。此案例中，齐秘书在签收外来文件时，应当仔细逐一地清点、核对，检查文件封套上的收文单位是否为本单位，确认无误后，才能签收。对于错发的保密文件，应该退回投递人员或转给机要室，或请示本单位领导该如何退回，而不应该让文件收文单位自己来拿，更不应该打开不该看的保密文件，造成了文件的泄密。文秘人员在文书处理过程中，应当努力增强保密意识，严格按照文件的保密要求和阅知范围办理公文，确保每份文件不失密、泄密。

实训项目

1. ××公司办公室接到邮政局投递员递送的一份《××市关于开展安全生产大检查的通知》。公司办公室秘书收到文件后，应怎样迅速处理该文件？

2. 某人事局局长新上任不久，在单位对外拟发公文时总是习惯自己先签发后再交局办公室审核修改，这样做是否符合公文办理程序？为什么？

3. 某单位办公室徐主任经常在“文件办理单拟办”一栏写道：“请某同志阅处。”这样做是否恰当？为什么？

4. ××市棉纺厂陆秘书收到《××团市委关于开展青年职工技能大赛的通知》，张副厂长对文件进行批办，责成厂团委制定参赛的具体方案。该文件从陆秘书接收登记开始，要经过哪些工作环节才能完成？请画出处理程序的流程图，并思考在各工作环节中应该注意哪些问题。

5. 情景模拟演练：

（1）某学校收到《市教育局关于开展教学名师评选活动的通知》，王副校长责成教务处按通知精神组织开展评选活动。在同学中选出收发人员一名，秘书一名，办公室领导一名，教务处领导一名，副院长一名，模拟收文处理程序。

（2）某公司为了扩大出口业务，决定出台《关于开拓欧洲市场的意见》，由公司市场部拟稿。在同学中选出秘书一名，办公室领导一名，市场部秘书一名，市场部负责人一名，公司经理一名，模拟发文处理程序。

第二节　文书整理归档工作

案例导入

某汽车销售公司的文书管理人员小肖在文书立卷归档过程中发现，公司上次大型汽车活动中的文件缺少一些新闻报道和相关图片，上级领导的讲话稿也不见了，同时还有些重要的机密文件跟普通文件混在了一起。几经查找，她将文件收集齐全，并且将机密文件和普通文件进行了分开处理。事后，她将发现的问题写了一份报告交给领导，分析文件收集不全以及机密文件与普通文件混杂的原因。小肖分析文书归档出现遗漏的原因主要有：一是有些承办人员不愿意将自己认为有用的文件归档，担心用起来不方便；二是一些文书人员未按照归档范围收集文件；三是公司内部未进行立卷分工，存在遗漏立卷和重复立卷的情况。另外，在区分机密文件与普通文件的问题上，主要是归档人员没有注意保管期限的划分标准，针对这些现象，她提出了一些合理化的建议，得到了领导的表扬。

任务　文书整理归档工作是文书工作的最后一个环节，也是做好档案工作的基础。没有文书的整理归档就没有档案管理工作。因此，公文办理完毕后，必须按照有关规定，及时整理归档。那么如何进行文书的整理归档呢？

理论知识

各种社会组织在社会实践活动中形成的文书很多，其中有很多对党和国家各项事业具有利用价值，这就需要把这些文书进行集中整理，作为档案保存起来，以便于今后的查找利用。《党政机关公文处理工作条例》第 27 条明确规定：需要归档的公文及有关材料，应当根据有关档案法律法规以及机关档案管理规定，及时收集齐全、整理归档。那么什么是文书的整理和归档？如何进行文书的整理和归档呢？

一、文书整理归档的基本原则

1. 遵循文件形成的客观规律

文书是反映各单位职能活动的工具，而每个单位的职能活动都是有规律的，这就决定了文件的形成也是有一定客观规律的。因此，文书整理归档时，只有遵循文件形成的客观规律，才能准确反映出每个单位职能活动的规律，也才能反映出其真实的历史面貌。

2. 保持文件之间的有机联系

虽然每个单位在社会活动中都有自己的职责和业务范围，但这些单位并不是孤立地行使自己的职责或进行各项职能活动，它们之间总会存在一定的联系，这就决定了形成的文件之间也必然存在某种联系，这种联系就是文件之间的有机联系。把一组彼此有联系的文件放到一起，按照形成的前后顺序排列起来，就能比较完整而客观地反映出每个单位职能活动的全貌。因此，进行文书整理归档工作，必须要保持文件之间的有机联系。

3. 区分文书的不同价值

各个单位在职能活动中形成的文书很多，但不是所有办理完毕的文件材料都需要整理归档，需要整理归档的文件材料的价值也是不同的，这就需要区分它们的不同价值，划定不同的保管期限，以有效地发挥文书档案的查考利用价值。

4. 便于保管和利用

便于保管和利用是文书整理归档工作最基本的整理原则，也是文书整理归档的根本目的。如果没有这一目的作为支撑，文书整理归档工作就变得没有任何意义了。因此，前三项原则是便于保管和利用这项原则的基础和实现手段。

二、文书整理归档的方法

目前，我国推行的文书整理归档方法有两种：传统的案卷级整理方法和文件级整理方法。

1. 案卷级整理方法

案卷级整理方法就是将处理完毕的具有查考利用价值的文书材料组成案卷，进行装订。以案卷作为基本保管单位，是目前文书整理归档的主要整理方法。

案卷级整理方法是按“六个特征”（问题特征、作者特征、文种特征、时间特征、地区特征、通讯者特征），将文书进行区分和组合，然后组成案卷，拟写案卷提名，排列卷内文件和编号，填写卷内文件目录、备考表和案卷封面，装订案卷。全部案卷整理完毕后，再按照保管期限—年度—组织机构（问题）的方法进行案卷排列并编制案卷目录，然后再向档案部门移交。

2. 文件级整理方法

文件级整理方法就是将处理完毕的具有查考利用价值的文书材料以“件”为基本单位进行整理。这种方法是国家档案局为适应机关办公自动化环境下文书整理归档工作的需要，而推荐采用的新的整理方法。

由于传统的案卷级整理方法对档案的借阅、复制、查找、保密以及计算机管理等方面存在着诸多不便，2000 年 12 月 6 日国家档案局发布了《归档文件整理规则》（中华人民共和国行业标准 DA/T 22-2000），将立卷方法改为以件为单位的归档方法，并以“案盒”取代“案卷”，以年度、机构（问题）、保管期限的分类方式取代“六个特征”分类方法。这是文书档案工作改革的一项重大措施。

改革后的文书整理归档方法是：将应归档的文书以“件”为单位进行装订，并按年度—机构（问题）—保管期限或保管期限—年度—机构（问题）等方法进行分类、排列、编号、编目、装盒，填写档案盒封面、盒脊及备考表等项目后，然后向档案部门移交。

三、文书整理归档的步骤

1. 文书的收集

各单位在实际工作中形成的文书很多，人们不必也不可能把所有的文书都保存起来，只有具有一定查考利用价值的文书才有必要收集。《中华人民共和国档案法》第10条规定："对国家规定的应当立卷归档的材料，必须按照规定，定期向本单位档案机构或者档案工作人员移交，集中管理，任何个人不得据为己有。国家规定不得归档的材料，禁止擅自归档。"

具体来说，应归档的范围是：

(1) 反映本机关主要职能活动和基本历史面貌的，对本机关工作、国家建设和历史研究具有利用价值的文件材料；

(2) 机关工作活动中形成的在维护国家、集体和公民权益等方面具有凭证价值的文件材料；

(3) 本机关需要贯彻执行的上级机关、同级机关的文件材料；下级机关报送的重要文件材料；

(4) 其他对本机关工作具有查考价值的文件材料。

2. 文书的整理

文书的整理是整个文书整理归档工作的核心环节。

(1) 装订。

装订主要是针对纸质文书，就是用不锈钢钉或线将归档文件以"件"为单位固定在一起，即单"件"装订，便于保管利用。装订时需注意以下事项：

1) 文件应以"件"为单位逐件进行装订。

2) 装订时，正本在前，定稿在后；正文在前，附件在后；原件在前，复制件或手抄稿在后；批转或转发文件在前，被批转或转发文件在后；来文和复文作为一件时，复文在前，来文在后；收文处理阅办单在前，正式文件在后；汉文本在前，少数民族文本在后；中文本在前，外文本在后（有特殊规定除外）。

3) 要采用对文书档案无损的材料和方法，装订要牢固，做到文件不损页、不倒页、不压字。装订前应将"件"内的各页按一定方式对齐。采用左侧装订的，要将左、下侧对齐；采用左上角装订的，要将左、上侧对齐。

小提示：装订之前的修整

为使档案能够长期保存和有效利用，装订之前必须对归档文书逐件进行检查，凡不符合要求的都要进行修整。修整的内容主要有：

(1) 修裱破损文件。

(2) 字迹模糊或易褪变的文件要采取复制或字迹固定、恢复等保护措施。

(3) 去除原装订文件易锈蚀的金属物和易变脆的塑料物。

(4) 超大纸张要按标准折叠。

(2) 分类。

分类是指将所有归档的文书，按照自身内容、形式、时间、来源等方面的特点，分门别类地组织在一起，使所有归档文件构成一个有机整体。

常用的分类方法有年度分类法、机构分类法、问题分类法和保管期限分类法。

1）年度分类法就是根据形成和处理文件的年度对归档文件进行分类。

2）机构分类法就是根据形成和处理文件的承办单位对归档文件进行分类，适用于内部机构设置相对稳定的单位。

3）问题分类法就是按照文件内容所说明的不同问题对归档文件进行分类，适用于内部机构不稳定的单位。

4）保管期限分类法就是根据划定的不同保管期限对归档文件进行分类。

如何准确划分保管期限？国家档案局于 2006 年 12 月发布的《机关文件材料归档范围和文书档案保管期限规定》指出档案的保管期限分为永久、长期、短期三种。新颁布的 8 号令对文书档案的保管期限进行了改革，将原有的“永久”、“长期”、“短期”划分方法修改为“永久”、“定期”，定期中再实行标时制，分为 30 年、10 年。

（3）排列。

排列就是在分类方案的最低一级类目内，按事由结合时间、重要程度等排列归档文件先后顺序的过程。主要方法如下：

1）文件排列一般可先将相同事由的文件排列在一起，然后可按文件形成时间的先后顺序或按文件的重要程度排列，即时间早的或重要的排在前面。

2）不同事由的归档文件排列，可按不同事由形成时间的先后顺序排列，或按事由的重要程度排列，也可按事由具有的共同属性排列。

3）会议材料、统计报表等成套性文件可集中排列。

（4）编号。

编号是指根据分类方案和归档文书的排列顺序逐件编号，并在文件首页上端的空白位置以归档章的形式注明的过程。文书的编号可以固定文书的位置，便于统计和查找利用。

归档章包括全宗号、年度、保管期限、件号等必备项目，也可根据本单位实际情况增加机构（问题）、页数等选择项目。

1）全宗号：是指同级国家综合档案馆给立档单位编制的代号。

2）年度：是指文件形成年度，以 4 位阿拉伯数字标注公元纪年，如“2009”。

3）保管期限：是指文件在归档时划定的保管期限，直接标注“永久”、“30 年”、“10 年”，也可使用简称及代码，如“永”或“Y”。

4）件号：是指文件的排列顺序号，包括室编件号（档案室编件号）和馆编件号（档案馆编件号）两种。室编件号的编制方法为：在分类方案的最低一级类目内，按文件排列顺序从“1”开始标注。馆编件号在档案移交进馆时，按档案馆要求编制标注。

5）机构（问题）：是指作为分类方案类目的机构（问题）名称或规范化简称。

6）页数：是指每一件归档文件的有效页数。文件中有图文的页面为一页。每一件归档文件以原有页码为序；无页码的文件以件为单位，从“1”开始编制流水页码，正面在文件右上角，背面在文件左上角。

（5）编目。

编目，是指依据分类方案和室编件号顺序编制归档文件目录。编目环节是档案的保管、鉴定、检索、统计、编研等工作的基础，因此对其所列项目应逐项、认真、准确地填写。归档文件目录包括件号、责任者、文号、题名、日期、页数和备注等内容。

1）件号：填写室编件号。

2）责任者：制发文件的组织或个人，即文件的发文机关或署名者。

填写责任者一般应使用全称或通用简称，不能使用“本局”、“本部”等简称；联合发文一般应将所有责任者照实抄录，责任者过多时可适当省略，但立档单位是责任者的必须抄录。

3）文号：文件的发文字号。填写文号要照实抄录，不能省略。

4）题名：文件标题。文件题名原则上应照实抄录。文件没有题名或题名不规范，不能全面反映文件内容的，应根据文件内容重新拟写或补充题名，并在新拟写或补充题名之外加“［ ］”号。

5）日期：文件的形成时间。具体填写日期要用8位阿拉伯数字标注年月日，如20090516。几份文件作为一件时，应以装订时的首份文件日期为准。

6）页数：填写每件归档文件的总页数。需要注意的是：以文件中有图文的页面为一页，空白页不计数；归档文件上无页码时，需要编页码；一件内的文件页码可累计；文件处理单放在每份文件的首页，可不编页码。

7）备注：填写归档文件需补充和说明的情况，如缺损、修改、移出、销毁、密级、插入文件等。

（6）装盒。

装盒，就是将归档文件按照室编件号的顺序依次装入盒内，并填写档案盒封面、盒脊和备考表项目等。装盒步骤如下所述：

1）按照分类方案，将同一年度、同一保管期限、同一机构（问题）的文件，按件号顺序装盒。一盒装不下，可装第二盒，排放在一起。起止件号顺编。

2）填写档案盒封面，只填写单位名称。

3）填写档案盒脊背各栏目。

根据档案盒摆放方式的不同，在盒脊或底边设置全宗号、年度、保管期限、起止件号、盒号等必备项。其中，起止件号填写盒内第一件文件和最后一件文件的件号，中间用“—”号连接。盒号是档案盒上架排列后的排列顺序号，此项在文书归档移交到单位档案室时填写。

4）填写备考表，并放在盒内所有归档文件之后，用以对盒内归档文件进行必要的注释说明。项目包括盒内文件情况说明、整理人、检查人和日期。

3. 归档

归档指文书部门或有关业务部门将系统整理后的案盒向单位内部档案室进行移交以便集中保管的环节。

归档时间一般在第二年的6月底以前，个别业务单位、驻地分散的单位可根据实际情况规定适当的归档时间。

向档案室移交案盒时，应办理移交手续，即编制移交目录，至少一式两份，交接双方清点无误后，在移交目录上签字。

案例分析

案例一

刚做秘书工作不久的小徐，在对文书进行归档整理时，认为重点应该是以本单位直接产生的文书为主，而上级的批复和下级的请示都不是本单位制发的文件，因此都不属于归档范围，所以就没有对这些档案进行整理归档。结果移交到档案室时，档案室工作人员说归档文件不完整。

分析：根据国家统计局颁布的《机关文件材料归档范围和文书档案保管期限规定》，文书归档范围的重点是将反映本单位主要职能活动和基本历史面貌的，对本单位工作、国家建设和历史研究具有利用价值的文件材料收集齐全、完整。这不仅包括反映本单位主要职能活动和基本历史面貌，具有利用价值的文件材料，而且包括本单位需要贯彻执行的上级机关、同级机关的文件材料和下级机关报送的重要文件材料。本案例中上级的批复和下级的请示都是反映本单位主要职能活动和基本历史面貌的文件材料，因此也必须作为归档文件进行收集整理。

案例二

辉煌电子公司是某省一家大型电子企业。文秘专业毕业的张丽是该公司的办公室秘书，负责公司的日常文书工作。在多年的文书整理归档工作中，张丽摸索出了一套自己的工作方法，她每年都会提前编制好新一年的归档文件类目条款，然后根据类别的多少，准备相应数量的档案盒，用于平时文件的随时整理。每天，她都会将办理完毕的文件分门别类地归入相应的档案盒，这样，到年终或第二年年初归档时，她只要进行系统调整就可以了，节省了不少时间。

分析：从张丽整理归档工作的经验来看，秘书人员应当养成把文书整理的基础工作放到平时来做的习惯，包括平时有计划地收集文件，及时将处理完毕的文件进行分门别类的整理、装订、装盒等。平时有计划地收集、整理，就为最终的系统整理归档奠定了基础，也确保了归档文件的完整与安全，同时也为文书的查找利用提供了方便。

案例三

蓝天广告公司是一小型企业，其文书工作与档案管理工作都由办公室秘书刘靖一人负责。在整理归档时，刘靖采用了组织机构—年度—保管期限分类方案。由于企业发展的需要，近年来公司常会做一些部门调整。一天，公司王经理要查找 2007 年的一份文件。刘靖只知道经理所需文件是属于市场开拓方面的，但它属于哪个部门却记不得了。于是，她东找西翻，几乎把 2007 年前的档案都翻了一遍，才找到经理需要的那份文件。

分析：从以上案例可以看出，由于刘靖在文书整理归档时采用的分类方案不符合单位的实际情况，结果造成查找困难。蓝天广告公司是一家小型企业，而且机构经常变动，因此不适合采用组织机构—年度—保管期限分类方案，因为这种方案适用于内部机构较多而且较稳定的大中型正业。根据蓝天广告公司的实际情况，采用年度—问题—保管期限分类方案更为合适一些。另外，文书整理归档的各环节完毕后，应当填写归档文件目录，编写档案盒目录，以便于今后的查找利用。这也告诉我们选择分类方法非常重要，它能直接决定整理的结果，也影响今后的查找利用。

案例四

某企业杨秘书在整理公司归档文件时，把文书按照不同文种加以分类，在每类中按时间排列，并把文件后的附件一一分离出来，单独装订。给文件加盖归档章后，将文件按照时间顺序依次装入档案盒中，并填写归档文件目录表及备考表放入档案盒，最后填写完档案盒封面、盒脊后，移交给档案室。结果被档案室退回要求重新整理。

分析：杨秘书的做法违背了文书整理归档工作应遵循文件形成的客观规律，保持文件之间有机联系的原则。根据这一原则和国家档案局颁发的《归档文件整理规则》，文书档案常用的分类方法主要有年度分类法、机构分类法、问题分类法和保管期限分类法。因此，杨秘书不应按文种对文书进行分类。文件排列时则应在最低一级类目下，先将相同事由的文件排列在一起，然后再将相同事由的文件结合时间或重要程度进行排列。此外，文书整理是以“件”为单位的，公文的附件一般不单独成件，而是和正文一起成一件。

实训项目

1. 根据本节“案例导入”的情景，请你拟制一份文书整理归档的流程图。

2. 鑫鑫科技有限公司是一家新开的公司，下设生产科、物流科、营销科、研发科、质量管理科、综合办公室和财务科。如果你是公司办公室负责文书整理归档的秘书，你会如何编制公司文书整理归档的分类方案？

3. 小李是某公司办公室刚刚招聘来负责文书工作的秘书。在文书整理归档过程中，小李很注重平时的收集整理，只要有红头文件就马上收集起来，并按照公司制定的归档文件分类方案进行整理、装盒。小李收集文件的方法是否合适？为什么？

4. 许亮刚刚应聘担任某企业的办公室主任，发现该企业以往的文件资料只是有一份保存一份，没有任何顺序。他决定改变这种文件保管的无序状况。如果你是许亮，你会怎么做？

5. 钟秘书是某软件企业新来的文员。第一天上班，公司领导让她接替马秘书负责公司文件的日常管理，并让她赶快着手上一年度文件的整理归档工作。钟秘书看到去年的文件既有销售统计报表，又有与客户签订的合同，还有销售计划、公司会议纪要和年度总结，一时感到束手无策。于是她去请教以往负责这项工作的马秘书。马秘书给小钟讲解了文件整理归档的程序和要点，并从文件的修整到装盒都一一做了演示。请两位同学演示该情景。

第三节　档案管理工作程序

案例导入

北京市某中学始建于1911年，已走过了近百年的风雨历程，2011年是该校的百年华诞。2008年经学校研究，决定启动校史馆筹建和校史编纂工作，并由学校办公室具体承担校史资料的收集工作。由于学校历史悠久，历史沿革曲折复杂，校长办公室秘书小张和小林奉命到学校档案室和北京市档案馆了解学校的有关情况，张秘书和林秘书查到了大量关于学校人事任免文书、有关背景资料的相关文件以及能够反映学校发展的一些珍贵照片，这些资料为校史编纂任务的圆满完成奠定了良好的基础。

任务	档案是人类社会文明进步的阶梯，是党和国家宝贵的历史文化财富。它在现实工作和社会活动以及科学研究、历史研究中发挥着重要的查考依据作用。但是仅有丰富的档案是不够的，有效的档案管理工作才是档案充分发挥作用的前提。那么，如何做好档案的管理工作呢？

理论知识

在现代社会，档案不仅是各类单位在行政管理、生产销售、经营管理等活动中必然会形成的原始记录，而且是一个单位创新和提高竞争力的重要资源之一。因此，档案管理已经成为各单位一项必不可少的工作。许多单位的档案管理工作也是由秘书人员来承担的，所以秘书人员应具备一定的档案管理知识。

一、档案管理工作的原则

《中华人民共和国档案法》第5条明确规定：档案工作实行统一领导、分级管理的原则，维护档案的完整与安全，便于社会各方面的利用。

1. 统一领导、分级管理

“统一领导、分级管理”是档案工作原则的核心，也体现了我国档案工作的组织原则和管理体制，统一领导是指国家全部档案由各级档案行政机构分别集中管理。各机关单位的档案由档案室集中统一管理，不得分散在各个部门和个人手中保存。机关档案室在规定保管期满后，必须把长期和永久保管的档案移交给各级国家档案馆集中管理，任何机关单位都不得拒绝移交。一切档案未按规定程序办理批准手续的，均不得任意转移、分散、销毁和买卖。分级管理是指全国档案工作，由各级档案行政管理机关统一、分层、分专业进行指导和监督。

2. 维护档案的完整与安全

“维护档案的完整与安全”是档案管理的基本要求，也是各级档案机关的首要任务。

所谓完整，是指档案数量和质量的统一，从数量上来说，要做到档案齐全，即应归档的文件材料都必须及时向本机关档案室归档，该向国家档案馆移交的档案都必须按时移交，任何单位或个人都不得拒绝归档和移交。从质量上来说，不应归档的文件材料一份也不准归档，不该移交的档案一份也不得移交，并且归档的文件材料必须排列有序，不能零散杂乱，要反映组织活动的历史轨迹。

所谓安全，包括档案的物质安全和信息安全两个方面。物质安全是指档案实体不会遭受任何人为的或自然的损毁，尽量采用先进的保管技术延长档案的使用寿命。信息安全是指档案内容不被篡改和破坏，涉密信息不被盗窃和泄露。

3. 便于社会各方面的利用

“便于社会各方面的利用”体现了档案工作的根本目的、出发点和归宿，因此，档案工作的各个环节，都应以是否便于社会利用为主要衡量标准。

二、档案管理的程序

目前我国的档案管理工作一般分为收集、整理、鉴定、保管、检索、编研、提供利用、统计八个业务环节。本节主要介绍收集、整理、鉴定、保管、提供利用这五个环节。

1. 档案的收集

档案收集工作是档案工作的起点，也是整个档案工作中极为重要的一个环节。档案收集工作的内容，包括档案的接收和档案的征集。档案的接收是指档案室和档案馆接受移交档案的活动，是档案部门取得和积累档案的主渠道。档案的征集是指档案馆按照有关规定征集散存在社会上的档案，是档案馆获得和积累档案的补充渠道。

2. 档案的整理

档案整理工作就是把零散的档案按照一定的原则和方法，进行分类、组合、排列和编目，使之系统化、有序化的过程。档案整理的目的是建立档案实体的管理秩序，为整个档案管理工作奠定基础，因此它是档案管理的核心环节。

（1）档案整理工作的原则。

1）保持档案之间的历史联系。

保持档案之间的历史联系是档案整理工作的根本性原则。档案材料之间的历史联系主要体现在文件在来源、时间、内容和形式等方面的联系。整理档案时，要注意保持它们之间的有机联系。

2）充分尊重和利用原有的整理成果。

充分尊重和利用原有的整理成果是指后继的档案管理者要充分尊重和利用前人对档案的整理成果，不要轻易地否定或抛弃。

3）便于保管和利用。

档案整理工作的目的就是便于保管和利用，因此，整理档案时必须以此为出发点和归宿，力求便捷、有效，为档案的保管和利用提供方便。

(2) 档案整理工作的内容。

1) 区分全宗。

全宗是指一个具有社会独立性的单位或个人在社会活动中形成的全部档案。按照我国档案工作的管理体制与分工，全宗的划分和排列主要由档案馆承担。

2) 全宗内档案的整理。

全宗内档案的整理包括全宗内档案的收集、装订、分类、排列、编号、编目、装盒以及案盒的排列、编号和编目。其中全宗内档案的收集、装订、分类、排列、编号、编目、装盒等环节也就是文书的整理与归档工作，一般由文书部门和秘书人员来承担。

案盒的排列与编号、编目等环节一般由单位内部的档案室承担，具体步骤如下：

第一，案盒的排列。

案盒的排列就是档案室将文书部门整理归档的案盒按一定顺序排列在一起，并将这种顺序固定下来。一般来说，案盒排列的方法可以按保管期限—时间顺序排列，也可以按保管期限—重要程度排列，也就是说，保管期限相同的案盒排在一起，形成时间早或重要的排在前面。

第二，案盒编号。

案盒编号就是对排列好的案盒逐一编号，将其位置固定下来。一般是用阿拉伯数字按案盒排列的顺序一次编写。

小提示：案盒编号的方式

案盒编号可采取两种方式：一种是统编，即一个全宗的所有案盒统一编号，从1号开始按顺序编制流水号；另一种是分编，即按全宗内档案的类别、年度或保管期限分别从1号开始编号。

第三，编制案盒目录。

为固定案盒的位置，还要编制案盒目录，也就是对经过系统排列编号的案盒进行逐一登记，形成案盒名册。一般来说，案盒目录的结构主要包括：封面、序言或说明、案盒目录表和备考表。

第四，编制档号。

档号是档案室（馆）在整理和管理档案过程中对档案的编号，是档案实体最基本的秩序号，为日常的管理和查找利用提供了方便。

档号主要包括全宗号、案盒目录号、案盒号、页号或件号四个部分。档号的四个部分之间用“—”连接。

3. 档案的鉴定

档案的鉴定即鉴别和判定档案的价值，挑选有价值的档案妥善保存，剔除并销毁无须保存的档案。档案的鉴定工作有利于优化档案质量，更有效地发挥档案的作用。

（1）档案鉴定工作的内容。

1）制定档案价值鉴定的标准。

2006 年国家档案局颁发的《机关文件材料归档范围和文书档案保管期限规定》，是目前我国档案鉴定的规范和依据，也是档案价值鉴定的标准。

2）档案保管期限表。

档案保管期限表是以表册的形式，列举档案的来源、内容和形式，并指明档案保管期限的一种指导性、标准性文件，是鉴定档案保存价值、确定档案保管期限的主要依据，一般由档案部门会同文秘部门或业务部门共同制定。

档案保管期限表一般由顺序号、条款、保管期限、附注以及说明等部分组成。条款和保管期限是最基本的项目。

（2）档案鉴定工作的步骤。

档案的鉴定工作通常分三个阶段进行：文件归档鉴定，保管期限划定，档案价值复审。

1）文件归档鉴定。

文件归档鉴定是指各单位文秘部门或业务部门对处理完毕的文书是否应该归档保存进行鉴定。其依据主要是根据国家档案局颁发的《机关文件材料归档范围和文书档案保管期限规定》以及本单位据此制定的本单位文书归档范围，确定需要鉴定的文件是否属于归档范围。

2）保管期限划定。

保管期限划定这项工作同样由文秘部门根据《机关文件材料归档范围和文书档案保管期限规定》，对属于归档范围的文件划定具体的保管期限。

3）档案价值复审。

档案价值复审这项工作是指定期保存的文件在保管期满之后，需要对其价值进行复审，以确定是继续保存还是销毁。复审主要采取两种形式：一种是到期复审，即档案部门要对定期保存的档案，在保管期满后，重新审查其是否还有保存价值。如尚存一定的保存价值就可继续保存，如确实已丧失了保存价值，就要销毁。销毁时，应编制销毁清册，按照规定的手续和方法进行。另一种是移交复审，指档案室向档案馆移交档案时，共同对移交的档案的保管期限进行审查。

（3）档案鉴定的方法。

直接鉴定法是目前档案鉴定工作最基本的方法，即档案鉴定的工作人员直接、具体地审查每一份档案材料，从档案的内容、作者、文种、可靠程度等各方面全面考察，并根据鉴定原则和有关标准确定档案的保管期限。

4. 档案的保管

档案的保管即运用适当的设备和手段来存放和保护档案。它在档案工作中占有重要的地位，对于避免档案遭受人为因素和自然因素的损害，维护档案的完整和安全，延长档案的使用寿命等都具有十分重要的意义。

档案的保管工作有防止档案被损坏、延长档案的寿命和维护档案的安全这三项任务。主要内容包括以下三方面：

（1）档案库房管理。

档案库房管理主要包括档案库房的编号，档案装具的排列和编号，档案的存放方式。

为了有条不紊地管理档案库房，应将各个库房及档案架（柜）加以统一编号。库房编号一般是按照先建筑物，然后楼层，最后房间的顺序用阿拉伯数字编流水号。

档案装具的编号方法一般以房间为单元，从房间门口起，从左至右、自上而下用阿拉伯数字依次编排号、柜架号、层格号或箱号。

纸质档案的案盒在装具中可采用平放和竖放两种方式，一般来说，最好采用竖放形式，因为这种方式便于管理人员可以直接看到盒脊上的档号等相关信息，一些珍贵的档案，可采取平放形式，以便于保护档案。

为了切实掌握档案的存放情况和迅速地取放档案，应编制存放位置索引。

（2）档案实体的安全与防护。

档案实体的安全与防护即为延长档案实体的寿命而采取的复制和修补等各种专门的技术措施。同时，对一切可能损毁档案的因素采取必要的措施，如档案库房应建立严格的进出库制度。一般情况下，库房只允许档案工作人员在工作时间内进入，非档案工作人员原则上不允许进入。

档案库房的温度与湿度也是直接影响档案寿命的重要因素，工作人员应在库房内配置精确、可靠的温湿度测量仪，随时测量并调节库房的温湿度。一般来说，保存纸质档案库房的温度应为14℃～20℃，相对湿度应为50％～65％。

此外，档案库房应建立“八防”措施：防火、防水、防潮、防霉、防虫、防光、防尘、防盗。

（3）档案流动中的保护。

档案流动中的保护即档案在各个流动环节中的安全防护。这主要包括建立档案使用的登记和交接制度，如为了便于库房管理人员掌握档案流动情况和安全检查，可使用档案代理卡。另外，还包括档案在提供利用过程中，制定的档案使用行为管理与限制制度，如不允许使用、借阅档案的人员在档案上勾画、涂抹、撕损等破坏行为，不允许擅自将档案带离规定的适用场所等。

5. 档案的提供利用

档案利用是档案部门以馆（室）藏档案资源为基础，通过一定的方式和方法，向有关单位和人员提供各种形式和内容的档案信息服务的活动。提供利用工作是档案工作的出发点和归宿。

当前档案利用工作的主要方式有预览服务、外借服务、复制服务、咨询服务、网络服务等。

案例分析

案例一

利达公司是一家经营现代办公设备、零配件、耗材等产品的专业公司。公司下设综合部、市场部、财务部、业务部、采购部、营销部等部门。由于公司刚成立，需要制定很多规章制度。领导让综合部郭秘书制定公司档案管理制度，并具体负责日常的档案管理工作。郭秘书认真学习了其他企业的档案管理制度，并结合自己公司的特点，制定了归档文件整理范围、归档时间、归档要求；编制了公司档案保管期限表、文书档案整理分类方案以及各种登记表，在此基础上制定形成了一系列相关制度，包括公司档案管理机构及工作人员职责、公司文件材料归档制度、档案鉴定制度、档案保管制度、档案利用制度、档案库房管理制度等。在郭秘书的努力下，公司档案管理工作很快就步入了正轨。

分析：档案管理工作应采用科学的方法和原则，以实现为社会提供便利的目的。利达公司郭秘书建立的一系列档案管理制度，使档案管理工作更加科学、规范，这样就为人们利用档案提供了方便，使档案能更好和更有效地发挥作用。由此可见，建立健全档案管理制度对于档案管理工作具有重要意义，不仅是发挥档案作用的需要，而且是现代社会档案管理工作自身发展的需要。

案例二

张英是某公司的办公室秘书，平时也负责公司的档案管理工作。在一次档案鉴定过程中，她发现了一份对员工秦某进行奖励的文件。考虑到秦某已辞职，张英觉得这份文件自然也就没用了，便将文件用碎纸机粉碎了。可是过了半年，秦某却来公司要这份文件。张英一下子愣在那里，不知如何是好。

分析：奖励文件是属于员工秦某人事档案的一部分，应该装入本人的人事档案随本人的工作调动迁移。此外，张英销毁档案的做法也是不正确的，根据档案销毁的有关规定，张英不能私自销毁档案，应该报请公司的档案鉴定小组或鉴定委员会对档案的存毁做决定，并报请有关领导批准后，才能销毁。销毁档案时，还要派人监销。这个案例也启示我们，对于确定销毁的档案应该慎重，有时可“暂缓执行”，即过一段时间再进行审查，做到慎之又慎，才能有效地防止那些不该销毁的档案误被销毁。

案例三

档案管理专业毕业的林峰刚刚来到新天地科技公司档案室工作。工作几天后，林峰对公司的档案管理工作有了一个总体了解，他发现公司对档案工作非常重视，设置了专门的档案库房，库房还配备了符合档案保管要求的通风、去湿、降温设备以及报警器、灭火器、电脑、复印机以及闭路电视监控设备，库房内档案装具的配备与排列也非常合理。此外，公司的档案排列有序，日常管理规范，档案库房进出库制度、档案室借阅制度等一应俱全。规范的档案保管工作使林峰非常自豪，也坚定了他努力工作的信心。

分析：档案在保管过程中，其实体安全会受到周围环境的影响，这就要求档案部门必须借助一定的物质条件加强对档案实体安全的保护，可以说物质条件的优劣在很大程度上决定着档案保管水平的高低，决定着档案寿命的长短。除此之外，健全管理制度、完善手续、加强日常监测等也是非常重要的，决定着档案提供利用工作的水平。因此档案部门应当做好档案保管工作，维护档案的秩序和安全，为档案提供一个良好的存在环境。

案例四

海华公司办公室张秘书由于工作需要，到公司档案室借阅一份会议记录，并办理了借阅手续，恰好同办公室的李秘书也想查阅这份会议记录。档案室小王让李秘书去找张秘书要。于是张秘书在第二天看完后，就把会议记录又转借给了李秘书。

分析： 档案室小王以及张秘书、李秘书的做法都不符合档案借阅制度。档案借阅有严格的借阅制度和借阅手续，而且档案不得转借。李秘书没有办理任何借阅手续就从张秘书那借走了档案，张秘书没有按期归还档案并把档案转借给他人，而档案室小王没有为李秘书办理任何借阅手续就允许李秘书从张秘书那借阅档案，这都是违背档案借阅制度的。他们三人的做法可能会对档案的安全性、完整性带来不良影响。

实训项目

1. 某高校办公室张秘书到档案室查找上届教代会的有关资料，但是没有查到。后来几经询问、查找得知，原来这次会议的所有资料还在工会林主席那儿。你认为林主席的做法是否合适？为什么？此高校档案部门是否有责任？应如何避免再发生类似的情况？

2. 某小型企业成立时间较短，内部机构数量少，且内部机构之间的职能分工界限不清楚。如果你是该企业档案室的工作人员，你认为该企业的档案采用什么分类方法比较合适？

3. 某单位即将乔迁新址，各部门正忙着为搬家做准备。负责档案工作的小王趁此机会对档案进行了清点和重新鉴定，发现有一批档案已超过保管期限。为了减轻搬家的负担，他便将这些保存期满的档案和废旧报纸一起卖给了废品收购站。

分析此案例，回答下列问题：

(1) 此案中小王的行为是否合适？为什么？

(2) 小王应当按什么程序处理这些保存期满的档案？

(3) 请你替小王绘制档案销毁的流程图。

4. 张秘书到公司档案室为总经理查找一份文件。在档案室工作人员小叶的帮助下，张秘书迅速找到了文件，并通过办理外借手续借走了该文件，小叶填写了档案借阅卡。请模拟演练此情景。

5. 为了保护档案原件的安全，方便用户查阅档案，某企业决定将档案室旁边的一间会议室改为档案阅览室。假设你是该企业档案室的工作人员，请你开列一份档案阅览室所必需的设备用具的清单，并说明你选用这些设备用具的理由。

第四节　电子档案的管理

案例导入

如何长期保存电子文件，尤其在产生电子文件的软硬件环境已不复存在的情况下，如何确保人们仍然可以阅读这些电子文件，已成为国际档案界研究和探讨的热门话题。

美国国家档案与文件署自2004年开始与合作伙伴共同开发集成化的保存电子文件的管理系统，将联邦政府每天产生的电子文件按照需求保存下来，确保无论何时、何地，任何人都可以通过网络利用这些电子文件，从而使这些电子文件不仅能服务于现在的用户，更能服务于未来的公众。

任务 文秘人员应该顺应时代的要求，努力掌握电子档案管理的有关知识和技能。那么，电子档案有什么特点？应如何管理电子档案？

理论知识

随着社会信息化进程的加快，办公自动化系统和电子政务日渐普及，电子文件和电子档案已广泛应用于我们的工作之中。作为一种具有许多不同于传统档案特点的新型载体档案，电子档案在管理、利用等方面具有很多特殊性，因此电子档案管理日渐成为一门新兴的科学技术。

一、电子档案的特点

1. 信息的非人工识读性

传统的纸质档案使用的是人工可以直接识别的文字、图形等记录符号，而电子档案使用的则是人工不可直接识别的数字代码，必须有相应的计算机系统读取数字代码，然后转换成人工能识别的形式。

2. 信息存储的高密度性

电子档案的存储介质主要是光盘、磁带、硬盘等，这些介质与传统的档案介质相比，记录密度较高，因此存储的信息量也比较大。

3. 信息与载体的可分离性

在传统档案中，信息内容与载体是不可分离的整体，而电子档案却不再具有物理意义上的固定实体状态，其存储的位置不是固定的，而是可以变化，可以从一个载体转换到另一个载体的，但内容信息不发生任何变化。

4. 信息的可共享性

纸质档案通常只能在某时、某地让能够接触到它的人阅读，而电子档案由于不受载体传递的限制，可以通过网络使多人同时阅读或传给多个接收者，实现信息的共享。但这也给电子档案的安全性带来了一定的隐患。

5. 多种信息媒体的集成性

传统纸质档案的内容主要是文字与图形信息，而电子档案则可以通过现代多媒体技术将文字、图像、声音等各种信息形式结合起来，更加真实地反映各个单位的历史面貌，强化文件对社会活动的原始记录。

6. 对系统和设备的依赖性

电子档案使用的是人工无法直接识别的数字代码，这决定了电子档案的形成、传输、存储都要通过电子计算机才能实现，而且不兼容的设备、不兼容的系统以及不同的软件生成的电子档案在相互转换时会遇到困难，这体现了电子档案对计算机系统和设备的依赖性，可以说，计算机的软硬件设备是生成电子档案的前提和基础。

7. 易修改、易复制性

在传统的纸质档案中，纸质载体不仅是信息的承载物，而且能将信息固定在载体本身上，载体与信息是不可分离的统一体，任何对文件信息的修改都可以在载体上得到反映。而电子档案的载体与信息是可分离的，可以很方便地对文件信息进行增删和修改，而且不留任何痕迹。此外，电子档案的存储载体的可重写性，也使得电子档案具有易修改、易复制的特点。这就给电子档案的认定带来了一定的难度。

二、电子文件的归档

电子文件的归档，是指各单位文秘部门将本单位在主要职能活动中产生的、具有查考利用价值的电子文件，经过初步整理后，从计算机或网络的存储器上拷贝或刻录到可移动的磁盘、光盘等介质上并移交到档案（室）馆进行长期保存的过程。

1. 电子文件的归档范围

电子文件的归档范围可参照国家及本单位关于纸质文件材料归档的有关范围，凡是反映本机关工作活动、具有查考利用价值的电子文件均属归档范围，同时应当包括相应的背景信息和元数据。

背景信息是指描述生成电子文件的职能活动，电子文件的作用、办理过程、结果、上下文关系以及对其产生影响的历史环境等信息。

元数据是指描述电子文件数据属性的数据，包括文件的格式、编排结构、硬件和软件环境、文字处理和图形工具软件、字符集等。

2. 电子文件的归档程序

电子文件的归档程序可分为两步进行，先做逻辑归档，然后定期完成物理归档。

（1）逻辑归档。

逻辑归档即在计算机网络上进行的，不改变原来的存储方式和位置而实现的电子文件向档案部门移交的过程。归档文件存储的格式和物理位置并没有变化，只是阅读权限由形成部门转到档案部门，因此即使文件形成部门也可以利用该文件，但不能对其进行修改和删除。

（2）物理归档。

物理归档即把计算机及其网络中的电子文件集中传输或下载至独立的可脱机保存的载体上，向档案部门移交的过程。电子文件的存储位置发生了变化，从网络服务器上转移到光盘或其他载体上。

目前，许多单位对电子文件采用“双套制”归档办法，即对电子文件进行物理归档或逻辑归档的同时，也将其制成纸质档案进行归档，两者在内容、相关说明及描述上应保持一致，以确保计算机或网络系统出现意外故障时能保证电子档案信息的完整性和真实性。

3. 电子文件的归档时间

电子文件的归档时间分为实时归档和定期归档两种。实时归档是指电子文件处理完毕后立即归档。定期归档是指按照本单位档案部门规定的归档周期，向档案部门移交。

一般情况下，逻辑归档应实时归档，物理归档可按照纸质文件归档制度的有关规定定期完成，即在每年六月底前将上年度办理完毕的属归档范围的电子文件向档案馆移交归档，或根据具体情况另行确定归档时间。归档时，应充分考虑电子文件的技术环境、相关软件、版本、数据类型以及格式等因素。

4. 电子文件的归档要求

归档电子文件的质量关系以后电子档案的保管与利用，因此，电子文件的归档应注意以下事项：

（1）归档电子文件应确保齐全、完整，主要包括两方面：一是作为记录社会活动真实面貌的电子文件数量要齐全；二是每一份电子文件的内容、背景信息及元数据必须齐全，没有缺损。另外，确保电子文件在存储或传输过程中不被偶然或故意增加、删除、修改、伪造、乱序、重放等，也是文件齐全、完整的体现。

（2）归档电子文件应确保真实有效，文本电子文件应该是经签发生效的定稿，图形电子文件则应将最新的版本以及更改记录一起归档。

（3）电子文件物理归档时，要按照一式三套的办法归档，即一套封存保管，一套供查阅使用，一套异地保存。

（4）电子文件归档前，文件形成部门应编制归档电子文件目录及归档说明，对电子文件的内容、形式、软硬件环境等进行登记。电子文件归档时，可将归档说明作为移交清单制成一式两份，文件形成部门与档案部门各保存一份。

（5）完成电子文件归档后，其形成部门应将存有归档前电子文件的载体至少保留1年。

5. 电子文件的归档手续

（1）检验。

归档电子文件在移交档案部门之前，档案保管部门和文秘部门均应对归档载体及其技术环境进行检验。检验的内容包括：文件载体的外观是否完好；有无病毒；文件是否真实、完整、有效；相关的软件、版本、技术方法等说明资料是否完整。检验结果应填写在《归档电子文件移交、接收检验登记表》中。

（2）交接。

在对归档电子文件检验合格、清点无误后，文件形成部门与档案部门应在《归档电子文件移交、接收检验登记表》上签字盖章。登记表应一式两份，分别由双方保存。

小提示：归档电子文件载体的选择

电子文件归档与纸质文件归档的最大区别在于电子文件在归档前要选择载体。

电子文件在整理归档时，应当选择存储容量大、性能稳定、易长期保存、方便检索与使用、标准化程度高的载体进行存储。国家标准推荐使用的电子文件载体为光盘、磁带、硬盘等，软磁盘禁止作为档案的存储载体。存储载体的优先顺序为：只读光盘、一次写光盘、硬磁盘、可擦写光盘。

三、电子档案的整理与鉴定

1. 电子档案的整理

电子档案的整理也应遵循一般纸质档案整理工作的原则，即充分利用原有的整理基础，注意保持文件之间的历史联系，以便于保管和利用。

2. 电子档案的鉴定

电子档案在归档前、移交时和保管期满后都要进行鉴定。鉴定内容如下所述：

(1) 对文件的真实性、完整性和有效性进行全面鉴定。

(2) 参照国家关于纸质档案保管期限的有关规定，确定保管期限。

(3) 销毁鉴定。根据国家关于纸质档案销毁的有关规定，挑出不需保存和保管期满又无继续保存价值的电子档案予以销毁。如果是非保密的电子档案，可进行逻辑删除，如果是保密的电子档案，应连同存储载体一起销毁。

四、电子档案的保管和利用

电子档案所使用的磁性介质与光介质材料与纸张相比有许多不同之处，在保管上除了遵循一般的档案保管原则与方法外，需要特别注意磁介质和光介质的保管要求。

1. 电子档案的保管

(1) 电子档案载体的保护。

1) 控制适宜的温度、湿度。

根据国家标准《电子文件归档与管理规范》，保存电子档案载体的库房温度应为17℃～20℃，湿度应为35％～45％。

2) 存放方式。

单片载体应装盒，竖立存放，且避免挤压，以及擦、划、触摸记录涂层。

3) 预防有害因素。

电子档案的载体应放在防潮、防火、防尘、防光、防腐蚀和远离磁场源、热源，安全可靠的地方，有条件的可放在恒温、恒湿的介质库房中，以防止各种有害因素对电子档案的载体产生不良影响。

4) 定期检查。

电子档案的载体应定期检查、定期清洁和定期复制。磁性载体每满2年、光盘每满4年进行一次抽样机读检验，抽样率不低于10％。对磁性载体上的归档电子文件，应每4年转存一次，原载体的保留时间应不少于4年。

(2) 电子档案内容的保护。

应利用信息加密、电子签名、身份识别、防火墙技术、病毒查杀、信息备份迁移等防护技术手段，确保电子档案信息内容的安全性、真实性、完整性、可读性。

2. 电子档案的利用

目前，电子档案主要有以下几种利用方式：

(1) 阅览服务。

阅览服务是指由档案部门在特定场所设置阅览室，向有关用户提供电子档案信息的一种服务方式，是最基本的利用方式，包括网上阅览与单机阅览等方法。阅览服务方式需要配备专用的计算机阅览设备，以及建立相应的阅览制度。

(2) 外借服务。

外借服务是指按照一定的制度将有关电子档案借给用户的服务方式。一般情况下，内部人员使用本单位的相关档案时可采用这种方式。这种方式必须建立严格的审查与借阅制度。

(3) 复制服务。

复制服务是指档案部门将电子档案复制到另外的载体上提供给用户的一种利用方式。这是电子档案提供利用中最常见的一种方式。

(4) 网络服务。

网络服务是指档案部门通过计算机网络为用户提供电子档案信息服务的方式。网络服务包括局域网服务和互联网服务，其中互联网服务包括提供网络检索、举办网上展览、提供网上咨询、提供开放的档案目录等服务内容。

电子档案在提供利用中应当注意的问题如下所述：

第一，电子档案的封存载体不应外借。未经批准，任何单位或人员不允许擅自复制电子档案。

第二，利用时应使用拷贝件，以保护电子档案原件。

第三，利用时应遵守保密规定，对具有保密要求的电子档案采用联网的方式利用时，应遵守国家或部门有关保密的规定，有稳妥的安全保密措施。

第四，利用者对电子档案的使用应在权限规定范围之内。

第五，严格按照有关规定进行操作，防止计算机错误操作，以保证电子档案的完整性和安全性。

第六，加强安全防护意识和防范工作，切实保障电子档案的安全、可靠。

案例分析

案例一

澳大利亚大通—曼哈顿银行的全球灾备系统有五个灾难备份中心，包括三个全球同城灾备中心，两个全球异地灾备中心。位于澳大利亚的同城灾备中心距离生产中心约30千米，两个中心使用两条高速的ATM通讯链路连接。银行所有的重要数据均在同城灾备中心的服务器上作镜像，同时，大通—曼哈顿银行在英国的全球备份中心对数据进行异地备份，即使生产中心的原始数据被毁，通过异地保存的备份数据，公司的运转也不会受到影响。

分析：电子文件和电子档案经常会由于计算机病毒和网络不安全而被篡改、丢失或损坏，因此，采取有效防范保护电子文件及电子档案的安全是非常必要的，特别是当产生电子文件和档案的软硬件环境不存在的情况下，如何保证这些电子信息的安全已引起了人们的注意。澳大利亚大通—曼哈顿银行的同城及异地灾难备份中心就使得该银行不管出现什么故障或灾难性事故，都能保证其电子文件和电子档案的真实性、完整性、有效性、安全性。

案例二

由于电子政务的推行，某规划局在日常工作中产生了大量电子档案。为了防止意外，该局档案室要求各部门在将电子文件整理归档时，也把其相应的纸质档案一同归档。有的部门嫌麻烦，认为多此一举。

分析：由于电子文件的特殊性和现有科技条件及档案管理水平的限制，电子文件和电子档案的安全容易受到损害，因此该规划局实行电子档案与纸质档案一同归档的“双套制”归档办法在目前是非常有必要的，因为该办法能够确保计算机或网络系统在出现意外故障时电子信息的完整性和真实性。

案例三

某公司采用办公自动化系统后，每年都会产生大量电子文件。小牛作为公司负责文书工作的秘书，认为电子文件与纸质文件具有不同的特点，因此没有必要像纸质文件那样确定归档范围。秘书小牛总是把公司在日常工作中形成的所有电子文件都进行归档。结果，公司档案室让他根据归档范围重新整理。

分析：归档电子文件的质量直接关系以后电子文件的保管与利用，因此电子文件与纸质文件一样，也不是“有文必档”的，只有那些办毕的、具有保存价值的电子文件才有必要归档，其归档范围同样应参照纸质文件材料的归档范围。

案例四

王华是一家拥有若干家分公司的大型企业的档案管理人员。为了给分公司的工作人员查阅档案提供方便，王华将公司的所有电子档案都上传到了公司的局域网，这样职工们只要登上局域网，就可查阅所需要的档案。但是王华没有想到的是，公司一些没有公开过的事项，也通过公司的局域网传播开来了，造成了很坏的影响。王华认识到这些问题后，立即将那些不宜公开或保密的档案从网上撤了下来。

分析：网上阅览由于简便、快捷而且能够实现信息共享而受到利用者的青睐，是电子档案利用的最基本的方式。但是这种方式影响了保密档案和不宜公开档案的安全性，特别是网络的传播速度非常快，有可能造成恶劣影响。因此这类档案不宜于采用网络服务的利用方式，可以采用阅览服务的利用方式。该案例也启示我们，档案管理人员要时刻牢记维护档案的安全这一重要原则。

实训项目

1. 小吴是一家企业的新秘书，领导让其负责单位电子文件的日常管理和归档工作。小吴该怎样做好电子文件的归档工作？

2. 某学校为迎接 50 周年校庆，决定由学校宣传部和档案室等部门联合举办一次档案展览。有的部门认为举办传统展览比较好，有的部门认为举办网上展览比较好。最后，经请示领导，决定既举办传统展览，又举办网上展览，这样既能让广大师生、校友了解学校的发展史，也能扩大学校在社会上的影响。根据以上内容，试分析传统档案展览和网上展览的优劣。

3. 某历史档案馆新开通了网上咨询服务，为了使馆内工作人员了解网上咨询服务的步骤，更好地为用户提供服务，档案馆领导让工作人员林静绘制一幅网上咨询的流程图。请你帮助林静绘制这幅流程图。

4. 某企业办公室秘书将公司电子文件整理归档并移交给档案部门后，觉得自己的任务完成了，同时为了节省自己的硬盘空间，立即将保存的电子文件全部删除了。这种做法是否合适？为什么？

5. 2013 年 6 月份，星海集团办公室刘秘书将整理好的公司上一年度的电子档案移交给公司档案室李琳，双方经过检验、登记、盖章等手续后，完成了归档移交工作。请模拟刘秘书和李琳移交电子档案的过程。

参考文献

1. 王育主编. 秘书实务（第 2 版）. 北京：高等教育出版社，2007.

2. 赵映诚主编. 文书工作与档案管理（第 2 版）. 北京：高等教育出版社，2007.

3. 张虹，姬瑞环编著. 档案管理基础（第 2 版）. 北京：中国人民大学出版社，2008.

4. 高玉娟主编. 管理秘书实务. 北京：中国铁道出版社，经济科学出版社，2008.

5. 钱立静主编. 秘书原理与实务：秘书实务. 合肥：合肥工业大学出版社，2005.

6. 天虹编著. 会议管理实务. 北京：中国纺织出版社，2005.

7. 方国雄，方晓蓉著. 秘书学. 北京：高等教育出版社，2003.

8. 赵莲娜，卢海燕主编. 秘书学概论. 大连：大连理工大学出版社，2008.

9. 金常德，于湖泉主编. 新编秘书实务（第 2 版）. 大连：大连理工大学出版社，2008.

10. 孟庆荣主编. 秘书工作案例及分析. 北京：清华大学出版社，2007.

11. 王玉霞主编. 办公室事务管理. 北京：清华大学出版社，2010.

12. 胡鸿杰主编. 办公室事务管理. 北京：中国人民大学出版社，2008.

图书在版编目（CIP）数据

办公室事务管理/卢海燕主编. —北京：中国人民大学出版社，2015.1
21世纪高职高专精品教材. 现代秘书系列
ISBN 978-7-300-18895-9

Ⅰ.①办… Ⅱ.①卢… Ⅲ.①办公室工作-管理-高等职业教育-教材 Ⅳ.①C931.4

中国版本图书馆CIP数据核字（2014）第028987号

高等职业教育文秘专业“十二五”规划教材
21世纪高职高专精品教材·现代秘书系列
办公室事务管理
主　编　卢海燕
Bangongshi Shiwu Guanli

出版发行	中国人民大学出版社		
社　　址	北京中关村大街31号	**邮政编码**	100080
电　　话	010－62511242（总编室）		010－62511770（质管部）
	010－82501766（邮购部）		010－62514148（门市部）
	010－62515195（发行公司）		010－62515275（盗版举报）
网　　址	http://www.crup.com.cn		
	http://www.ttrnet.com（人大教研网）		
经　　销	新华书店		
印　　刷	北京昌联印刷有限公司		
规　　格	185 mm×260 mm　16开本	**版　　次**	2015年1月第1版
印　　张	16.5	**印　　次**	2020年7月第4次印刷
字　　数	356 000	**定　　价**	35.00元